梦山书系

基于师幼共成长的园本课程叙事

唐海燕 陈锦霞 ◎ 编著

海峡出版发行集团 | 福建教育出版社

图书在版编目（CIP）数据

基于师幼共成长的园本课程叙事/唐海燕，陈锦霞编著. —福州：福建教育出版社，2025.7. —ISBN 978-7-5758-0423-3

Ⅰ．G612

中国国家版本馆 CIP 数据核字第 20250QH382 号

Jiyu Shiyou Gongchengzhang De Yuanben Kecheng Xushi

基于师幼共成长的园本课程叙事
唐海燕　陈锦霞　编著

出版发行	福建教育出版社
	（福州市梦山路 27 号　邮编：350025　网址：www.fep.com.cn
	编辑部电话：0591-83726908
	发行部电话：0591-83721876　87115073　010-62024258）
出 版 人	江金辉
印　　刷	福建东南彩色印刷有限公司
	（福州市金山工业区　邮编：350002）
开　　本	710 毫米×1000 毫米　1/16
印　　张	21.75
字　　数	333 千字
插　　页	2
版　　次	2025 年 7 月第 1 版　2025 年 7 月第 1 次印刷
书　　号	ISBN 978-7-5758-0423-3
定　　价	59.80 元

如发现本书印装质量问题，请向本社出版科（电话：0591-83726019）调换。

序

用生命叙事

江苏省南通市教育科学研究院　陈爱萍

　　课程，就是种植心灵的美丽，就是叙说成长中的美好，就是彼此创造着平常而神奇的故事……

　　故事里闪烁着每一个亲历者的眼神，散逸着每一个参与者的呼吸，酿造着每一个现场者人生的记忆——故事成了我们每个人独特的生命财富，是我们生命中最可珍视的篇章。我们都从故事中来，然后走向不同的故事。

　　最初的、最为意味深长的教育与课程就是诞生在一个又一个的故事中。一个又一个鲜活的沸腾的故事构造着我们的集体意识与集体无意识。故事是精神的血脉，是心灵相通的密码，是灵魂的印记。

　　也许，我们还远未意识到故事在教育教学中的意义与价值。没有故事的教育是贫血的，没有故事的课堂是贫瘠的，没有故事的课程是贫困的——是心灵的苍白与精神的粗糙。在故事内含灵光的照映下，知识的疆界不断地向四面八方延伸，思想的视域不断地向自由的时空拓展，文化就在"故事"的积淀中胎孕而成！

　　故事是一道明净的河流，生命在此栖居，在此漂流，在此滋长发荣。故事是母乳，是故乡，是另一种意义上的大地！

　　课程叙事是对儿童心灵的开启，也是对教师自身视教育教学为安身立命之根的内在的、灵魂生命的奖赏……因为，有了课程叙事，我们的课堂才会显得如此的与众不同；因为，有了课程叙事，我们的教育生活才会显得如此丰富深远；因为，有了课程叙事，我们的生命才会在风雨尘埃中焕发出金蔷薇的光芒。

故事像风一样展翅飞翔，亦如花一样向着心灵的天空绽放，绽放出它的星光、它的意蕴、它的馨香……

期待，我们每位老师都用心创造属于自己的课程故事！

期待，每一个孩子都珍藏着一粒故事的种子：生长着真诚、善良、美好，生长着温暖和希望！

前言

在前行的道路上不断突破

江苏省如东县教师发展中心　唐海燕

眨眼间，如东开展"园本课程叙事"研究已整整10年。10年来，随着研究的不断深入，课程叙事的研究成果也日渐丰硕，2021年，我们将如东广大一线教师追随儿童兴趣或需要创生的一系列课程整理成《基于儿童立场的课程叙事》一书，受到很多老师的认可和喜爱。受此鼓励，如东老师们继续前行，聚焦"四个回归"，即"回归儿童自我、回归自然科学、回归社会生活、回归传统文化"，开启新一轮的研究之旅。在整理课程叙事阶段成果的过程中，我们从教师角色、课程内涵、课程领导力等方面进行了回望和梳理，以期在研究的道路不断突破自我，从而使得前行的脚步更为坚定，成果更为丰硕。

一、教师角色的突破：从课程执行者转身为课程研究者

自如东区域推进园本课程叙事活动以来，教师角色发生了根本性的改变，已经从传统的"唯教材是瞻"的课程执行者逐渐向课程研究者转变，他们开始研究儿童、关注经验，研究资源、关注生活，研究需要、关注发展，等等。那么，在这个过程中，如东采取了哪些策略促使教师转身，未来又将引领教师朝向哪里？回顾是为了更好地前行，谋划则是为了走向更远的那方。已有的研究经验和成果是老师们再出发的信心与力量；存在的问题与困惑，更是老师们再出发的动力与源泉。

1. 教师转变：忠实执行→充满激情→回归理性。

在 2014 年之前，如东大部分幼儿园的课程实施现状是，教材上有什么教师教什么，很少去关注儿童的兴趣与需要，也很少去关注资源的开发与利用。自 2014 年启动园本课程叙事活动以来，全县幼儿教师无论是骨干教师还是新手教师，无论是公办园教师还是民办园教师，都对班本课程研究充满了激情，幼儿园的花草树木、动物人物，自然界中有生命物质、无生命物质，社会生活中各种有趣的事物与现象、时政热点，中华优秀传统文化资源、地域文化资源等都成为班本课程研究的内容，老师们研发出了一个又一个班本课程，师幼共同演绎着一个又一个精彩的课程故事。

10 年后的今天，在全国经济从高速发展转向高质量发展的背景下，老师们对课程叙事的研究也开始了更多的审视与反思，从满腔热情转为理性对待，开始思考班本课程的结构应如何来架构，课程叙事的内容是否平衡，是否达到了促进儿童全面发展的目标，课程如何促进儿童核心经验的获得，等等，这些问题都有待于老师们进一步的研究与实践。

2. 区域推进：骨干引领→人人参与→差异发展。

在园本课程叙事研究之初，针对当时如东县大部分乡镇幼儿园刚刚转为公办幼儿园，乡镇幼儿园教师基本还是以代课教师为主的现状，采用骨干带头的方式，鼓励县城幼儿园的市县学科带头人、骨干教师先带头研究，并在全县范围内进行展示与示范。在此基础上，运用"1＋1"课程申报方式（即，前面的 1，为各幼儿园推送一个课程，后面的 1，为发展中心任意点击一个班级的课程），从而使得每个教师都深度参与到课程叙事研究之中来。

10 年后的今天，课题组对原有的方式进行了剖析与思考：一是以大跃进的方式推进课程叙事活动，未做到因园而异。尤其对硬件条件差、师资力量比较薄弱的民办幼儿园，造成了一定的困扰。二是以大一统的要求推进课程叙事活动，未做到因人而异，存在赶鸭子上架的现象，一定程度上影响了部分年轻教师、民办园教师学习与研究的热情。在今后的研究中，将根据不同教师的专业基础提出不同的课程建设要求，如专业能力强的教师可以脱离教材拐棍，自主研发班本课程；专业水平较好的教师能够做到教材运用与资源开发相结合；专业能力一般的教师能够对教材进行班本化实施等，从而达到促进每个教师在原有基础上都能得到提高的目的。

二、课程内涵的突破：从学科课程真正走向整合课程

纵观近几年如东县各幼儿园的课程建设情况，发现老师们正从传统的学科教学走向主题教学，从学科思维开始走向课程思维，能以课程的视角来统领各方面的教育资源、规划班级各种活动，使资源横向联系、纵向深入服务孩子的发展，努力实现教育过程的最优化。那么，如东教师课程实施情况到底怎样，今后又将如何发展呢？

1. 课程发展：学科教学→关联课程→整合课程。

《3—6岁儿童学习与发展指南》指出，要关注幼儿学习与发展的整体性。但多年的课程叙事研究实践却发现，真正能够实施整合课程的教师为数很少。究其原因，一方面是因为教师对什么是整合课程还理解不甚到位，以为围绕一个主题开展了弹唱说跳等活动就是课程整合了。其实目前如东大多数教师实施的课程依然还处在关联课程的层面。另一方面，这确实对教师个人的专业要求比较高。作为一名教师，不仅要知道教什么——教学内容的知识，还要知道怎么教——教学方法的知识，以及教谁——教育对象的知识，即每个教师要具备丰富的领域教学知识，同时还要具有敏锐的资源与儿童意识、强烈的责任感与目标意识等等，只有这样才能真正把多方资源融合到课程中，把指南目标落实到各项活动中，真正做到课程无边、教育无痕。

2. 区域推进：自由弥漫→聚焦专题→各美其美。

课程叙事研究启动之初，老师们对什么是课程叙事、如何开展课程叙事还茫然不知，基本都是摸着石头过河，处于各显神通的状态。研究之初，老师们研发的班本（或年级）课程可谓百花齐放，涉及的面也比较宽泛。然而，通过梳理，发现老师们对动植物课程、材料使用类课程关注比较多，而对其他一些课程如运动课程、幼小衔接课程、生活课程等关注比较少，课程内容有些失衡，这在一定程度上影响了儿童经验获得的全面性和均衡性。针对上述情况，从2019年7月开始，课题组引领教师从自主研发课程开始走向聚焦专题课程研究，尤其聚焦老师们很少关注，却是儿童生命成长中不可或缺的课程。如近期聚焦了入园课程、升班课程、自主签到课程等等，研究视角指向儿童的社会适应和情绪情感等方面（当然聚焦专题课程研究时，不排斥教师追随儿童兴趣创生的其他课程）。旨在通过一段时间的专题课程研究，做到普适性课程与专题性课程相结合，从而由面及点，由点到面，努力实现课程内容的丰富性与全面性。2021年以来，课题组再次调整研究方向，引领教师从四个回归的角度开始新的研究与实践。不远的将来，当老师们的课程研发经验越来越丰富，领域教学知识越来越丰厚时，将不再局限专题，而是继续鼓励不同专业能力的教师创生出更多适合儿童需要的、丰富多样的班本课程，从而在全县范围内呈现出各美其美、美美与共的美好局面。

三、课程领导力的突破：从专家引领走向人人成为课程领导者

课程建设的发展需要一种变革的力量来推动，这一力量就是课程领导。课程领导在把课程叙事研究推向深入的同时，还能将幼儿园的课程建设提升到一个新的高度。众所周知，以往的课程改革都是由上层决策部门领导，课程研究也都是在专家引领下进行的，专家领导着课程改革的方向与目标，而这样的课程研究一般都发生在省市名幼儿园，县域范围内的幼儿园只是跟着专家的步伐亦步亦趋地前行。自从国家实施新一轮基础教育改革以后，课程领导在学校（幼儿园）层面逐渐展开，并正式进入寻常百姓家。

园长应当是课程领导者。华东师范大学崔允漷教授提出：园长的专业活动应该从"教学"走向"课程"，要从传统的学科指导走向课程领导。所谓课程领导，就是统领、引领幼儿园的课程改革、课程开发、课程实践和课程评价等活动行为的总称，其目的是影响幼儿园课程改革与课程开发的过程与结果，从而实现课程改革与开发的目标。在课程叙事研究活动中，园长课程领导力的发挥还需进一步放大，要对本园的课程目标、课程体系、课程文化做更深入的思考与谋划，从而使得课程成为本园师幼共同发展的有力载体，成为幼儿园可持续发展的推动力量。

教师更应是课程领导者。课程叙事研究活动的开展，使得老师们从传统的课程传递者角色转变为课程的创生者，从原来的教学者角色转变为课程的研究者，老师们一个个都成为了能讲课程故事、创造课程故事的人，班级活动室成为了课程的研究场、实践地，班级儿童、家长也成为课程的参与者、建设者，甚至还可以成为课程的领导者。

十年来，如东县的课程叙事研究逐渐从表层走向内涵，从经验走向理性。广大一线幼儿园教师树立了较为科学的课程观和儿童观，他们从传统的学科

思维走向课程思维，并能以课程来统领幼儿园各项活动。园本课程叙事的研究经验在县、市、省乃至全国范围内进行了多次的推广与介绍。《福建教育》《山东教育》《幼教金刊》等杂志专题推介如东县的课程叙事研究经验，人大复印资料《幼儿教育导读》还全文转载课程叙事的研究经验。2017年9月，"区域推进园本课程叙事的实践与思考"被评为江苏省教学成果二等奖。2020年12月，"园本课程叙事促进幼儿教师专业成长的实践研究"被评为江苏省第五期优秀教育科学成果二等奖。全县教师先后发表课程叙事类文章200多篇，形成了系列园本课程叙事研究案例，再次结集出版《基于师幼共成长的园本课程叙事》，在促进儿童全面发展的同时，教师自身也通过园本课程建设获得专业成长。

本书分为回归儿童自我、回归自然科学、回归社会生活、回归传统文化四个板块，每个板块都以领域课程的形式进行呈现，涉及小、中、大班儿童在生活、游戏、劳动中的学习与思考。课程研发者不仅有县城示范园的骨干教师，也有农村幼儿园的年轻老师。这本书的出版，将和2021年出版的《基于儿童立场的园本课程叙事》共同构成如东县区域课程框架，并成为如东县新任教师培训以及各个幼儿园园本研修的课程内容，也将成为推进幼儿园课程建设、教学改革的有力抓手。

本书将每一个课程叙事视频以百度网盘二维码的方式呈现，直观的案例、动情的讲述，一定能引发您关于幼儿园课程建设的思考，一定能让您和您班级的儿童徜徉在美好的课程享受之中。

目 录

回归儿童自我

玩转滑板车（小班健康课程）/马倩韵 ………………………………… 3

帮厨乐翻天（小班健康课程）/刘明珠　张志娟 ………………………… 11

嘘！我们午睡了（小班健康课程）/朱国平 ……………………………… 22

小孩子的诗（中班语言课程）/江璇　许婷婷 …………………………… 30

统计作用大（大班数学课程）/顾娟　李春波 …………………………… 42

自由散步，规从心生（大班健康课程）/朱洁　陈丽　杨燕 …………… 53

温暖的被被（大班健康课程）/季艳艳　徐亚楠 ………………………… 62

一闪一闪亮晶晶（大班健康课程）/顾娴静　顾园园　季康梁 ………… 71

回归自然科学

给豚鼠来安家（小班科学课程）/唐晓燕　闵春燕 ……………………… 83

你好，蘑菇（小班科学课程）/石玲玲　许苗苗　周家利 ……………… 92

香樟树的四季（中班科学课程）/喻丹　毛彦　金燕 …………………… 102

幼儿园里的大树（大班科学课程）/毛素珍　张小红 …………………… 113

幼儿园里的大工程（大班科学课程）/杨柳青　施雁玲 ………………… 122

白花花的盐，活泼泼的娃（大班科学课程）/顾娟　姜琦　曹雨琴 …… 132

自制浇水器（大班科学课程）/邱许慧 …………………………………… 143

与小黄相伴的日子（大班科学课程）/王玲玲　杨雨萌 ………………… 152

回归社会生活

米菲做客（小班社会课程）/曹琳娟　朱慧慧 …………………………… 163

1

童眼看家乡（中班社会课程）/丁海燕　朱秀梅……………………… 173

如东火车站（中班社会课程）/陈林丽　曹雪倩　曹蓉……………… 181

值日二三事（中班劳动课程）/曹淑菲　冒晨澄……………………… 192

玩转南菜市场（大班社会课程）/陈永红　张鸿燕　王晓丹………… 204

毕业照的故事（大班社会课程）/邱许慧…………………………… 215

如东伢儿说童谣（大班语言课程）/于佳伟………………………… 224

来自蒙古族的你（大班社会课程）/倪晓露　吴婷婷………………… 233

回归传统文化

唐僧骑马咚那个咚（小班健康课程）/施想　丛小燕………………… 245

我和提线木偶（中班语言课程）/姚瑶　陈雯冰……………………… 255

走进如东农民画（中班艺术课程）/周洲　潘姚姝…………………… 264

跟着孩子过端午（大班社会课程）/冯晨晨　孙瑱　韩以楠………… 275

向往的生活，"灶"起来！（大班社会课程）/盛丹妮　崔莹莹　曹海琴……
……………………………………………………………………………… 285

有趣的皮影戏（大班艺术课程）/管曼迪　何丽……………………… 295

神奇的印刷术（大班科学课程）/薛婷彧　周顾蔓…………………… 303

清明上河图（大班艺术课程）/钱晶　吴海燕……………………… 312

附录　园本课程叙事研究的实践与思考/唐海燕………………… 320

回归儿童自我

在万物的秩序中，人类有它的地位；
在人生的秩序中，童年有它的地位；
应当把成人看作成人，把孩子看作孩子。

（卢梭）

玩转滑板车

（小班健康课程）

江苏省如东县县级机关幼儿园　马倩韵

【题记】

陈鹤琴先生认为，儿童离不开生活，生活离不开健康教育；儿童的生活是丰富多彩的，健康教育也应把握时机。户外活动是幼儿一日生活的重要组成部分，能有效促进幼儿身心健康发展。小五班的孩子们将户外游戏中的滑板车玩出了花样，从一个人玩到多个人玩，从单纯玩滑板车拓展到玩角色游戏，他们在探索各种玩法中发现问题、解决问题，生成一系列有趣味、有层次、有深度学习的游戏活动。

【课程叙事】

户外活动中，孩子们在玩具柜里寻找滑草板时意外发现了滑板车，见到新玩具，他们立刻围了上来，"老师，这个是什么？""这是怎么玩的呀？""老师我不想玩滑草了，我想玩这个。"小班幼儿正处于认知和发展的关键时期，具有好奇好问、兴趣多变等特点，新玩具的出现很快吸引了他们的注意。《幼儿园教育指导纲要（试行）》中指出：幼儿园的空间、设施、活动材料和常规要求等应有利于引发、支持幼儿的游戏和各种探索活动，有利于引发、支持幼儿与周围环境之间积极的相互作用。于是，追随幼儿兴趣，支持幼儿探究，一场关于滑板车的探索之旅就此展开……

滑板车初体验

初次接触滑板车，孩子们在自主探究中摸索着不同玩法，游戏分享时，更是迫不及待地与大家分享介绍。"我是跪在滑板车上用手往前爬的。""我坐在滑板车上用脚往前蹬。""我趴着玩滑板车,手和脚一起滑……"孩子们通过表征记录下自己的玩法——用手、用脚、手脚并用,呈现出多样化的游戏方式。

游戏过程中他们还发现了一些问题。

问题1:撞车、撞墙现象。

米果说:"我今天玩的时候撞到玻璃了。"米兜说:"我躺着玩滑板车,然后和其他小朋友撞车了。"好好说:"我和李宇赫也撞到了一起,他的脚还碰到了我的头。"户外游戏中的安全教育尤为重要,我们围绕此问题开展了谈话活动,孩子们思考、讨论着玩滑板车游戏时需注意的安全事项,并约定了相应的游戏规则:速度要慢,眼睛要观察,不聚集,去人少的地方玩等。

表征:眼睛要观察 　　　　　表征:要保持距离

问题2:滑的快慢。

游戏时,又又提出了自己的困惑:"为什么有的人滑得快,有的人滑得慢?"她的话使孩子们的注意力一下子转移到了滑板车的滑行速度上,"那不如就来比一比吧。你最喜欢哪一种滑行方式呢?"孩子们自主选择并分组进行游戏,几个轮回下来,滑行冠军脱颖而出,从他们的介绍中,大家了解到不同的滑行小窍门,如用手滑时,手要用力往前爬,双脚要翘起来;用脚滑时,人可以趴在滑板车上,脚用力往后蹬;而手脚并用时,手和脚要一起用力爬和蹬。此外,孩子们还发现助跑式滑行的距离最长,但同时也具有一定的危险性。

问题3:滑板车不动了。

善于思考的糖果发现,当自己把手和脚都放在滑板车上时,滑板车就不动了。怎样让滑板车动起来呢？孩子们开动脑筋，不断尝试。起初，他们通过身体来回挪动让滑板车小幅度地移动。正当大家陷入瓶颈，甜甜发现了玩具篮里的塑料棒，她和瑶瑶各拿着塑料棒的一头，一人拉着、一人坐着，滑板车随之移动起来。他们的办法就像打开了新世界的大门，孩子们纷纷找来塑料棒，或拉着、或推着、或撑着，滑板车终于成功动起来了。紧接着，糖果和伙伴们又想到不借助材料，直接用拉手的方式让滑板车动起来。孩子们在观察、学习和模仿中体验着双人合作带来的乐趣。

表征：滑板车不动了　　　　自主探索如何让滑板车动起来

探索多人玩法

孩子们对滑板车的探究兴趣愈来愈浓，游戏形式也从一个人玩逐步转变为两个人玩。双人游戏时，他们想到用推、拉、背靠背、骑跨等多种方式玩滑板车，这时新的问题又出现了：人总是容易从滑板车上掉下来。游戏评价时，孩子们上前示范自己游戏时的坐姿，通过观察对比，他们发现坐的位置、手脚的摆放都有可能会影响滑板车的倾斜程度。而瑶瑶的坐姿——双脚盘腿坐在滑板车中间，双手握住两侧把手，是相对而言最稳最安全的姿势。解锁了安全坐姿，孩子们在游戏中玩得更尽兴了。

随着游戏的推进，越来越多的孩子加入到玩滑板车的队伍，为了满足他们的游戏需求，我们从网上又购置了一些滑板车。这天早上，孩子们拿滑板车时发现一辆滑板车的轮子卡在了另一辆滑板车的把手里，怎么会这样呢？一旁的铭铭说："因为我们收滑板车的时候乱放，所以才会被卡住。"借此契机，我们围绕滑板车的收纳摆放进行了探讨，孩子们想到用叠高、颜色分类两种方法进行收纳。一番操作后，他们发现滑板车底下有轮子，每次往上叠放时滑板车都会滑下来，所以叠高的方法行不通。

随后，他们又尝试将滑板车平铺在架子上，可最多只能放得下6辆滑板车。就在大家一筹莫展之时，爱动脑筋的铭铭有了新主意，他试着将滑板车竖着摆放，这回滑板车完美地卡在了架子之间的缝隙里。黄色、橙色、红色，按颜色排队，在大家的齐心协力下，滑板车的摆放终于从原来的乱七八糟变成了整整齐齐。

组合"火车"——滑板小火车诞生了

除了两个人玩滑板车，还可以怎么玩？"我还想三个人玩。""我想五个人一起玩……"孩子们来到户外后便开始尝试新的玩法，伊一发明的"滑板火车游戏"引得大家纷纷模仿，有抓脚的，有抓滑板车的，还有抓衣服的，不过"车厢经常容易断开"成了共性问题。

1. 如何连接。

什么材料能把滑板车连接起来？绳子、扭扭棒、超轻黏土等等，孩子们从美工区里找来了不同的材料分组进行尝试，最终他们发现用绳子连接最牢固。可是"不会打结"又成了新的问题，在老师和家长的帮助下，孩子们借助儿歌，最终学会了打结的本领。瞧，滑板小火车诞生了。我要做乘客，他来当司机，孩子们分工明确，开始体验不一样的滑板车游戏。

尝试用双面胶连接　　　　　　　滑板小火车诞生

2. 搭建道路。

"老师,我看见电视上的托马斯小火车都是沿着轨道开的。""那你们的滑板小火车需要轨道吗?""需要!"桃桃的提议得到了大家的一致认同。你想搭一条什么样的轨道?直直的、有拐弯的……孩子们先用积木在建构区里试了试,随后来到户外搭建。滑板火车轨道很快建成了,但第一次游戏却状况百出。

问题1:滑板火车总会撞到积木。

哪些地方的积木容易被撞到?孩子们指出易撞区域,通过观察发现这些区域多为拐弯、道路狭窄的地方。如何避免呢?他们想到把路变大变宽、减少拐弯次数,以及拐弯时离积木远一点等办法,再次游戏时,小司机们在拐弯处有意识地避让,撞积木现象明显减少。

问题2:坐车不稳当。

"老师,我还没坐好,米果就把车拉走了。""顾子谦开得太快了,我被甩了出去……"关于安全问题,孩子们再次商量并细化了游戏规则:要慢慢开车,要抓好把手,要做好准备,要关注乘客的安全。

问题3:行驶方向不明确。

游戏分享时,米兜说:"我拉滑板火车的时候和伊一他们撞到了一起。""是伊一他们走错了,应该都朝那边走。"小晨儿一下子发现了问题所在。"可是我不知道该怎么走。"伊一有些不解。"可以弄个起点和终点。"在九月的建议下,孩子们分别用绿色、红色积木表示轨道的起点和终点,这样滑板火车的小司机们就不会再走错路了。

3. 加入角色。

正当一切朝着井然有序的方向发展时,又出现了堵车问题。"陈辰他们总是突然停车。""红灯停绿灯行,现在是红灯,不能走。"3—4岁幼儿正处于色彩敏感期,因此看到道路两旁的彩色积木时,他们自然而然地联想到了生活中的红绿灯。"那你们为什么又停下来?"宣宣和米兜解释道:"车子没油了,我们在加油。"

孩子们结合生活经验自主选择警察、加油站工作人员、小司机等角色,制作游戏材料,模拟红绿灯和加油站情境,让角色游戏更丰富、更具趣味性。

角色游戏（1） 角色游戏（2）

滑板车种类多

一天散步时，孩子们在一楼走廊意外发现了不一样的滑板车，"这个好重啊。""看，它是圆形的！""这个有点像自行车。"孩子们通过摸一摸、比一比、玩一玩发现了木板滑板车、轮胎滑板车和自行车滑板车在外形、材质、玩法等方面的区别。

生活中还有哪些滑板车？孩子们去超市、玩具店寻找，同时和家长一起完成了调查表，他们还将家里的滑板车带到了幼儿园。"滑板车分享介绍会"上，他们相互交流、一起游戏，共同体验滑行的乐趣。自从认识了各式各样的滑板车后，孩子们在区域里用乐高、拼塑、玉米粒、积木等材料设计出不同的滑板车造型；车轮印画、滑板小人、滑板车装饰更是让他们在艺术的世界里尽情发挥想象，大胆创作。

滑板车的作用可真多，除了玩，它还可以作为代步工具，还能搬运货物。这天放学，孩子们正巧看见赵老师用滑板车将传达室里的杂志运回图书馆，"我们也可以用滑板车帮赵老师运书呀！"说干就干，孩子们有的搬书，有的拉车，都忙得不亦乐乎。在还书过程中他们分工合作，一同感知滑板车的有用和有趣。

在一系列滑板车游戏活动中，孩子们的探索不止于此，他们还观察到滑板车在草地上滑不动，从高的地方滑下来速度很快等现象，接下来他们将继续围绕问题深入探究，期待他们会有更多的奇思妙想。

【课程反思】

"玩转滑板车"课程的生成源于幼儿的兴趣与发现，活动中一连串的"发现问题、分析问题、解决问题"让幼儿体验到成功的自豪感，还培养了积极主动、认真专注、敢于探究等良好的学习品质。幼儿的合作意识逐步增强，每一次自主游戏都贴近其最近发展区，每一次探索都有不同的精彩，有成功的喜悦，有失败的沮丧，有好奇的验证，还有未完待续的探索。

一、聚焦一个中心：基于兴趣，自主探究

《幼儿园保育教育质量评估指南》提出：要善于发现各种偶发的教育契机，能抓住活动中幼儿感兴趣、有意义的问题和情境，能识别幼儿以新的方式主动学习，及时给予有效支持。幼儿在游戏中切身体验着滑板车带来的冲击感、旋转感、平衡感，他们自由探索着滑板车的不同玩法，从一个人玩到两个人玩，再到更多人参与；由游戏衍生出问题，充分调用自己的生活经验和认知，去观察、思考，运用自己的智慧解决游戏中出现的各类问题，并在不断解决问题的过程中获得成长。

二、关注一个过程：经验联结，深入拓展

我们及时倾听幼儿想法并记录，通过集体分享来帮助幼儿巩固、深化游戏感受，使其在发现问题—讨论表征—实践验证—分享交流的螺旋式上升行动模式里建立新旧经验之间的联系。课程推进过程中，"滑板车不动了"问题为后续探究双人游戏打下基础，游戏材料数量的增加引发了玩具收纳问题，滑板车用途的知识延伸促成了运书活动的开展……从"单一"到"全面"，幼儿主动探索、发现，获得各种直接经验，在一次次交流、调整中助推着游戏的深度学习，真正达到"通过同一种材料获得多种经验"的目的。

三、重视一种变化：迁移经验，创新优化

维果茨基认为，幼儿在游戏中往往不满足于已经达到的行为水平，总是尝试略高于自己原有水平的新行为，从而获得新的经验。在"滑板小火车"游戏中，幼儿从自身生活经验出发，相继创生出如何连接、搭建道路、加入角色等系列探究活动，在这过程中，"滑板小火车"司机由最初漫无目的的驾驶—遵循路线驾驶—有情境地驾驶，游戏规则逐步细化、游戏内容逐渐丰满，幼儿的社会性游戏水平也得到了一定提升。

【骨干教师点评】

小班幼儿正处于身体快速发育、运动能力初步发展的关键时期，对新鲜事物充满好奇心与探索欲。课程"玩转滑板车"以幼儿意外发现的滑板车作为主要探究对象，追随他们的兴趣和需要，运用丰富多变的游戏形式（由最初的平行游戏—双人游戏—多人合作游戏），引导幼儿探索滑板车的不同种类、不同玩法和不同作用，将单个滑板车游戏扩展为多个滑板车的组合游戏，锻炼了幼儿的耐力、手臂力量、身体平衡能力以及动作的协调性，培养了幼儿收纳整理的能力和习惯，同时还增强了合作意识、安全意识。

虞永平教授说："课程就在儿童的生活中，就在儿童的行动里，就在发现和解决问题的过程中。"课程实施过程中，幼儿既是问题发现者、问题制造者，也是问题解决者，更是经验分享者。他们用自己的方式去观察、去比较、去试错，在验证、迁移、巩固和总结中不断获得新经验，最终找到解决问题的多种办法，真正成为游戏的主人。而教师则是幼儿游戏的观察者、倾听者和支持者，在观察中发现游戏中产生的问题，在"一对一"倾听中了解幼儿的真实想法，在此基础上，教师及时组织幼儿进行分享、讨论、计划，从而支持幼儿开展更加深入、持续、富有创造性的探究，拓展了相关经验。

"小孩子生来是好动的，是以游戏为生命的"，一系列有问题引发、有探索思考、有深度学习的游戏活动，让幼儿的运动体验变得更加新奇且多元。相信他们在后续探索中一定能创生出更多有趣、有挑战、有智慧的滑板车游戏，并将获得的有益经验进行迁移，助力他们健康快乐成长。

（点评：江苏省特级教师、正高级教师、江苏省如东县县级机关幼儿园 周云凤）

帮厨乐翻天

（小班健康课程）

江苏省如东县三盛幼儿园　刘明珠　张志娟

【题记】

陈鹤琴先生认为，劳动教育是托儿所和幼儿园实施初步全面发展教养的重要组成部分。他指出："对幼儿进行劳动教育，培养幼儿的劳动习惯和技能，不仅是'生活'使然，而且与幼儿体力、智力道德和美感的发展之间，有着不可分割的联系。"基于小班孩子的年龄特点与兴趣，借助园所丰富的种植园地资源，组织小班孩子开展帮厨活动，教师支持、顺应孩子用自己特有的方式去学习、收获、建构有关劳动经验，使得孩子们从不会、不喜欢、不乐意到积极投入到帮厨活动中来，爱劳动的这颗情感种子悄然萌发。

【课程叙事】

上学期结束之时，幼儿园发放幼儿膳食调查问卷，邀请家长填写并反馈问题和建议。搜集分析家长的问题清单，我们不难发现家长对孩子的"挑食""习惯养成"等问题尤其关注。

问题即是课题，家长的关心是我们关注的方向。这学期伊始，老师们开始着力思考如何基于小班孩子的特点，引导孩子均衡膳食，培养孩子的帮厨能力。我们尝试用课程的思维进行回应。

从我不行到我愿意

在课程初期审议的时候，老师们提出疑问，家长们关心的热点话题如何化成孩子感兴趣的内容，因时因地衍生出课程？

针对小班孩子的年龄特点，以及本班孩子的发展水平，结合《3—6岁儿童学习与发展指南》，我们确定围绕洗、撕、剥、择、掰、敲等动作技能，制定帮厨要求以及动作要点。

技能	帮厨内容及动作要点	幼儿小肌肉动作发展分析
洗	洗番茄、洗黄瓜、洗虾、洗葫芦瓜	左右手攥住食物同时向不同方向上下移动，锻炼双手配合能力。
撕	撕金针菇、撕包菜、撕木耳	幼儿需一只手与另一只手协调配合，加强手指灵活性。
剥	剥蛋、剥蚕豆	幼儿需适度地控制自己的手指小肌肉，用足力量，增强手眼协调能力。
择	择青菜、择芹菜	幼儿需拇指、食指和中指三指协调配合操作，并辅以一定的力量。
掰	掰豇豆、掰蒜薹	两只手抓握交错相互用力，需用巧力而非蛮力。
敲	敲鸡蛋	一只手将鸡蛋敲打碗的一角使其破裂，再通过双手配合掰一掰。

在孩子们的满心期待与老师们的忐忑中，我们开始了帮厨活动的初尝试。

问题 1：累、苦、脏。

生活馆里，孩子们有模有样地忙碌着。可不一会儿，此起彼伏的抱怨声就传出来了："咦，蒜头的味道也太难闻了。"

"好脏啊，虾身上臭臭的。"

"又无聊又累，我不想干了，我们用豇豆'决斗'吧。"

问题 2：三分钟热度。

也有孩子一开始表现出新鲜好奇，洗菜、择菜，乐在其中。可不一会儿，他们就被周围的新鲜事物吸引过去了，东看看、西瞧瞧，"小猫钓鱼"式的帮厨模式实在不可行。

问题 3：技能不到位。

初接触帮厨，有些孩子显得有心无力。敲鸡蛋的孩子"鸡飞蛋打"、杯盘狼藉；掰豇豆的孩子掰得有长有短、横七竖八；撕金针菇的孩子撕得或粗或细，不一会儿就溜之大吉。

问题 4：人多材料少。

由于我园幼儿人数偏少，每天帮厨的食材数量不多，当食材较少时，全体孩子一哄而上，就容易出现争抢行为。部分速度慢的孩子甚至都没有动手的机会，如何因园而异、因材施教，保障每个孩子都有均衡的发展机会，这是我们面临且需要思考的问题。

针对以上问题，老师适当退后，在游戏评价时将这些问题抛给孩子。通过观看回溯帮厨活动的视频，孩子们寻找问题、各抒己见，在大家的共商共量中，找到了行之有效的解决办法。

策略 1：参观食堂。

我们带孩子参观食堂，实地了解食堂工作的琐碎和辛苦。参观结束后，孩子们再次跃跃欲试："我们要帮奶奶干活儿，我们要自己的事情自己做。"

除此之外，我们还充分挖掘教育资源，邀请食堂工作人员参与进来。帮厨开始时，食堂工作人员到生活馆来亲身示范，讲解帮厨工具的使用方法，以及具体的帮厨劳动技能。

策略 2：寓教于乐。

游戏是孩子的天性，我们尝试采用游戏方式，在玩中教，玩中学，激发孩子们的帮厨兴趣，提升孩子们的帮厨技能。如，老师看到孩子们在洗菜时哼唱儿歌，突然灵机一动，顺应孩子们的兴趣，一起创作了《洗菜歌》："洗菜菜、洗菜菜、我们一起洗菜菜……"这一趣味盎然的儿歌瞬时提高了孩子的劳动兴致。剥虾组则以顺口溜形式总结剥虾的方法："掐断头，扯去脚，翻开壳，吱溜一声拉尾巴。"我们注重环境支撑，在生活馆投放了绘本《蚕豆大哥的快乐一天》《馒头包子》等，大家在阅读的过程中了解食物的前世今生，给帮厨活动增添更多新的动力。

策略 3：家园协作。

我们充分利用家长资源，实现家园互动合作共育。结合帮厨记录表，借助班级 QQ 群相册、一起长大等平台，我班开始实施每周家庭帮厨打卡，旨在家园同步进行，共同培养孩子良好的帮厨习惯，实现 1+1＞2 的家园共育模式。家园共同帮厨得到了家长们的积极反馈，家园关系在无形中越走越近。

家庭帮厨记录　　　　　　　　家庭帮厨反馈

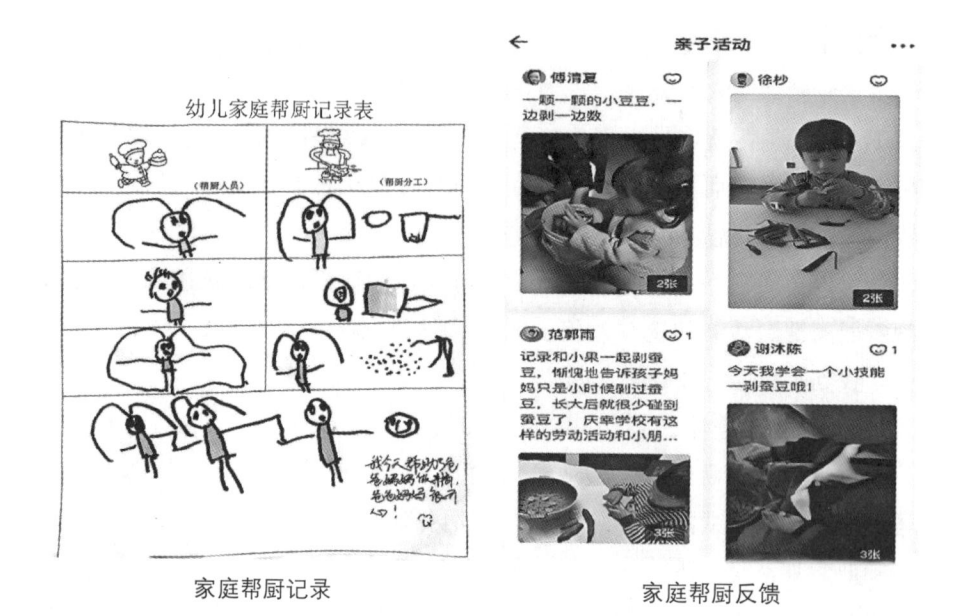

策略 4：分组帮厨。

围绕帮厨活动，我班 22 名孩子共分为四组，一组负责一天的帮厨，依次轮换。孩子们通过提前询问保健老师或是查阅幼儿园公众号，知晓下周食谱。大家自由组合、自主选择，挑选自己喜爱的帮厨活动，由此形成帮厨计划表。

我们基于儿童生活本身，践行课程游戏化精神，让儿童在回归生活世界的活动中再现生活。从发现问题到寻找策略，师幼共同在讨论、实践中积极参与生活活动，丰富自身的生活经验，从而实现从"我的经验""你的经验"重合成为"我们的经验"，课程也因此有了内蕴。

从我愿意到我乐意

有了前期的经验获得和老师的鹰架支撑，孩子们开始享受帮厨活动带来的乐趣，不断续写帮厨故事。

1. 由被动到主动。

每天，轮值的孩子们在家长的配合下早早入园，和小伙伴们一起来到厨房，领取当天的帮厨任务。对于洗黄瓜、番茄、萝卜这些劳动，孩子们已经熟能生巧了，只见他们撸起袖子，捞一捞、搓一搓、抖一抖，一整套动作一气呵成。在手撕包菜时，孩子们将在美工区撕纸的技能运用其中，可爱的包菜"小方块"在孩子们手中悄然而生。

每次帮厨后，耐心的食堂阿姨都会和孩子们即时互动，说一说哪些帮厨"作品"可以给出大拇指，哪些还可以做得更好。回到活动室，孩子们绘制帮厨思维导图，将劳动经验与大家共享。一段时间下来，孩子们显得更加得心应手，交给厨房的"作品"越来越有模有样。劳动给孩子们带来喜悦与成功，他们俨然成为"帮厨小主人"。

厨师阿姨评价 　　　　　　　　同伴共享经验

2. 由不会到领会。

今天的生活馆内，大家给青菜、芹菜排好队，再摘除黄叶，最后摆放整齐，孩子们聚精会神，你赶我超。看到孩子们目不转睛，小手灵活自如，我们看到了帮厨活动的教育价值。

打鸡蛋时遇到困扰孩子的难题，有的孩子不敢磕鸡蛋，几乎要闭着眼睛才敢磕下去；有的孩子左右手动作不协调，往往把蛋液磕在小碗的外面。在游戏分享环节，老师示范磕鸡蛋的动作，和孩子们共同总结经验，提炼出"打蛋手指游戏"——"小鸡蛋，滑溜溜。磕一磕，掰一掰。咻咻咻，蛋清蛋黄滑下来。"孩子们一边念儿歌，一边将鸡蛋敲至碗中。渐渐地，一个看似有技术难度的活儿在小班孩子的眼中成了"小事一桩"，看来还得总结经验。

帮厨结束后，孩子们抹桌子、收残渣、倒垃圾，一个个积极踊跃，看到此情此景，老师也不禁感叹：孩子们变化真大，看来还需我们创造机会，让孩子在更多的舞台中锻炼与施展，这样，他们才有更多的机会表现自己、发展自己。

3. 由无趣到有趣。

孩子们的帮厨不仅停留在领会上，熟能生巧的他们还举一反三，开启了趣味之旅。瞧，撕金针菇时，小宇创造性地将金针菇条一一排队，说道："大拇哥、二拇弟……"他一边点数一边摇头晃脑的样子真让人忍俊不禁，他的"排队法则"也被同组的孩子们纷纷效仿，并将金针菇排列整齐地放在篮子里，孩子们的进步显而易见。同伴学习有助于经验的迁移，在接下来的帮厨活动中，可乐将他学到的"排队法则"教给了涵涵，我们看到豇豆也像金针菇一样规规矩矩"排起了队"，脏乱差的现象再也不见了。

无独有偶，这天大家在撕木耳，只见两个小丫头有说有笑，老师好奇地走过去，糖豆一本正经地和我说道："老师，我们在'剁肉'。"见我一副疑惑不解的样子，她继续说道："木耳'肉'软的留下，'骨头'硬的不好吃，要扔掉。"哈哈，孩子们的世界真是天马行空，他们在帮厨活动中自我总结、自得其乐。

剥蚕豆的孩子也总结了几种"招式"，有一掰两半式，有一拧一转式，有挤压蹦跳式……孩子们按照自己的经验，寻找最适合自己的方法。

由被动到主动，由不会到领会，由无趣到有趣，背后是孩子们劳动技能和责任意识的提升。在这期间，老师深切感受到，和孩子们在一起会有这么多的出其不意，正是这些小惊喜让帮厨故事充满了小美好。

新技能——切。

一天，豆豆和琪琪正在生活馆里掰蒜苗，掰到用力处，两人掰得龇牙咧嘴，后来他们从架子上拿来儿童刀，驾轻就熟地切了起来。这一幕，我们及时抓拍下来，豆豆在帮厨分享会上告诉大家，她在家里帮厨时就使用了刀，很方便。接下来，大家围绕"要不要使用刀"进行了讨论，老师从安全角度表达了担忧，孩子从"天不怕地不怕"角度表示了支持。《幼儿园教育指导纲要（试行）》中指出："教师应成为支持者、合作者、引导者。"既然孩子有意尝试，那老师必须全力给予支持。

孩子们在真实生活情境中发现问题、解决问题。值得一提的是，每周的家庭帮厨打卡，家长们也是各出奇招，切韭菜、切土豆、切黄瓜……从材料的提供到工具的准备，用心至极。

孩子们在确定每周帮厨计划时，也开始学着有所侧重，食材从软到硬，从长到圆，从简单易完成到有挑战难度，切面条、豆干、火腿肠……不同食物的切法也不一样。孩子们手部肌肉力量逐渐增强，手法逐渐娴熟。

新技能——刨。

自从尝试用儿童刀进行帮厨后，孩子们开始搜索各种工具。这天，大家把目光投向了刨子，因为他们看见过爸爸妈妈在家使用这一工具。孩子们跃跃欲试，一手扶稳，一手擦丝，借助思维导图梳理要点与实践操作总结经验，帮厨的新技能又掌握了一个。孩子们的信心越来越足，他们不再满足单一的帮厨技能，现在的他们已经能将多种帮厨技能整合在一起。

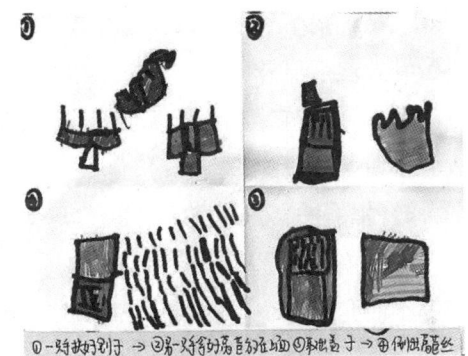

刨莴苣丝　　　　　　　　总结刨子使用经验

从被动到主动，从不会到自己学，从徒手劳动到借助工具，帮厨这一看似枯燥的劳动在孩子的演绎中，逐渐变得有趣、有味、有意思。孩子的学习永远在发生，工具的加入犹如古人的"钻木取火"，这一步在意料之内又让人惊喜。幸福不会从天降，美好生活要靠劳动，我想，孩子们已经渐渐领会这一人类亘古以来的朴素美德。

从我乐意到我很棒

应物自然，四时有序。植物的种植和生长，要遵照天时，不违农时，孩子们的成长也如植物一般，遵循规律，方能收获惊喜。

帮厨活动正酣，大家从徒手到使用工具，从单一技能到多重技能，孩子们意犹未尽，自然地，孩子们开始联想到幼儿园种植区的植物们。

1. 剪、切、摊韭菜饼。

春分时节，三盛园墙角韭菜郁郁葱葱，孩子们从美工区拿来剪刀，咔嚓咔嚓整齐剪断，再去摘来几根葱，洗好、切好备用，倒面粉、搅拌，再在小朋友们专属的小锅里摊好，韭菜饼一气呵成的制作过程不得不归功于孩子们这一年来在生活馆里的"身经百战"。

2. 敲、煮、剥清明蛋。

时值清明，孩子们收集好幼儿园饲养角的鸡蛋、鸭蛋、鹅蛋，采上形态各异的树叶，煮蛋、剥蛋，甚是美味。

3. 摘、剥、掰蒜薹。

孩子们播下种子，每天自主散步时常来种植区探望。泥土里的蒜先是冒出嫩芽，然后结出蒜叶，再变成蒜薹。孩子们照顾着它，它也陪伴着孩子。谷雨前后，蒜苗便可食用了。孩子们成群结队来到田里剪蒜薹，去除皮，切成一小段一小段的送去厨房。

4. 掐、洗、煮豌豆。

大家掐完豌豆苗，看到豌豆花，再等等，好吃的豌豆就成熟了。孩子们哼着小曲儿，在小小的豌豆田里掐着豌豆，好一幅热闹和谐的景象。掐好豌豆清洗，一部分放盐水煮，分享美食，一部分剥成一粒粒小豌豆交给厨师阿姨，喷香的豌豆饭就出炉了。

孩子们掐蒜薹、收青菜、摘生菜，大家收获时蔬，忙得不亦乐乎，也吃得津津有味，编写出了三盛园里特有的帮厨故事。

基于这段时间的帮厨活动，每个孩子记录下了属于他们独一无二的帮厨二十件小事，一个个小方格见证着他们的故事，从吃饭很费劲到光盘我很棒，从满眼的嫌弃到满心的接纳，从爸妈眼中的小宝宝到老师眼中的小榜样……他们的故事还有很多。

绘制帮厨故事　　　　　　　　孩子们讲述帮厨的 20 件小事

帮厨活动后，我们也收到家长发来的评价视频，有欣慰、有惊喜、有感动……

作为老师，很幸运，见证着他们一路的成长。其实每个孩子都是发光的个体，他们在各自擅长的帮厨活动中闪闪发光。帮厨小明星，22 个孩子一个都不少，每个孩子在老师心中呈现出各美其美，正是这些各具特色的美，组成了我们小一班帮厨故事的美美与共。

【课程反思】

一、幸福成长，孩子主动发光

"孩子是学习的主人，要让每个孩子都闪闪发光。"帮厨活动源于幼儿真实的生活，孩子们在真实的情境中链接自己的已有经验，寻找适合自己的方法进行劳动。在帮厨活动中，每一个孩子都有机会选择、参与活动，他们以游戏的方式进行着最投入的劳动，在一次次的帮厨活动中，找到幸福生活的一种方式。劳动是美的，劳动者亦是美的，孩子们从欣赏劳动者，到自主参与劳动，在实践中获得自我肯定，从而对劳动者有了更为深入的认识。

二、追随儿童，教师心中有光

虞永平教授说过：老师要学会"无中生有""没事找事"。课程实施过程中，老师通过谈话、观察、倾听等，挖掘有教育价值的线索，顺水推舟地根据孩子们的兴趣和需要生发新的内容，从而推进课程不断向前发展。作为教师，"每次活动能带给孩子什么"是需要我们持续思考的，"孩子们的关注"

是教师最应关注的，我们适时突破"打蛋"这一难点，自然引入工具，这些细节看似平常，却体现了教师的课程理念，即成为孩子的支持者、引导者。

三、转变观念，家长眼中有光

《3－6岁儿童学习与发展指南》中指出："家庭是幼儿园重要的合作伙伴。应本着尊重、平等、合作的原则，争取家长的理解、支持和主动参与。"随着课程的进程，家长主动参与进来，这是课程进一步获得丰满呈现的基础。劳动意识的培养需家园共同协力。我们欣喜地看到家长不再片面地专注于孩子的书本学习，而是追随幼儿园的教育理念，共同在劳动中助力孩子的全面发展，从而构建1＋1＞2的家园共育模式。

【骨干教师点评】

教育部在《关于大力推进幼儿园与小学科学衔接的指导意见》中，提出促进儿童德智体美劳全面发展的指导思想，并在《幼儿园入学准备教育指导要点》的生活准备方面，明确提出了"参与劳动"的目标。劳动是幼儿本能的需要，更是幼儿成长的重要途径，参与劳动有助于培养幼儿良好的劳动习惯，提高幼儿的自理能力和动手能力，增强自信心，培养初步的责任感。

一、尊重儿童，遵循规律：珍视儿童劳动的主动性

尊重儿童的自主性首要的是，在保证安全的前提下，放手让儿童去做力所能及的事情。生活中常见的自我服务，可以让儿童尽情尝试。帮厨活动源于儿童生活，用于儿童生活，儿童在帮厨中完成自己能做的事情，促进肌肉动作发展，提高劳动技能。同时，帮厨活动的成果是用于儿童的，这样一种闭环增加了儿童的成功感，推动儿童主动、持续参与劳动。

二、关注儿童，创设场域：重视儿童劳动的真实性

恰当地为儿童创设真实的"工作场域"，从而让劳动教育成为"真劳动"，这是教师应关注的问题。我们基于儿童的一日生活，为儿童打造"做中学"的学习环境，以贴近生活的方式，让儿童沉浸式体验，参与式劳动。在儿童眼里，帮厨既是劳动，亦是游戏，他们与材料、与同伴积极互动，获得有益的体验，在过程中习得经验。

三、引导儿童，亲历过程：呵护儿童劳动的兴趣点

虞永平教授指出："幼儿的劳动主要是幼儿通过身体或体力活动，达到服务自己和他人的目的，本质上是幼儿主动与周围世界相互作用的过程。"兴趣是一切学习的起点，教师要激发儿童的好奇心和主动性，引领他们积极参与劳动体验，主动以问题推动丰富的劳动过程。每一个问题的产生，都是新探究活动的开始，儿童带着兴趣参与劳动，在劳动与思考的过程中，感受劳动的智慧。

（点评人：南通市学科带头人、江苏省如东县三盛幼儿园　于金莲）

嘘！我们午睡了
（小班健康课程）

江苏省如东县掘港幼儿园　朱国平

【题记】

9月，对于刚刚进入幼儿园的小班孩子来说，幼儿园的一切既是新的，也是陌生的。如何让孩子们尽快适应幼儿园的生活，让他们喜欢并爱上幼儿园，在幼儿园的环境中找到舒适感和安全感呢？本课程从孩子们午睡的小床入手，让他们在自主选择小床、自主探究被子的叠放方式、家庭式选择午睡音乐等活动过程中，增加对幼儿园的喜爱之情，并尽快地适应幼儿园集体生活，从而实现生活即教育的目的。

【课程叙事】

午睡是小班幼儿适应幼儿园生活的重要环节，它既能缓解疲劳，还能赶走一些不良情绪。对于刚刚入园的小班幼儿来说，选择好一个自己的小床，创造与小床的更多互动，与小床建立一种温暖的依恋关系，既能让他们美美地享受午睡，还能缓解入园焦虑。

选择小床

宝宝入园第三天，对吃饭、如厕等流程已经初步熟悉了，随着适应周内容的逐步累加，宝宝们选择认识自己的小床。在老师们的引导下，宝贝们拿上自己的小标记，兴奋而自信地贴在了心仪的小床上。个子高的谢楚乔、赵志昊都选择了最下面的小床，马张琪和周凡皓同时中意一张小床，标记也贴在一起。

问题初显露：该选哪张床？

孩子们都已经选择好自己的小床，而作为教师的我们却困惑了：孩子们选择的小床和我们预想的有较大的出入。由于幼儿园的小床是三张叠加推拉床，一组三张床的长短有不同，下床最短，上床最长。孩子们的选择没有目的、没有判断，如何让幼儿的择床既是有目的、有需要的自主选择，又是符合身高条件的合理选择呢？我们陷入了思考。

策略：童话故事衍生"午睡小家庭"。

绘本《小熊的一家》中，有高大的熊爸、矮小的熊宝和不高不矮的熊妈，它们分别睡的是什么床呢？一对一匹配的数学绘本游戏，激发了孩子们选择小床的灵感，因为故事的引导，乐乐很快就拉上琦琦、萱萱组成了"小兔家庭"，家庭成员也都很快就找到了自己的小床。同时，班级上又组合出了小猫家庭、小羊家庭、小海马家庭等多个"家庭"，每一个新家里都有高大的"爸爸"、不高不矮的"妈妈"和小小的"宝宝"。就这样，以绘本资源为依托，运用"家庭式选床"的方式，大家轻松解决了选床的问题。

同伴组建"午睡小家庭"　　　　　　家庭式选床

教师反思：游戏融生活，生活即教育。小家庭的组成，不仅让幼儿感受到角色游戏的快乐，让他们在游戏中互相学习、自主选择，同时融大小匹配的数学学习于游戏中，这样既解决了选择小床的生活问题又帮助幼儿建立了归属感，搭建了同伴关系，缓解了入园焦虑。

睡前准备

孩子们自从有了自己的"午睡家庭成员",熟悉了自己的小床,每天都期待着和新组合的"家庭成员"一起午睡。今天大家又加入了新的谈论话题:睡觉前要做些什么事情呢?家访中,我们对幼儿在家的午睡习惯进行了调查统计,归纳起来有四部曲:洗漱、如厕、脱衣、脱鞋,另外还有各种陪睡。于是,参考他们在家的睡前四部曲,孩子们也依照熟悉的流程逐一完成,宝宝们终于上床睡觉了,杨姝毓到了床上说想喝水;缪宇、陈奕泽等6个小朋友上床后又想小便;顾子欣、袁子睿等多名幼儿起床时找不到衣服、袜子、鞋子,各种状况依然频频出现。

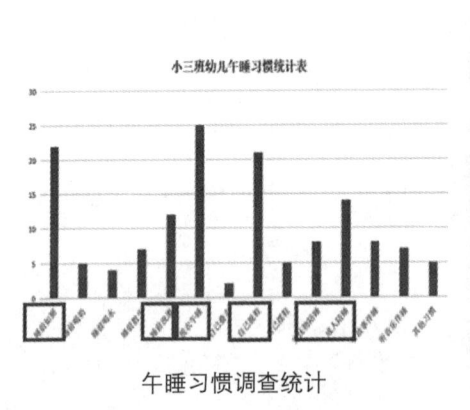

午睡习惯调查统计　　　　　　睡前放上陪睡玩偶

问题:如何做好睡前四部曲呢?

虽然我和孩子们已经讨论了睡前需要做的事情,但是他们总是会遗漏其中的某些环节,导致午睡前散、午睡中忙、午睡后乱,忘记需要完成的步骤。幼儿对于午睡这个生活环节还在适应中,需要老师一对一地提醒。我们知道,让幼儿成为自己生活的小主人,做好自己的睡前四部曲,比老师每天都一个个询问一个个检查更有效,这也是幼儿个体责任担当的体现。通过什么样的活动和形式,让还处于入园适应期的幼儿做好自己的睡前四部曲呢?

策略:儿歌诵读提醒睡前事。

我们沉下心来观察,发现班级多数幼儿独立午睡习惯还没有形成。他们在家里午睡时一直有家长的陪伴、呵护、提醒，在幼儿园缺少了这样的贴身陪伴者，依赖性强的宝贝们还没能适应独自入睡。如果将老师的重复提醒创编成幼儿熟悉的儿歌语言，是不是能达到提醒、陪伴的作用呢？我们尝试将睡前四部曲编成了四句儿歌，朗朗上口的儿歌能帮助幼儿记忆，还能帮助幼儿熟悉睡前要干什么。同时，我们还让幼儿挑选出代表如厕、脱衣、摆鞋、盖被的图片，并将这些图片以流程图的形式贴在显眼的位置，起到了提醒幼儿行为的作用。

教师反思：语言转化，熟悉了然。幼儿阶段，培养良好的习惯核心在于引导他们学会自我管理，而非仅仅机械地服从老师的指令。小班的幼儿尤其热衷于模仿各种动作，并且在模仿过程中乐于边说边做。张贴的睡前准备流程图片配上诵读流程儿歌，这种方式直观且充满趣味性，激发了幼儿的自主学习兴趣，在潜移默化中培养了他们良好的生活习惯和自我管理能力。

被子换方向

床上的枕头、被子叠放整齐，幼儿上床后应该很快就能躺好准备午睡。但是幼儿们上床后多数是直接躺下，也有个别幼儿会从枕头下拿出被子，一直举着不知道怎么办，甚至有幼儿会因为拿被子而将枕头扔到了床下。"你在家里上床后都干什么？被子怎么盖更方便呢？"我们用语言提醒孩子们，期待他们用家庭中的睡觉经验迁移解决目前出现的问题。

问题：被子应该怎么放？

被子放在枕头下，整洁、利落，老师一直是这样的整理要求，这样的整理对吗？适合小班新入园的宝宝吗？"你们家里的被子放在哪里？"调查后发现，班级25名幼儿中，没有一个家庭是将被子放在枕头下面的，花卷说："我家被子铺在床上，可以直接钻进去。"柚子说："我家被子是放在脚那边，拉过来盖。"幼儿园的被子为什么要和家里放得不一样呢？幼儿园的被子应该怎么放？

策略：适合幼儿的才是最好的。

被子是采用传统既定的方法摆放，还是参考幼儿家庭中的方法摆放？什么样的方法适合幼儿的需要呢？让孩子们来判断。第一天，被子放在枕头下，我们认真观察、记录幼儿的行为，只有 5 名幼儿能够自己从枕头下拿出被子，并盖好。第二天，被子放到床另一头，有 18 名幼儿能够主动打开被子盖好。孩子用行动选择更适合他们的摆放方式，适合他们操作和使用的才是最好的。

教师反思：深入观察，看到需要。初入园的小班幼儿，使用被子的经验来自于他们的家庭，当被子的摆放方式发生了变化，他们就无法正确打开。日常生活中，幼儿遇到问题时，一时不能准确使用恰当的语言来表达内心的需求和感受，作为教育者，我们需要特别关注并仔细观察幼儿的行为和表情，以便更好地理解他们的真正需求，为他们提供恰当的支持和帮助，从而促进幼儿的全面发展。

有序上床

午睡时间到了，"小兔家庭"的三个好伙伴手拉手上床睡觉：脱衣、摆鞋都很有序，睡在下床的"小兔宝"第一个上床，拉被子躺好，中床的"兔妈妈"和上床的"兔爸爸"一起上床，他们拥挤着踩在了"小兔宝"的腿上，"小兔宝"疼得大叫。同时，"小鹿家庭"也出现了"鹿爸爸"踩到"小鹿宝"的事件。

问题：如何能够更安全、有序上床呢？

三张推拉床拉开后像楼梯一样，睡在上床的小朋友是需要从下面的两张床爬到自己的小床的。当下面床的小朋友先躺好，上床的小朋友就会踩到他身体上。如果睡上面的小朋友先上床，然后依次是睡中床、睡小床的小朋友再上床，那就没有踩到同伴的烦恼。如何能够让一个家庭的三个成员按顺序走上"小床楼梯"？谁先上床很重要。

策略：规则调整培养幼儿好习惯。

那午睡上床时应该要遵守什么安全规则呢？我们一起来看午睡上床的视频，孩子们发现一起上床会很挤，那谁先上床最方便呢？三种不同的顺序，哪个更好呢？每个家庭组进行过程性尝试，并进行投票认可，聪明的宝宝们认可了先"爸爸"再"妈妈"最后"宝宝"的上床顺序。当上床午睡时，讲规则的"宝宝"和"妈妈"都不会着急上床，会充满仪式感地等待"爸爸"先上床。

投票选择"谁先上床"

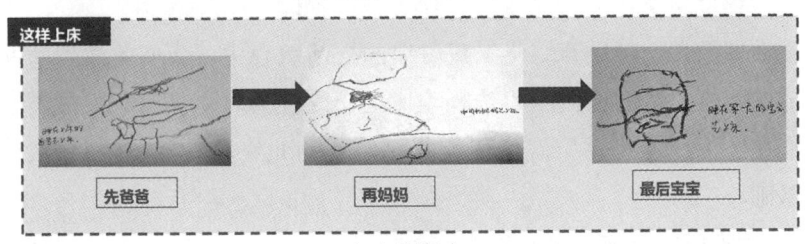

这样上床

先爸爸 → 再妈妈 → 最后宝宝

上床的顺序

新问题：午睡上床拖拉，时间长怎么办？

如此的上中下的顺序避免了踩踏隐患，但是时间拖拉，一组家庭会因为一个小朋友而影响另外的两个宝宝的及时上下床。

新策略：灵活调整规则方便幼儿需要。

"小羊家庭"的"羊宝宝"今天就没有一直等"羊爸爸"，摆好鞋子后就先上了床，然后当"羊爸爸"需要从她床上过去的时候她缩起了被子下面的小脚，"羊爸爸"很顺利地到达上铺。在反复的尝试和比较下，孩子们都认可了这个新办法，看来，规则需要改写了。

缩起脚让同伴上下床　　　　小伙伴靠边上走

27

教师反思：规则调整，逐步优化。张雪门先生的行为课程指出，从行动中所得的知识，才是真实的知识。在每天的上下床中，孩子们都在寻找最安全、最适合的方法，我们的规则也在不断地调整和优化中。孩子们在实践中的收获，也是得益于他们不断学习和反复检验的结果，尝试用自己的办法解决问题正是他们一生都要积累的学习品质。我们支持幼儿的每一次尝试，认可他们的学习方法，这也能更加激励他们的学习兴趣。

【课程反思】

生活即教育，在培养幼儿午睡习惯的生活教育中，我们关注到幼儿学习和发展的契机，帮助他们积累选择小床的感性经验，遵循身心发展特点，引导他们在上下床的行动实践中优化规则，为幼儿终身发展奠定品性、思维、习惯基础。

一、"家庭式选床"融入情感体验

在课程实施过程中，教师的预期选床环节是理性的、有目的的。引入绘本角色后，他们的"家庭成员"之间互相关心、互相尊重，选床结果自然呈现。在模拟的家庭环境中，幼儿需要与同伴进行沟通"如何上下床""如何摆鞋子"，这不仅增强了他们的语言表达能力，还让他们学会了如何与他人合作、如何承担"家庭成员"的责任。

二、"领域融合"养成良好习惯

《3—6岁儿童学习与发展指南》中指出，幼儿要形成生活中的习惯和规则。幼儿园里的习惯和规则不是教师给予的，而是教师跟幼儿共同商量决定的。课程中，对于"被子怎么放""怎么上下床""睡前干什么"等午睡规则，幼儿进行了充分的观察、实践、选择，教师整合多领域，充分调动幼儿多感官进行自主学习，培养幼儿的良好午睡习惯。

三、"有序上床"培养安全意识

《幼儿园教育指导纲要（试行）》明确指出，幼儿园必须把保护幼儿的生命和促进幼儿的健康放在工作首位。幼儿上下床的安全不可忽视，必须提高幼儿的安全意识。课程中，教师将安全教育有机渗透，"有序上下床"的安全规则来自于幼儿的讨论和选择，为他人上床"缩起脚"是幼儿的实践经验，安全意识的培养做到了教育无痕。

四、"关注细节"看到幼儿需要

教师观察幼儿的行为就是要理解幼儿的需要、合理看待幼儿的需要，从幼儿的角度思考如何实施保教工作，看似摆放整齐的被子和枕头，实则是给幼儿的自我服务增加了难题。课程中教师从关注现象、了解幼儿行为的原因，到支持幼儿的想法，为幼儿调整新的放被子的方法，正是看到了幼儿的真实需要，打破传统，这才是教师支持幼儿的真实体现。

【骨干教师点评】

陶行知先生曾指出："全部的课程包括全部的生活，一切课程都是生活，一切生活都是课程。"午睡作为一日活动中承上启下的必要环节，不仅是让幼儿身心得到休息与调整的重要时刻，也蕴含着良好的教育契机和独特的课程价值。本课程中，教师不仅重视幼儿的午睡组织和保育护理，还通过午睡选床等活动帮助幼儿缓解入园焦虑，培养幼儿喜欢在园的集体生活，养成良好的睡眠习惯和生活自理能力，提高幼儿一日生活与学习的效果。

课程开展中，尊重幼儿，不盲目顺应幼儿。孩子们自主选床，充分自愿，教师发现问题后通过绘本故事、情境游戏，让幼儿同伴重组。"家庭式选床"的活动让幼儿在体验中了解了选床的基本规则。

午睡习惯养成时，关注幼儿，抓住契机。有序上床活动中，我们可以看到教师支持幼儿对上床规则进行了多次调整和优化。在没有发现上床的更好方法时，教师播放午睡视频，引发幼儿关注午睡的故事，创设问题、讨论情境。当发现教育契机，让幼儿通过比较，找到最佳解决问题的方法。

教师注重小班入园幼儿的年龄特点，更多的是游戏和情境的引导，让幼儿在体验中感受，对于幼儿的午睡规则的制定，不是一蹴而就的，教师也不急于求成，鼓励幼儿互相学习，支持幼儿在每一天的生活中学习和成长。

（点评人：南通市学科带头人、江苏省如东县掘港街道群力幼儿园　陈永红）

小孩子的诗
（中班语言课程）

扫码观看视频

江苏省如东县爱民路幼儿园　江璇　许婷婷

【题记】

苏霍姆林斯基说："教育就是从培养真诚的关切之情——即对周围世界所发生的一切都会由衷地作出思想和情感上的反响——开始的。"而诗是最能陶醉幼儿思想感情的文学样式。《小孩子的诗》从一段网红儿歌的趣味创编开始，孩子们认识古诗，在生活中寻找写诗的灵感，尝试体验不同的创作手法，不断地拓展创作内容。

实施课程之时恰逢第十二个全国学前教育宣传月，主题是"倾听儿童，相伴成长"。过程中教师们用最朴素的方式，俯下身来，走近、倾听、欣赏、支持，让每个孩子都能成为小诗人。

【课程叙事】

活动起源：网红诗

听说，孩子们的暗号已经从"爱你孤身走暗巷"升级成"在小小的花园里挖呀挖呀挖"。最近抖音风靡了一首儿歌《小小花园》，简单重复的话语，让人听了忍俊不禁。

孩子们也纷纷加入创编大军，挖出了自己的独特版本。听！这几天餐后孩子们正围在一起分享自己创编的网红诗呢！瞧瞧，他们分享时的得意劲儿都快溢出屏幕了。隔天，孩子们开始分享自己创编的网红诗。

柚子说："在大大的饭碗里挖呀挖呀挖，吃大大的米饭，摸鼓鼓的肚子。"

恺恺说："在小小的地球上转呀转呀转，看小小的星星，睡小小的床。"

帅帅说："在小小的螃蟹里面挖呀挖呀挖，吃小小的螃蟹脚，再吃大大的黄。"

垚垚说:"在小小的水池里面钓呀钓呀钓,钓小小的鱼儿,喝甜甜的鱼汤。"

幼儿创编的网红诗

发现儿童:

小伙伴们一起读了小诗,他们发现:"垚垚编的小诗怎么读起来不顺啊?"他们又重新读了一遍,过程中有的孩子说鱼汤,有的孩子说汤。那怎么改,小诗听起来更好听?反复诵读后,他们感觉改成"喝甜甜的汤"更有节奏感。

在自然的表达中,孩子们发现韵律美,那如何支持他们呢?《3—6岁儿童学习与发展指南》中提到:"引导幼儿感受文学作品的美。有意识地引导幼儿欣赏或模仿文学作品的语言节奏和韵律。"老师鼓励孩子们相互分享,互相聆听。在念诵创编作品的过程中,在听觉上尝试感受诗的节奏和韵律。

感:初印象

那除了网红诗,还有什么诗呢?阅读月里借由古诗,孩子们在古诗的世界里,尽情感受着文字的魅力,品味着传统文化独有的韵味和智慧。每个小朋友都会朗诵几首古诗,还记得你朗诵的第一首古诗是什么吗?孩子们创作一张古诗海报进行分享。

余楚:"《悯农》这首诗里写了农民伯伯种田很辛苦,汗都滴到泥土里,我们要光盘,不能浪费粮食。"

团团:"我会的第一首古诗是《咏鹅》,鹅,鹅,鹅,曲项向天歌。白毛浮绿水，红掌拨清波。它写的是大鹅漂在水面上，用脚划水游泳呢！"

森森："我会说《咏柳》，诗人在夸柳树很漂亮呢！"

古诗是文字的艺术，更是中华文化的瑰宝。孩子们通过诵读经典古诗，不仅能感受到诗歌的韵律美，还能初步了解中华文化的博大精深。

创：享体验

一、我编的第一首小诗

那通过对古诗的学习，你发现古诗和我们平时说的话有什么不同呢？

米朵："我们发现古诗每句有的是5个字，有的是7个字。"

森森："古诗只用了几个字，就讲了很多故事，真神奇。"

孩子们在前期经验的支持中，发现了古诗的特点，自己也来试试写小诗。孩子们用画笔画下小诗，自己表述后再请老师用文字记录，这样便看见孩子们边念诗句边数说的诗句有几个字的画面。

拔笋诗。

春天到，万物生。孩子们惊喜地发现竹林里有好多竹笋冒出了土，便撸起袖子拔几颗笋带回去炒着吃。回活动室后，孩子迫不及待地将拔笋的经过用诗句记录下来。

管陈恺写道："恺恺去拔笋，拔了好多呀，老师说别拔，别人没有了。"

陶宇杰写道："我和辰辰拔笋，一共拔了四个，送给别人一个，我们还有三个。"

朱张涵写道："今天拔竹笋，拔呀拔不动，我来仔细看，原来没长大。"

发现儿童：

孩子们第一次写诗，诗的内容更多是表达自己拔笋的过程。刚开始写诗，教师不强调技巧，而引导孩子记录印象深刻的事。

幼儿创编的拔笋诗　　　　　　　　幼儿在竹林拔笋

二、尝试体验不同的创作手法

1. 说说自己的感受。

户外散步时，微风拂过脸庞是什么感觉？孩子们开始了诗意的表达。

承致说："风把杨梅吹到地上，我去看了一下，原来杨梅摔倒了。"

棋棋说："风吹着果子，果子像在跳舞。"

若兮说："风吹过身体，它像空调一样凉快。"

潘潘说："风吹过杨梅，我尝了尝风，风有杨梅的味道。"

恺恺说："风把玫瑰花的味道吹到我鼻子边，我嗅了嗅风，闻到了玫瑰花的味道。"

发现儿童：

（1）将感官体验、发现，尝试融入表达中。

孩子们的表达中出现了"看、闻、尝、嗅"等动词，可以看出孩子们已经能用多种感官感知风了。

（2）出现拟人等修辞手法，表达趣味性。

幼儿的语言充满着想象和童趣。因此，他们会把"风吹在身上的感觉"比作"吹空调"，把"果子被风吹动的样子"比作"跳舞""摔倒"等等，观察中增添了很多的趣味性。同时，教师也发现孩子们对风的感受，仅停留于外部观察的表达。如何引导幼儿在表达中融入情感、丰富内涵呢？急需教师给予更多的支持。

2. 体验不同的创作手法。

（1）排比。

诗有很多种，我们了解到一首小诗《风》，它是一首现代诗，现代诗的形式更自由。这首现代诗里运用到了"排比"的创作手法。排比是三个或三个以上相似的句子组成的。来听听孩子们运用排比手法写的《风》的小诗吧。

董丛丛在《风》中写道："春天的风在踢皮球，春天的风在玩滑梯，春天的风在捉迷藏，然后就到夏天了。"

承致在《风儿的朋友》中写道："一阵风在草坪上烤串，一阵风在水里游泳，还有一阵风在田野上奔跑。"

苗苗在《快乐的风》中写道："风在和彩虹看动画片，风在和云朵吃冰淇淋，风在和我们晒太阳。"

柠檬在《风的旅行》中写道："风吹过树叶，树叶像在跳舞；风吹过草丛，草丛像在发抖；风吹过海浪，海浪像在玩耍。"

在孩子们新写的小诗《风》里，我们感受到季节的变化，感受到风和大自然的互动，浪漫又俏皮！

（2）比喻。

父亲节快到了，我们欣赏了绘本故事《我爸爸》，书里作者写道："我爸爸吃得像马一样多，游得像鱼一样快，像大猩猩一样强壮，又像河马一样快乐……"我们了解到原来用"像……一样"写诗的方法叫做"比喻"。那孩子们笔下的爸爸是什么样子的呢？

柚子写道："我爸爸像小狗一样跑得快，我爸爸像小兔一样爱吃菜，我爸爸像老虎一样凶猛，我爸爸像我爱他一样爱我。"

CC写道："我的爸爸像鱼一样游得快，我的爸爸肚子大得像皮球一样圆，我的爸爸像滑梯一样有趣，我总是可以从他身上滑下来，我的爸爸像五层楼一样高大，我爱我的爸爸。"

孩子的心很小，但是装得下各种模样的爸爸，因为孩子很爱他们的爸爸。

幼儿创编爸爸的小诗

（3）问答。

问答诗就是指采取一问一答或连问连答的形式来叙述事物。孩子们最喜欢的手指游戏便是《比尾巴》，诗里说道："谁的尾巴长？狮子尾巴长。谁的尾巴短？兔子尾巴短……"一问一答的形式让孩子们在与同伴互动中趣味十足。来欣赏一下孩子们的问答诗吧。

熙熙的《什么是半圆》中写道："什么半圆长地上？半圆的蘑菇长地上。什么半圆在盘子里？半圆的饼干在盘子里。什么半圆装东西？半圆的篮子装东西。什么半圆会发光？半圆的台灯会发光。"

张梓棋的《什么是圆圆》中写道："什么圆圆脚上踢？皮球圆圆脚上踢。什么圆圆天上飘？气球圆圆天上飘。什么圆圆房间里？地毯圆圆房间里。什么圆圆身体上？脑袋圆圆身体上。"

幼儿创编的问答诗

除了排比、比喻及问答之外，还有哪些表达方式？每天的餐前阅读时光中,"诵诗"成为了孩子们最期待的环节,在分享中聆听不同的小诗,感受不同的表达方式。

三、寻找生活中的创作灵感

诗藏在什么地方?用孩子们的话来说"诗躲在我的游戏里""躲在每天从睁开眼醒来,到闭上眼睡觉之间的每一分每一秒里""躲在走路、跑步和开心的事儿里"。原来,在生活里发生的所有事情中都可以有诗。

1. 爱的宣言。

我们爱民路幼儿园是一所以"爱"命名的幼儿园,每天早晨入园,看到的是"爱"字墙和"爱的宣言",那你发现爱都藏在哪些地方呢?你是如何理解爱的呢?

安安写道:"爱在幼儿园的饭碗里,爱在门卫的保安室里,爱在老师贴的图片标志里,爱在种植园的植物里。"

小虞写道:"爱在食堂阿姨做的饭菜里,爱在奶奶切的水果里,爱在妈妈的怀抱里,爱在我和姐姐的笑声里。"

很多时候,爱并不在于言语的多少,而是如何在生活的细微之处去体现和表达。

幼儿创编爱的小诗

2. 劳动诗。

我们幼儿园重视劳动教育,不仅在园、在家,在社区也能找到孩子们忙碌的身影。你喜欢劳动吗?你是怎么劳动的?孩子们用小诗将自己的劳动内容记录下来。

承致在《保护环境　人人有责》中写道："今天我去散步，有人乱扔垃圾，我把垃圾捡起，扔进垃圾桶里。"

汤圆在《我洗碗》中写道："我在洗碗，我洗完了，放进柜子，洗得很累。"

帅帅在《奖品》中写道："我帮奶奶洗碗，洗完放进柜子，奶奶特别开心，带我去买奖品。"

劳动日记常常写，孩子们已经习惯了从"时间、地点、人物、事件"四要素去表达。劳动诗中孩子们将自己说的大白话进行凝练，用简短的话语表达自己劳动的真实体验。

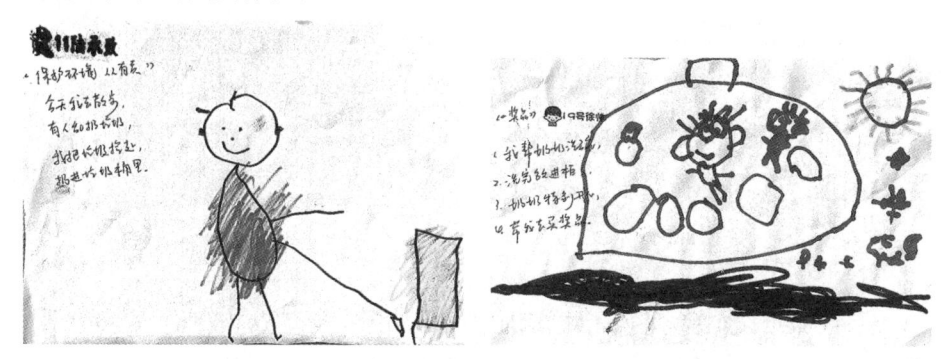

幼儿创编的劳动小诗

3. 小试牛刀。

"你知道吗？我哥哥今天高考，今天要考语文。"孩子在闲谈中聊到高考这个热门话题，小诗人们的创作机会千万别错过，都来参与挑战一下吧！

2023年高考语文一卷中的作文给了这样一段材料："吹灭别人的灯，并不会让自己更加光明；阻挡别人的路，也不会让自己行得更远。一花独放不是春，百花齐放春满园。如果世界上只有一种花朵，就算这种花朵再美，那也是单调的。以上出自习爷爷的讲话。"孩子们根据自己的理解进行小诗的创作。

刘石雨写道："叶子没了树会秃，一片叶子树也秃，两片叶子还是秃，一树叶子树不秃。"

潘潘写道："我们的路上会亮，不止因为有自己的灯，还有别人的灯。我们要保护自己的灯，也不吹灭别人的灯。"

——写道："不吹别人的灯，不拦别人的路，打开自己的灯，照亮我们的路。"

别小瞧孩子，他们总能用最浅显的话说出最深刻的道理。

4. 一首小诗，献给夏天。

夏天里有什么声音？夏天里你会看到什么颜色？这些秘密藏在孩子们献给"夏天"的小诗里。在欣赏完《夏天的歌》和《夏天像个绿娃娃》两首小诗后进行创编。

杨斯淼写道："夏天的歌在哪里？在床头的电风扇里。夏天的歌在哪里？在奶奶门口的小河里。夏天的歌在哪里？在火辣辣的太阳里。夏天的歌在哪里？在绿油油的秧苗地里。"

朵朵写道："夏天像个红娃娃，悄悄地，悄悄地，夏天像个红娃娃，到处爬呀爬。看！他爬呀爬，给苹果穿上红褂。瞧！他爬呀爬，给樱桃打上腮红。嘿！他爬呀爬，给草莓披上红纱。"

发现儿童：

（1）内容表达有了多种方向。

在诗歌的表达中，呈现了更多的主体，如爱、劳动、热门话题等等，内容更加的丰富。小诗人通过纯真视角，描绘出对周围人的关爱、对劳动的初步理解、对社会热点的稚嫩关注，以及对自然万物的奇妙想象。他们的诗句中既有对美好事物的向往，也有对生活细节的敏锐捕捉，展现出幼儿独特的思维方式和丰富的内心世界。

（2）对仗方式有了多种变化。

在语言表达中，幼儿的诗歌除了字数的对应，也有了前短后长、前长后短的组合变化。这种变化不仅增加了诗歌的节奏感和韵律美，还体现了幼儿对语言结构的初步探索和创造性运用。他们开始有意识地运用不同的句式来增强诗歌的表现力和感染力，使作品更具艺术性和趣味性。

（3）情感表露有了多种走向。

诗歌中的情感有了喜悦和满足的分享，也有了疲惫和自豪等感受，这种多样性标志着幼儿开始更真实地表达内心世界，情感表达趋向个性化和细腻化。无论是劳动后的疲惫，还是取得成就后的自豪，幼儿都能通过诗歌自然流露，展现出他们对外界和自身情感的敏锐感知。

<h2 style="text-align:center">展：慢时光</h2>

《幼儿园教育指导纲要（试行）》中提到："发展幼儿语言的重要途径是通过互相渗透的各领域的教育，在丰富多彩的活动中扩展幼儿的经验，提供促进语言发展的条件。"孩子们通过多种形式去表现诗。

一、纸盒里的小诗

小诗里的形象变成黏土小人钻进纸盒房子里。猜一猜，每个纸盒代表什么诗呢？

二、舞台上的小诗

写诗有一段时间了，孩子们准备举行一场诗词大会。他们自主分工，讨论诗里有哪些角色、分别请谁来扮演。分配好角色，准备好道具、场景，就开始表演了。

三、诗词角的小诗

鬼马精灵的生活对他们来说就像一个盛大的游乐场，什么都显得有趣，你永远不会知道他们的小脑袋里装着怎样的奇思妙想。在班级阅读区里新设了诗词角，闲暇时，孩子们将生活中的小惊喜、小发现用诗句画下来，教师用文字记录。两个多月的时间里诗词角的墙面布满了孩子们的小诗，真是了不起。

我们自制出版了一本《诗集》，里面收录了每个孩子的作品，和幼儿园里的伙伴们一同分享，扫扫上面的二维码还能听到我们的声音哦！

【课程反思】

课程最开始我们常常会质疑：幼儿园的小朋友会写诗吗？那不是上小学后才做的事？幼儿园孩子写诗，又如何支持呢？在课程实施的这段时间里，我们关注孩子与诗词之间的奇妙反应，也有了自己的经验想分享。

第一阶段：聆听与记录。

1. 聆听。最初接触诗，孩子们经验太少，为了让孩子感受到诗意的熏陶，餐前阅读时光的"诵诗"环节，将自己了解到或者写的小诗分享给大家。

诗句通过声音传递到孩子们的耳朵里,继而在脑海里形成画面。每一次听读都会激活孩子的想象力,这个过程帮助孩子们了解写诗的创作手法,比如比喻、拟人、排比及问答等等。从听起步,慢慢过渡到写诗,也就是说诗、画诗,让诗歌的种子在孩子们心中生根发芽。

2. 记录。仅仅通过表述,很难让孩子感受诗歌对应、节奏的特点,《幼儿园教育指导纲要(试行)》中指出:"培养幼儿对生活中常见的简单标记和文字符号的兴趣。"因此在每次小诗创作后,我们会围坐在一起,在欣赏同伴创编、教师记录的过程中,鼓励孩子对句式进行多次的调整,获得前阅读的经验。同时,我们也会引入一些简单的古诗结构,让孩子们在模仿中感受中华经典的魅力。

第二阶段:宽容与理解。

孩子们说诗,我们帮助记录,这个过程是相当有意思的。比如——在《我爸爸》中写道:"我爸爸像老鼠一样偷吃我的零食,我爸爸像小龙虾一样香。"老鼠在我们成人眼中总是贬义形象,用小龙虾形容爸爸香似乎也不妥当。其实孩子眼中的小老鼠是俏皮搞笑的,并且了解后知道——的爸爸是名厨师,最近每天都在做小龙虾,衣服上也就沾上龙虾的味道。在孩子表述他的个体感受时,我们要珍视这种简单纯真的想象力,保护他们的童心。

第三阶段:启发与支持。

在集体创编的过程中,孩子们也会惯性思维,如相似的开头、相似的情感等,然而每个孩子的经历各不相同,那么我们该如何鼓励孩子遵于自己的内心,坚定地表达自己,抒发自己独特的感受呢?

《3—6岁儿童学习与发展指南》中提到:"幼儿的语言学习应通过多种活动扩展幼儿的生活经验,丰富语言的内容,增强理解和表达能力。"一方面我们引导孩子关注周围生活,捕捉生活中的某一瞬间,正如那句话:"诗是灵光一现的思维成果。"孩子们随时将自己的所想所感记录下来。另一方面孩子们利用不同形式表现诗,比如在区域里各种小诗作品的呈现,在诗词大会里尽情地演绎,在丰富多样的活动中感受小诗的独特性,不断地发挥想象力。

在幼儿园教育中,融入诗歌元素,孩子们不仅在诵诗中了解经典文化,还在写诗中提高语言能力。课程仍在继续,我们期望孩子们能乘着诗的小船,插上想象的翅膀，驶向诗意的远方，成为热爱生活、热爱中华文化的人！

【骨干教师点评】

"诗，言其志也，歌，咏其声也。"这句古老的箴言深刻揭示了诗歌与音乐作为人们表达志向与情感的载体，在中华文化中源远流长。对于幼儿教育而言，诗歌不仅是文学的启蒙，更是传承中华文化、滋养孩子们精神世界的重要源泉。《小孩子的诗》如同一颗播撒在孩子幼小心田中的种子，蕴含着中华文化中"真、善、美"的精髓，通过诗歌这种形式，潜移默化地影响着他们的成长。教师在课程中选取了孩子们耳熟能详、通俗易懂的古诗或现代诗，这些诗歌如同涓涓细流，悄然流入孩子们的心田。通过诗歌，孩子们能够感受到中华文化的博大精深，激发他们对传统文化的热爱。

《幼儿园教育指导纲要（试行）》中指出："引导幼儿接触优秀的儿童文学作品，使之感受语言的丰富和优美，并通过多种活动帮助幼儿加深对作品的体验和理解。"诗歌的语言简洁、优美，富有韵律和节奏感，能够有效促进幼儿的语言感知和表达能力。在课程中，教师通过提问、讨论、分享等方式，激发孩子们的思考和创造力。如在欣赏后，教师问："你还发现爱藏在哪些地方呢？"或者"夏天里有什么声音？夏天里你会看到什么颜色？"这些问题不仅引导孩子们深入理解诗歌的内容，还培养了他们的语言表达能力和逻辑思维能力。此外，教师通过多样化的教学手段，如情境表演、手工制作等，帮助孩子们更好地感受诗歌的美。

课程中教师鼓励孩子们进行诗歌的仿写和创作，正如《小孩子的诗》所展现的那样，诗歌是孩子们心灵的镜子，是他们表达内心世界的最佳方式。通过仿写和创作，孩子们能够将生活中的观察和感受转化为语言，进一步提升他们的语言运用能力。

"写诗"这种自由浪漫的创作体验，为孩子们插上了一双奔赴文学殿堂的翅膀。相信在这样的课程中，孩子们会逐渐成长为有思想、有情感、有创造力的个体，为他们的未来奠定坚实的基础！

（点评人：南通市骨干教师、江苏省如东县爱民路幼儿园　袁小燕）

统计作用大

（大班数学课程）

扫码观看视频

江苏省如东县锦绣幼儿园　顾娟　李春波

【题记】

统计，作为幼儿感知并理解数量关系的重要途径，在生活中无处不在，与幼儿的日常生活紧密相连。它犹如一把神奇的钥匙，能够开启幼儿探索数学世界的大门。通过参与统计活动，幼儿能够清晰地认知事物数量的增减变化，把握其内在联系。因此，我们巧妙地依托一日生活，全方位采用渗透式游戏模式，与孩子们共同开展了一系列趣味盎然、别具一格的统计游戏活动。

【课程叙事】

餐前阅读时，小苹果突然跑过来，手里拿了一颗刚刚掉的牙齿说："老师，我掉牙了。"小朋友们都围了过来，聊起了自己掉牙情况的趣事。

同伴掉牙大统计

讨论1：怎么知道班上小朋友掉牙情况？

萌萌说道："我和墨墨一样都是掉了2颗牙齿。"

果果听到了问："我只掉了一颗，宝宝你呢？"

掉牙这个话题引起了孩子们浓厚的兴趣，他们自发地三三两两讨论起来，还尝试用自己的方式了解小伙伴的掉牙情况。

方法一：排队统计。在地上摆放标注不同牙齿数量的纸张，让小朋友排队站到对应标识后面。

方法二：连线记录。在大纸上写下掉牙的数量，小朋友分别在上面签名，并与自己掉牙的数量连线。

方法三：书写汇总。每个人用纸条写上名字和掉牙数量，收集纸条后，按牙齿数量分类摆放。

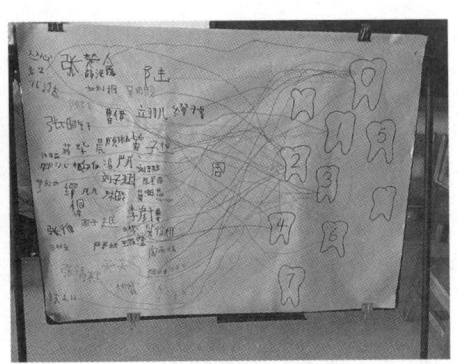

排队统计法　　　　　　　　　　　连线记录法

讨论 2：怎样记录统计的结果？

孩子们兴致勃勃地尝试用各自的方法，呈现同伴掉牙的情况。当探讨到连线法时，有小朋友提出："从图上没法直接看出有几人掉了 2 颗牙，还得自己去数这些连线……"

"怎样记录才能一目了然呢？"就这样，"统计"的学习在孩子们中间悄然拉开帷幕。

教师反思：统计是对日常数学知识的综合运用，涵盖数据收集、整理、计算和分析等多个环节，非常契合大班幼儿的学习与发展水平。在此次实践中，幼儿通过多种方法收集数据，并依据掉牙数量进行分类整理，展现出初步的"统计思维"。鉴于幼儿对"统计"概念较为模糊，教师借助相关绘本，引导他们明晰"统计"的概念，有效激发了孩子们对"统计"的探究兴趣。

制作多种统计图

一、制作表格统计图

1. 尝试，绘画统计图。

孩子们通过两两组队的方式：一个表达想法，一个绘制图表。

2. 遇到问题：格子不一样大怎么办？

"怎么才能画出一样大的格子？"在画统计图时，孩子们产生了新问题。

围绕着这个问题，大家尝试了各种方法。

方法一：用画画的刷子来比着画。

发现：画完之后格子依旧不一样大。

方法二：对着尺子上的花纹格子，再把线延长变成大格子。

发现：在画延长的线时，格子又变得大小不一了。

方法三：用纸条画出一样大的格子。

发现：纸条软软的，画出的线歪歪扭扭，格子同样不一样大。孩子们尝试了多种方法后，发现都没办法画出一样大的格子。

教师反思：幼儿在自主尝试过程中，均试图借助固定工具画出大小一致的格子，然而，均未成功。"用一张纸画出一样大小的格子"这一行为，涉及"对称""等分"等数学概念。对于大班幼儿而言，具备对物体和数量进行等分的能力，是其数学核心经验的重要组成部分。

3. 解决问题：折纸变出统计格。

小组活动中，孩子们一起探讨："如果把一张纸分成几个一样大的格子，有什么办法呢？"

恒恒喊道："我会！把纸对折呀！"其他小朋友看到了，也学着折起来。有的沿边对折，有的沿纸一直往上折，结果发现，因为方法不一样，折出来格子也不一样。找出原因后，小朋友再次尝试。原来要沿边对折，还要仔细对齐，不然就不能分成一样大的格子了。有两个小朋友还折出了八等分，最后，小朋友们用对折等分的方式画出了一样大的格子统计图。

教师反思：在此探索过程中，幼儿通过同伴之间的学习，了解到"沿边折叠的方法"可以分成一样大的格子。同时，在第二次尝试后，他们还发现了"对齐折叠才能分成一样大的格子"的细节。

4. 使用——统计班级掉牙情况。

格子折出来了，我们就开始利用格子统计：一颗牙也没掉的小朋友有10人，掉一颗牙齿的有2人，掉2颗牙齿的有10人，掉3颗牙齿的有5人，掉4颗牙齿的有5人，掉6颗牙齿的有1人，掉7颗牙齿的有1人。用不同颜色涂满彩色格子，就能统计出掉牙齿的人数啦！

5. 知晓——统计提醒我们保护牙齿。

从格子统计图中我们发现，10个小朋友还没掉牙，他们对换牙充满好奇与担忧。有掉牙经验的小朋友介绍道："有时吃东西的时候，牙齿就突然掉下来了，牙齿快掉的时候会松动，摇摇晃晃的，牙齿掉了以后，会有一点点小疼，但我能坚持得住。"

6. 保护——换牙期间注意什么。

掉过牙齿的小朋友还提醒说："不能吃甜食，要不会容易蛀牙；不能舔牙齿，否则牙齿会长歪；不能用手去摸牙齿，因为手上有细菌；刚长出来的新牙还很脆弱，不能咬坚硬的东西。"

教师反思：通过相互分享，孩子们了解到每个人都会换牙，要勇敢面对。对于还没有换牙的幼儿来说，担心害怕的情绪减缓了许多，他们知道换牙表示自己正在成长，新长出来的牙齿会更加坚固，而且会一直陪伴着自己。

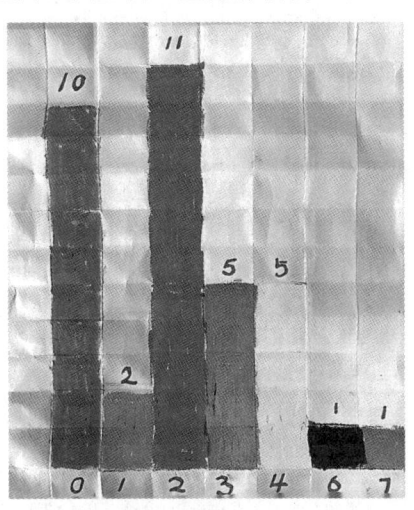

绘画统计法　　　　　　　　统计班级掉牙情况

二、制作条形统计图

通过"亲子调查"，小朋友们还了解到条形统计图也可以用来记录统计的结果。于是，开始了"条形统计图"的绘制。

1. 设计我的条形统计图。

小朋友们在班上四处寻找、观察，根据自己的兴趣，统计了班级里不同的物品，并尝试绘制条形统计图。此外，大家还总结出画条形统计图的方法：

（1）画标题；

（2）在横轴下方标记统计的物品；

（3）在纵轴旁标注数字（从下往上）；

（4）在横轴上方绘制对应数量的格子。

2. 发现条形统计图的问题并解决。

问题：数量太大写不下了怎么办？

分享中，孩子们遇到了一个新问题——数量太大写不下怎么办？

这是含含的条形统计图，她统计的书本数量很多，于是将数字写成了3列，还是写不下，最后直接在条形图上标出了相应的数量。

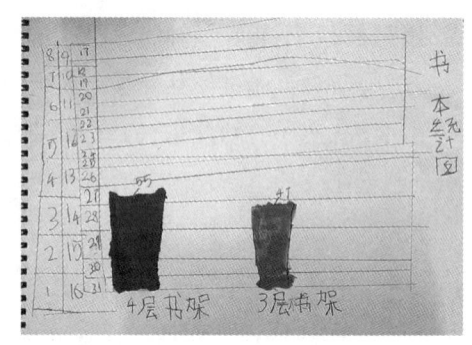

于是大家就这个问题开始了讨论。

萱萱说："可以把数字写小一点。"

豆豆说："不行，我的那张图数字就写得很小，但只写到了'24'。"

遇到问题：数量太大写不下

棋棋说："可以把数字横过来写，也可以换张更大的纸！"

小雨担忧地问道："那如果下次统计的数量更多，有100、200呢？那怎么办呢？"

听了这段话后，大家都沉默了。这时候，我适时介入："如果要统计的数量很多的时候，你们会怎么数呢？"含含回答道："一个一个慢慢数。"小苹果兴奋地说道："两个两个数会更快！"果果说："也可以五个五个、十个十个数。"我连忙说："那一边数一边要记录的话，要怎么表示呢？"小苹果不假思索地回应："两个两个数就写2、4、6、8、10……"

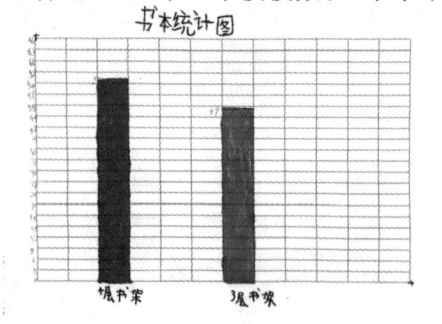

孩子们恍然大悟，随即大家总结出"一个格子可以代表一组数"的方

书本条形统计图

46

式，并画出了新的条形统计图。

教师反思：幼儿在实践中主动发现了问题并进行探讨，在遇到"瓶颈"时，教师的有效提问引发了幼儿的思考，唤起了幼儿前期经验的迁移（数量大时可以按群计数）。这个过程中，幼儿"发现问题—共同探讨—转换思路—经验迁移—解决问题—分享经验"，进一步丰富其对条形统计图绘制的经验。

3. 了解其他统计图。

在资料收集过程中，孩子们知道条形统计图也叫柱状图，还有折线图、扇形图。

（1）折线图：如天气预报统计，通过小小天气调查员的工作，我们了解到下周的天气情况，最热的一天是周三，最高温度32度；最冷的一天是周一，最低温度21度。所以周三的时候很热，要穿短袖短裤；周一有点冷可以穿长裤。原来统计天气可以帮助人们增减衣物。

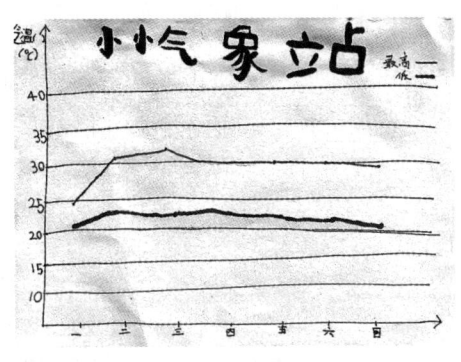

折线图：天气预报统计

（2）扇形图：如名字字数统计，张清茅尘的名字有四个字，薛泽城的名字有三个字，还有的小朋友的名字只有两个字。于是，将字数相同的名字写在一起，发现名字是3个字的小朋友最多。

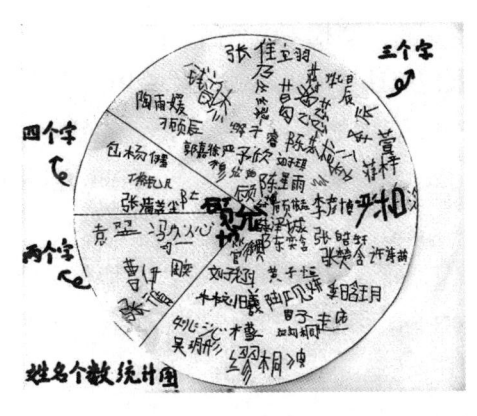

扇形图：名字字数统计

我是小小统计员

生活里可统计的内容太多了，幼儿园里、家里……孩子们经过商量，分成了三组，大家一同开启探索之旅！

项目一组：幼儿园的小统计。

1. 食谱大统计。

你喜欢吃什么？牛奶、蛋糕、面条、鸡腿、西瓜，每个人喜欢的食物种类繁多，感觉怎么都统计不完。没关系，我们先从设计食谱开始。

根据小朋友们喜欢的菜品，我们采用小贴纸统计的方法，最终确定了午餐食谱。小朋友们都异常兴奋，切实感受到统计的实用价值！我们把自己精心制定的午餐食谱交给了幼儿园的保健老师。瞧，周二的午餐正是我们设计的食谱，大家吃得干干净净！

2. 水彩笔大统计。

设计毕业照相框时，萌萌想画一个渐变的红色相框，可是她的红色笔很少，向旁边的墨墨借，更换了好几次，寻找不同的红色水彩笔。笔盒里的同一种颜色的水彩笔放在一起就容易找到，翊儿提议道："我们做一个水彩笔盒，相同颜色的放一起。"

晨晨补充说："我们做一个大的，一排放一种颜色。"

萌萌笑嘻嘻地说："可以像我们美工区的花一样，插在泡沫板上。"

翊儿连忙附和："好主意，我们挖个洞，水彩笔放在洞里。"

晨晨疑惑地问道："可是要挖多少个洞呢？"

含含回答道："我们统计一下每种颜色有多少个。"

孩子们统计出一盒中的水彩笔：绿色6个，蓝色6个，红色7个，黄色8个，在泡沫板上根据数量挖好洞，大家可以自由选颜色设计相框啦！

3. 姓氏大统计。

在阅读角，小朋友们正写着自己的名字。宝宝说："我姓周，周子越也姓周。"陈星雨说："我姓陈，陈奕含和我一样都姓陈，我们小组有两个姓陈的小朋友。"晨晨说："还有张、冯这么多姓，我都记不住了。"萌萌提议："我们可以把姓写下来数一数。"

于是，班级阅读区的姓氏墙应运而生。在小朋友们齐心协力下，大家共同设计，姓氏统计表新鲜出炉了。从统计表的数据一看就清楚地知道，本班总共有27种姓氏，人数最多的姓氏是张，有5人。

项目二组：家庭里的小统计。

果果把统计的方法带回了家，妈妈依据统计表能更方便地整理和收纳

姓氏统计表

鞋子。不妨来瞧瞧，家庭里还有哪些物品也被小朋友们纳入统计范围了呢？有的细致地统计了家中各类水果的情况；有的饶有兴致地对家里饲养的小动物展开了统计；还有的更是别出心裁，运用扇形图清晰地呈现了自己一天的作息时间分配。

项目三组：身边有趣的小统计。

统计在各行各业中也发挥着重要作用呢，我们一起"走进"不同的工作岗位，体验统计的乐趣吧！

消防员叔叔通过统计救火次数，了解安全隐患，制定防火措施，让我们知道火灾产生的原因，提醒我们要注意安全用电，不能玩火玩电。交警叔叔统计违章人员信息，提醒爸爸妈妈们开车时不能超速，不能违规。医生统计药品数量和医疗器械，能够了解当前流行的疾病，帮助医生选择最合适的方法为我们治疗。动物园统计动物的数量，关注每只动物的生活情况，饲养员阿姨就能及时地照顾它们了。

三个项目组分别行动，孩子们通过自己的方法，用简单的记录表、统计图，理解简单的数量关系，帮助解决生活中的问题。这不仅培养了孩子们的观察力和归纳能力，还让孩子们在尝试操作的过程中感受到统计带来的直观和便捷，体验用统计方法解决问题的乐趣。整个过程中，我们跟随孩子、引导孩子，适时提供帮助、予以支持。相信此课程中幼儿直接参与习得的统计方法，对他们良好思维习惯的形成、数学学习兴趣的培养一定会起到积极促进作用。

【课程反思】

一、观察与引导，锚定统计方向

在班级数学教学过程中，我们注重将核心经验巧妙融入实际应用场景，重点开展了统计相关活动。孩子们积极参与，运用多种方法收集数据，围绕"掉牙数量"这一有趣现象，细致地进行分类整理工作。在这一过程中，初步的"统计思维"如星星之火，开始闪烁。然而，经过深入观察，我们发现幼儿对"统计"这一概念的理解仅停留在表面，数据整理时他们常忽视对统计结果的记录，导致前期辛苦收集的数据难以有效呈现与分析。为了帮助幼儿突破这些困境，进一步深入探究统计领域，教师及时提供相关绘本资源，借助其中生动有趣的故事和形象直观的画面，以深入浅出的方式引导幼儿明确"统计"的概念，成功激发了他们对统计的浓厚兴趣，为后续活动的开展指明了方向。

二、实践与探索，收获成长硕果

在"统计作用大"的实践活动中，幼儿们仿佛化身成为生活中的敏锐观察者。他们惊喜地发现，无论是玩具数量的统计还是食谱的制定，生活中的诸多问题都能通过统计方法巧妙解决。在全身心投入统计的过程中，幼儿们对事物间的数量关系有了更加深刻的理解。

在尝试绘制统计图时，幼儿们积极思考、踊跃尝试。例如，他们试图借助直尺、模板等工具画出大小一致的格子，但由于操作技巧不熟练等原因，未能成功。然而，可贵的是，他们并未因此气馁，而是转换思路，意识到这一操作与"对称图形""等分"等数学概念密切相关。对于大班幼儿来说，掌握物体和量的等分能力，是构建数学知识体系的关键经验。这次经历不仅让他们收获了知识，更培养了他们的探索精神和思维能力，这无疑是成长道路上的宝贵财富。

三、反思与升华，深化教育认知

"统计"这一活动，在幼儿感知和理解数量关系方面扮演着不可或缺的重要角色。它全面培养了幼儿的观察力，使其学会从日常生活中发现数据；提升了归纳能力，使他们能够对收集的数据进行有效整理。同时，在实际操作绘制统计图的过程中，幼儿深刻体会到了统计图带来的直观性和便捷性。

活动结束后，教师们进行了全面而深入的反思。我们深知，必须始终将幼儿置于主体地位，从幼儿自主发现的问题出发，积极鼓励他们开展小组分工合作。在这一过程中，幼儿们在热烈的交流和深入的探索中，充分感受到数学与生活的紧密联系，切实领略到数学的生活化魅力。此次活动，促使教师在教育理念和实践层面实现了质的飞跃，对教育的认知达到了更为深刻的层次，为今后的教学工作积累了宝贵的经验。

【骨干教师点评】

此课程内容紧密贴合幼儿的日常生活，巧妙地选取了幼儿掉牙这类极易激发他们好奇心的话题。幼儿天生对自身成长变化充满好奇，掉牙现象正是他们成长旅程中的独特经历。围绕这一话题开展统计活动，不仅让幼儿感到熟悉亲切，还潜移默化地拓宽了他们的生活视野，为后续数学学习乃至全方位的知识探索奠定了坚实基础。

一、幼儿的主体地位得以充分展现

以绘制条形统计图为例，幼儿在实践中遇到现实问题，如何精确表示不同数量等。但他们并未退缩，而是积极主动地展开探讨，各抒己见。当思维陷入"瓶颈"时，教师精心设计的有效提问，唤醒了幼儿前期积累的相关经验，并实现了灵活迁移。在这一过程中，幼儿完整经历了"发现问题—共同探讨—转换思路—经验迁移—解决问题—分享经验"的良性循环。尤其在绘制条形统计图方面，他们积累了丰富且宝贵的经验。这种自主探索式的学习模式，极大地激发了幼儿的内在潜能，对其长远发展意义重大。

二、幼儿综合能力得到全面提升

各种类型的统计方法全面锻炼了幼儿的动手实操能力，让他们在反复尝试、纠错、改进中熟能生巧；深度激发了幼儿的探索热情，培养了其发现问题、细致观察、精准比较的逻辑思维能力。幼儿在实践中对统计的概念与方法理解日益深刻，在日常生活中也逐渐养成对物品数量敏锐洞察与整理归纳的良好习惯，能够自如运用所学知识观看、分析统计表，为幼小衔接的平稳过渡筑牢根基。

三、教师对幼儿的尊重得以彰显

在此课程中，教师通过换牙现象、统计游戏等深入了解幼儿的生活点滴、过往经验、切实需求，以及家庭和社会环境的深远影响，不断丰富内容，有效助推课程开展。

（点评人：南通市骨干教师、江苏省如东县锦绣幼儿园　王莉）

自由散步，规从心生
（大班健康课程）

江苏省如东县苴镇街道新光幼儿园　朱洁　陈丽　杨燕

【题记】

《3—6岁儿童学习与发展指南》提出，5—6岁幼儿社会适应目标是"理解规则的意义，能与同伴协商制定游戏和活动规则"，并指出，"幼儿在活动过程中表现出的积极态度和良好行为倾向是终身学习与发展所必需的宝贵品质"。从跟着教师散步到自己设计路线散步，从原来的亦步亦趋到现在的自由自主，孩子们在开心愉悦散步的同时，问题也层出不穷地出现。本课程以日记的方式，记录着孩子们自主散步时发生的有趣故事与教师的思考与支持，精彩呈现了孩子们自主探索规则、内化规则、遵守规则的生动画面。

【课程叙事】

新学期的变化

升入大班，我们以"新学期的变化"为主题展开了深入的谈话活动。孩子们从环境的变化谈到玩具的更新，随着讨论的深入，他们观察的角度变得更加多元。有的孩子开始反思自己的变化，而有的则开始关注老师的变化。

糠糠说："小朋友打人，把别人头上打了一个包，老师批评他，把他凶哭了，老师生气时头发都竖起来，眼睛睁得大大的，拳头捏得紧紧的，嘴巴也张得大大的。"菠萝也有同样的感受："中班的时候我很开心，大班的时候我们表现不好，老师就要批评我们。"

榛榛的新学期感受　　　　　　　　菠萝的新学期感受

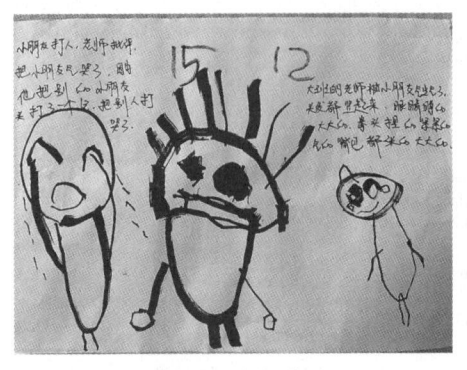

教师的思考：孩子眼中的教师可怕极了，但没有规矩不成方圆，是否能减少教师的说教，让孩子们自发地理解规则，遵守规则呢？经过一段时间的观察，我们发现散步、午睡是规则"重灾区"，不如就让那些不遵守规则的孩子来亲身体验一下老师的感受，期待他们体验后的变化。

在之前的一对一倾听中就发现，榛榛的出镜率有些高。"榛榛追我了，还撞了我。"就让榛榛当散步小老师吧。我们继续用一对一倾听的方式了解幼儿的想法，少干预，多观察，多倾听。

散步小老师

散步日记一：不乱跑。

在与榛榛沟通交流后，他欣然答应。第一次散步，榛榛这样记录："今天散步很吃力，腿有点酸。有的小朋友在爬高，还有的在玩滑梯，趁我不注意偷偷去玩的人很多，我忙不过来了。"

没有老师的带领，小朋友散步时充满新鲜感，有人因去了许多地方感到惊喜，有人沉浸在玩耍中不知道队伍已经离开，点点说："我去看小兔子，它蹦蹦跳跳的，很可爱。榛榛老师走了，没提醒我一下，就去滑滑梯那边了。"张嘉怡发现同伴只想着玩，不跟着队伍："榛榛老师带小朋友路过操场时，小朋友都爬上了滑滑梯，榛榛老师还要把他们拽下来。"

为了消除不愉快的散步体验，我们把孩子们的想法读给榛榛听，榛榛说："小朋友跟不上我，我要走慢一点等等他们。但是太多人跑，我拉不过来，我还需要好朋友帮助我,可以找几个小帮手。"

教师思考:在散步活动中,我以观察者的角色紧随队伍,密切关注活动的进展。与教师主导的散步相比,由同伴组织的散步活动赋予了孩子们更多的自主性和开放性,这使得每个孩子都显得格外开心。然而,由于他们尚未完全理解自由的界限,导致了一些失控现象出现,如随意奔跑和喧闹。作为新晋的散步小老师,榡榡在经验与技巧上尚显不足,步伐过快导致同伴难以跟上。不过,令人欣慰的是,榡榡能够根据同伴的反馈进行自我反思。之前总是喜欢追逐的他意识到这种行为是不恰当的,并能主动制止同伴,维持散步秩序。

散步日记二:不吵闹。

教师只有充分尊重幼儿的兴趣,才能为后续的游戏与学习寻找契机,真正地满足幼儿个体独特的发展需求,散步活动继续开展。第二天散步时,榡榡选了几个好朋友做帮手,并且解锁了新的散步地点:多功能室。有了助手,散步情况怎么样呢?听听孩子们怎么说吧。

榡榡说:"今天不那么吃力了,有几个小朋友帮助了我,但是到了多功能室,他们吵得我耳朵疼,还在里面乱跑乱跳,有的人还摔跤了。"果果抱怨道:"中午散步不开心,因为我们到了多功能室,睦睦、琪琪等很多小朋友都在那吵,吵得我头晕耳朵痛,榡榡老师叫他们不要吵,他们不听,有的在吼叫,有的在乱跑。"小助手豇豆说:"有人尖叫,我阻止他们,让他们安静,榡榡也在阻止,他们不听。"

多功能室是密闭场所,空间小回声大,噪声一部分来源于因为兴奋而尖叫的孩子,另一部分是孩子大声阻止同伴的声音。进入功能室应该遵守什么规则?如果有人违反,该怎么提醒?

榡榡说道:"我可以做一个禁止的手势提醒小朋友。"果果与榡榡的想法不谋而合,深受噪声荼毒的他为榡榡想了两个手势:"在多功能室,如果吵的话,榡榡老师可以做安静的手势,所有的小朋友就安静了,以后我就不会捂住耳朵了。榡榡还可以(举手示意排队),小朋友就会排好队。"

榡榡听到噪声的感受　　　　　　　　果果的建议

教师思考：在这个全员积极参与的散步活动中，幼儿能针对现象思考对策。孩子们纷纷指出吵闹的危害，并提出解决办法。但良好常规的执行不能只靠领头羊的指引，还要靠大家共同维护，孩子们是否能明白这个道理呢？我们期待着下一次散步活动。

散步日记三：慢慢走。

新的一周开始了，榡榡的领队工作有什么进展呢？散步时间到，榡榡主动招呼小朋友整队出发，并暖心地说："老师，你可以在楼上休息一会儿，散步交给我就好了。"今天散步时，孩子们激动地唱着歌，但在进入多功能室时，榡榡高举双手做安静手势，孩子们也默契地闭上了嘴巴，歌声戛然而止。

但新问题依然不断出现，榡榡记录道："我带小朋友散步时，跑得太快都起风了。琪琪和维维趁我们不注意跑去玩滑梯了，我们叫他们下来，他们不听。后来几个小朋友也去玩滑梯了。"

结合散步的照片，有的小朋友解释道："我们不是去玩滑梯的，我们是小助手，去拉人的。"明明只有两个小朋友不遵守规则，却造成了一窝蜂的乱象。榡榡说："小助手也太多了，大家都是小助手，大家都会跑走，没人在队伍里了。"另外，在水池那儿，由于乱跑和追逐，维维摔了一跤："我在水池里走，翟陈杰推了我，我摔倒了膝盖很疼，他推人是不对的，他太兴奋了。"

其他小朋友也对乱跑行为感到愤慨，睦睦说："散步时有的小朋友不跟着走，就让他站在那儿。"有的小朋友说："散步时有人跑，就做一个可怕的面具吓他，他就不敢跑了。"孩子们的提议有些激进，但却也让琪琪和维维感到了不合时宜的"调皮"是不被允许的。

教师思考：孩子的自控力没那么强，在与良好行为规范磨合的过程中，坏习惯反复的现象时有发生，在看到维维摔跤时，我们也犹豫起来，发生了安全问题，自主散步活动是否能继续开展下去？

针对此，我们展开讨论，陈老师说："今天的活动中，孩子们已经感受到吵闹是让人不悦的，在散步时能主动保持安静，只有个别幼儿出现不遵守的现象，并且已经自食其果，以后应该会长记性的。"

我的看法是："这些天榛榛更有责任感了，不仅在散步时积极主动，还很愿意承担班级的小任务，更有大哥哥的姿态了。"

杨园长总结："让孩子体验后果、思考对策、形成规则意识，主动自我约束，远比成人灌输与强加更有效。"

看来规则意识的培养不能急于求成，我们决定给孩子时间，继续观察倾听。

散步日记四：路线图。

今天的散步显得格外仓促，下楼没转两圈，就到了睡觉时间。榛榛说："今天散步的时间有点短，因为我们还要等没吃完饭的小朋友好久。"维维抱怨没来得及陪伴兔子，队伍就走了。由于出来晚了，每一站停留的时间也缩短了，有的小朋友没反应过来队伍已经离开了，有的小朋友不知道榛榛去了哪里。面对这样的情况，榛榛提出要制定散步的路线图，为小朋友指路："我们先下去散步，他们吃完饭拿着路线图就会找到我们。"小朋友们采纳了建议，分组制定散步路线，并商议以投票的方式选择每天的路线图。

制定散步路线图　　　　　　　　"地图式"路线图

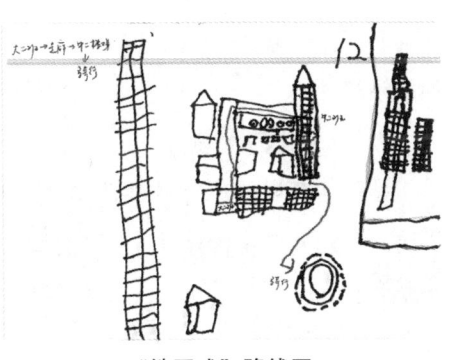

教师思考：一开始的路线图是思维导图的形式，随着散步次数的增加，路线图升级成“地图”，这一变化蕴含的是孩子们对幼儿园的了解越来越深，他们开始关注自己的幼儿园：幼儿园的大体布局，幼儿园的每处细节……开始从具体形象思维向抽象思维过渡。

争当小老师

1. 谁来当老师？

今天中午，槺槺主动帮忙收拾建构区，散步时间快到了，积木还没收好，怎么办呢？出乎我们意料的是，其他小朋友纷纷毛遂自荐。看来，槺槺的表现孩子们都看在眼里，都想参与其中。

谁来当小老师？昊昊说：“我们点兵点将。”然而兵太多，根本点不过来。刘雨高声提议：“一二三木头人，谁坚持得久谁就胜出。”大家一致同意。今天的木头人格外能坚持，连挠痒痒都不怕。

琪琪笑到最后，就由她担任今天的小老师。

散步归来，琪琪似乎没有得到大家的首肯，聪聪说：“散步小老师跑得太快了，我跟不上她。小朋友没有排好队，散步的时候都在跑。”增增说：“今天姐姐当老师，她跑得太快了，后来姐姐上楼梯又下来，我不知道是怎么回事。”

教师思考：琪琪第一次当队长比较兴奋，她想带着小朋友四处游览，却没有注意到脚下的步伐在无形中加快，也忽视了队伍是否拖得太长，导致小朋友们都跑了起来。看着容易做着难，孩子们意识到当散步小老师是需要一些本领的。

2. 小老师的本领。

具备什么样的本领才能当好小老师呢？孩子们展开讨论，槺槺作为前任队长，率先分享了经验：“一定要慢慢走，要看看后面人有没有跟上，没跟上就停下来等一等。还可以用手势提醒大家。”这些天，通过猜拳、投票、木头人等方式，我们选出了许多小老师，在一段时间的实践后，孩子们通过自己的观察、评价，建立了一套散步小老师的本领标准。

同伴评价小队长 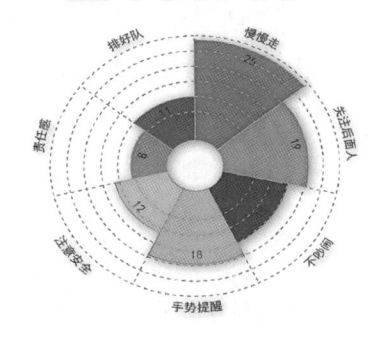　　　　　　　散步小老师的本领

教师思考：我们发现，倾听不仅仅在老师和孩子之间，孩子与孩子之间也在进行着一对一评价，一对一倾听，"昊昊老师和小助手让大家安静，还提示说去下一站。""王舒涵会回头看后面的小朋友，她站在原地等看小动物的小朋友回来才回家。"在这样倾听、反思的过程中，孩子们明白了如何当好小老师，散步成了我们最期待的活动。

一对一倾听汇总 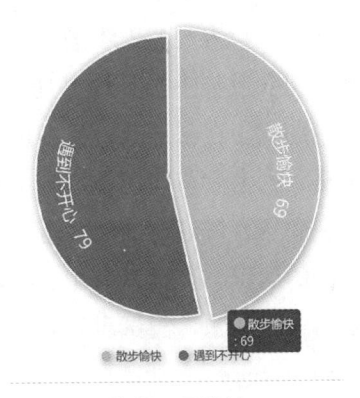　　　　　　　　情绪记录统计

通过软件对孩子们的倾听记录进行分类整理，我们班上的 28 名幼儿共贡献了 188 份"散步"倾听记录。这些记录的内容丰富多样，但每个孩子都积极参与并主动分享。在这些记录中，有 148 份涉及情绪表达，其中 69 份记录了孩子们的开心时刻，而 79 份则反映了他们在遇到问题时的不快情绪。其中，不快情绪更多出现在散步前中期，随着课程的深入，散步的体验也越来

越好。从榛榛的 18 份倾听记录中，我们能清晰地看到他从"调皮大王"到"散步小老师"的变身过程。他会与同伴进行良好互动和交流，会对散步环节进一步调整优化，会带领同伴解决实际问题。同伴从对榛榛不满渐渐转变为认可。

　　近阶段，我们秉持"一日生活皆课程"的教育理念，用"一对一倾听"的方式与孩子探索散步的问题、散步的趣事，走进幼儿的内心世界，见证幼儿的成长。在任何活动探索中，幼儿的发展不是孤立的，往往是整体经验的综合发展。一次次散步，一次次倾听，我们看到了孩子们在语言表达、创造思维、社会性等方面的发展，孩子也在散步活动中收获了良好的情感体验。

　　倾听也成了我们提供适宜支持和指导的重要依据。未来，我们准备将"散步活动"的做法经验迁移到其他环节，期待在这样平等的互动中，孩子们能自发地了解、内化、遵守规则。

【课程反思】

一、感悟规则，互助成长

　　冰心曾说："淘气的男孩是好的，淘气的女孩是巧的。"升入大班，孩子们更活跃了，精力旺盛，不遵守纪律。榛榛就是典型之一，但淘气包又是极聪明的，担任散步小老师的过程中，榛榛的管理能力、表达能力、思辨能力都让我们惊叹。在家访时，我们也与榛榛的妈妈交流了榛榛的表现和我们的教育策略，回家后，妈妈也会与榛榛谈心，倾听榛榛的散步趣事儿。一次次的倾听、表达、讨论让榛榛知道了规则的重要性，也引领全体孩子对于规则有了更深的认识。生活教育中，我们倾听每一个幼儿的声音，鼓励幼儿自己开动脑筋解决问题，尝试自我管理，与同伴间的沟通交流、协商合作也增进了友谊。

二、亲近自然，乐成一派

　　在规则范围内，孩子们逐步在相对的自由中收获了快乐。整队时要有序排队，不追不吵，每到一个站点，都可以自由结伴参观、观察。倾听活动中，我们感受到幼儿与自然互动的快乐，飘香的桂花、鲜艳的菊花、落叶的形状、叶子的脉络……散步为幼儿提供了与自然互动的机会，不仅放松了心情，也促进了幼儿观察力、想象力、口语表达能力、审美能力的发展。

三、走入内心，亦师亦友

这段时间，我们与孩子们的关系亲密了许多，一开始，只有几个孩子愿意分享自己的散步感受，现在90%的孩子都愿意凑过来说自己的心里话、小秘密、小趣事儿。"老师，我给你送个小礼物。"菠萝甜甜地凑过来，打开是一张星空图，"老师，这是我认识的火星、金星、太阳、地球，还有流星，我把它们送给你。"菠萝的画纸上没再出现发脾气的老师，而是找到了三个可以倾诉、可以游戏的伙伴。

一对一倾听给我们提供了通向幼儿秘密世界的钥匙，在本次由散步而展开的课程中，我们带着理解与共情的姿态与孩子深度交流、共同成长，始终保持着好奇，蹲下来，细细倾听孩子成长的拔节声。

【骨干教师点评】

在这次活动中，班级教师充分践行了"一日生活皆课程"的教育理念，巧妙地抓住了"散步"这一日常活动作为教育契机。通过细致观察幼儿的实际表现，并倾听他们的心声与感受，教师逐步引导孩子们在"散步"过程中进行思考、探索和行动，从而有效解决问题。这不仅展现了教师新颖的教育理念和强烈的课程意识，更体现了对儿童主体性的尊重和支持。

摒弃了传统的"说教"与"明理"的方式，教师选择追随孩子们的兴趣和发展步伐，组织了一系列丰富多彩的散步活动。孩子们在亲身参与中体验到不同行为所带来的后果——从最初的不乱跑、不吵闹、慢慢走，到最终能够自己制定散步路线，一步步学会了遵守规则的重要性。这种方式潜移默化地帮助幼儿建立了"自主""有序""自律"的良好习惯。

这种"教育无痕，润物无声"的方法，使得孩子们成为生活经验的主动获取者、活动探究的自主建构者以及自我服务能力的发展者。它不仅促进了幼儿认知能力和社会技能的成长，更重要的是激发了他们的内在动机和创造力，为全面而和谐的发展奠定了坚实的基础。这种方法有效地促进了幼儿的全面发展，使他们在轻松愉快的氛围中成长为独立、自信的小个体。

（点评人：江苏省特级教师、正高级教师、江苏省如东县实验幼儿园　王桂云）

温暖的被被

（大班健康课程）

扫码观看视频

江苏省如东县爱民路幼儿园　季艳艳　徐亚楠

【题记】

教育家苏霍姆林斯基曾说："离开劳动，不可能有真正的教育。"但现实情况往往是："你还小，让我来！""现在不会，大了自然就会了。""孩子笨手笨脚，老帮倒忙，还不如我来！"固定思维在大人的脑海中根深蒂固，那么如何去转变他们的思维模式，让孩子们自己去解决遇到的"被子难题"呢？"温暖的被被"在进行劳动游戏的同时帮助孩子解决生活中遇到的问题，并激发孩子们爱劳动的情感，增强自我服务意识，感受劳动的收获和愉悦。

【课程叙事】

大家好，我是一床平淡无奇的被子，来到这个世界已经有两个多年头了。我穿着鹅黄色、苹果绿相间的衣服，青春极了！对了，我有枕头、床垫这两个好兄弟，我还有一个最好的朋友——我的小主人，他是一个很可爱的小朋友，每天中午睡觉前他都会拍拍我的背，拉拉我的手，我感到开心极了。不过，最近我的心情有点不太好，小主人升级为大班的小朋友了，每次搬运我的时候都会把我摔得鼻青脸肿的，这可不得了，我这小身子骨可禁不起这么折腾，我得找机会和我的小主人商量商量，想个万全之策。

"被"搬运

1. 发现拎被难题。

我躺在主人床上，听到老师和孩子们正在讨论被子的问题。孩子们纷纷表达自己的困扰：宝宝觉得被子太重；杨杨提到楼层高拎被子肩膀疼；贝贝担心拿着大被子包会摔倒。他们决定想办法解决，我很期待加入他们的游戏。最后，小主人把我打包，我们一同参与他们的实验。

2. 开启儿童议会。

（1）徒手搬运。

儿童会议开启，大家商量着怎样搬运我们更轻松、省力。无数个金点子出现，有徒手的，有使用工具的，让我小小期待一下吧！

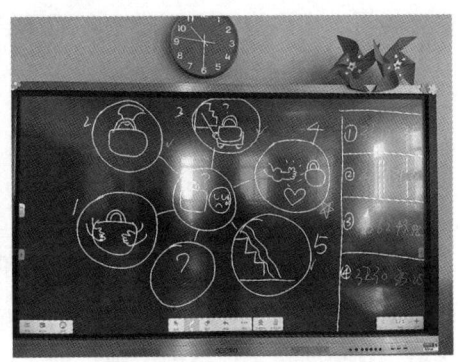

幼儿绘制搬运方式　　　　　　幼儿想出搬运方式的气泡图

来到楼梯处，小朋友们有的双手抱起我，有的单手拎住我的小辫子，我的体重真的让小朋友们怨声载道。瞧瞧，抱着被子的和拎着被子的上楼一样快。好啦好啦，他们得出搬运我有些吃力的实验结论，让我来看看你们还能想出什么办法。

（2）工具搬运。

我听到一个声音提议："我们自己很难完成，但可以借助工具。"孩子们的眼睛立刻亮了起来，觉得这是个好主意。于是，他们迅速找来了跳绳、扁担和小推车。小六月用绳子把我拉上三楼；欢欢和游游用扁担把我抬上去；一一和豆豆则用小推车运送我，一开始坐在车上还挺舒服，但当小车碰到楼梯时，我感到剧烈摇晃，头晕眼花，最终摔坐在地上。孩子们真是让人不放心。

"我们都是自己搬的，累死了，如果被子能自己走下来就好了。"嗯，这个小朋友的想法很是不错呢，不过我可不会自己走路，你们可要想想办法。

（3）制作滑梯。

63

"这个楼梯不就像个滑梯呀？如果有个滑梯在楼梯上，那就好了。"添添指着楼梯说，这激发了大家的创意。孩子们分成两队寻找制作滑梯的材料。他们带来了各种材料，我开始体验滑梯的乐趣，感觉像坐过山车一样刺激。我从彩虹轨道、PVC管道、攀爬梯和平衡木上滑下，最后稳稳地落在垫子上。虽然一波三折，但是真的很好玩儿！那小朋友们觉得哪种材料更加适合做我的滑梯呢？孩子们投票决定，垫子是最适合的材料，因为它轻便、数量多且表面光滑。搬运垫子需要耐心和团队合作，每次孩子们成功把垫子搬到楼上时，喜悦的心情都挂在脸庞！

"被"减肥

1. 发现新难题。

每次带我回家，小主人和朋友们都会用垫子把我从三楼滑到一楼。虽然我很享受滑梯的乐趣，但小主人抱我时显得有些吃力。其他小朋友也觉得搬运被子是个问题，于是向老师求助。他们讨论了分担搬运的方法，比如这周带被子，下周带床垫和枕头。还有人建议只带被套回家洗，留下棉花在教室减轻重量。

后续：有了好主意当然就要试一试。这可不是一件容易的事儿，因为每次都是小主人的妈妈帮我脱衣服的。只见几个小朋友把我放在了桌子上，拉开我的衣服拉链，使劲儿把我的棉花拉出来，不过小朋友的劲儿太小了，我的身体被卡在了中间，又来了几个小朋友帮忙，"嘿呦嘿呦"大家齐心协力，把我的棉花拉了出来。

2. 套卸被褥。

看着我的好朋友床垫和枕头的棉花也陆续被拿了出来，我在想，你们拿出来倒是挺轻松的，你们还会帮我把衣服穿上去吗？

小主人尝试帮我穿衣服，但遇到了困难，最终把衣服反着套在我头上。我很烦躁，老师带来了教学视频和小安外婆的示范，孩子们开始尝试帮我穿衣服，一边穿一边念着口诀。虽然动作还有些陌生笨拙，但是我能感受到他们在很认真地完成这个事情，我也很享受小主人们为我服务的过程。看着我的衣服一次比一次穿得整洁，我真为他们感到骄傲。

表征：套被图示　　　　　　　　　　　家长演示套被小技巧

3. 晒晒被褥。

我的减肥计划进行得还是蛮顺利的，不过我的衣服被主人们带回家了，我的棉花要留在幼儿园孤单地过周末，教室的床上又晒不到太阳，弄得我浑身难受，全身痒痒的。这可如何是好？要知道，多晒太阳是可以杀死我身上的细菌的，防止我变得臭臭的，温暖蓬松的我可以让小朋友们睡得更香呢！

后续：细心的小主人们回家观察了自家的被套、棉花，发现棉花是放到室外吹晒的，被套是需要洗干净的。我的小主人把我带回家，还亲自帮我洗了个香香的澡，太荣幸了，我沐浴在阳光下，吹着小风，哼着小曲儿，惬意极了！返园的讨论中发现，我的好多好朋友都是自己的小主人帮忙洗澡的，勤劳的人儿可真不少呢！瞧，记录卡上便是我们的战绩！

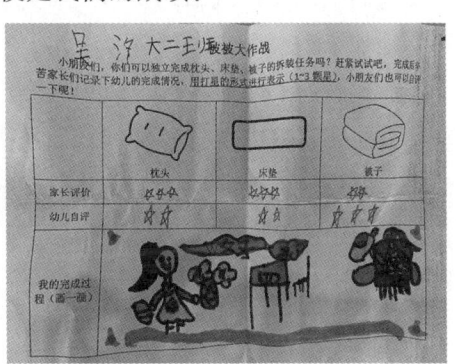

居家劳动的孩子们　　　　　　　　　幼儿在家庭中拆装洗被褥记录表

"被"温暖

我的衣服被洗得干干净净的，可我的棉花还没有享受到阳光的温暖呢！孩子们决定找阳光充足的地方晒棉花，仔细寻找幼儿园的每个角落。讨论后发现，有些地方太小，有些光照不足，有些太远。最终，操场和天台因易于到达且阳光充足，被选为最佳晾晒地点。

1. 第一站：天台。

离我们班级最近的天台是小朋友们的首选，长长的走廊，偌大的天台，阳光很是充足，那就看看哪里比较适合安置我们吧。只见两个大个子小朋友把我甩到了走廊岩壁上，动作一气呵成，他们感觉良好，我也给他们打满分。这时候，两个小小的女生抱着被子走了过来，面对着比她们高半个头的岩壁，她们踮着脚，使劲儿地把我的身体向上抛，由于力气太小了，我根本到不了岩壁的另一边，又软哒哒地回到小朋友的手中，尝试了几次之后，她们终于完成了，头上的汗珠似乎也在说："你们终于成功了。"

"快看呀，这上面有鸟屎。"只见一个小朋友指着我旁边黑乎乎的一团叫道。我瞪大眼睛看着，心里默念：快把我抱走，我不要在这儿晒太阳。小朋友们也一下子惊叫了起来，赶忙要把我拉下来。着急忙慌的，这个岩壁好粗糙，把我干净娇嫩的皮肤都划了几道痕，扯得我好疼呀。发现了这个问题后，小朋友们不愿意我再受到伤害，也就放弃了这个晒被子地点，看来，我们要另寻他处了。

在宽敞的天台上，孩子们用五彩泡沫积木搭建了各式晒被台。这些积木轻便易组装，很快便有了平铺式、垒高式和围合式三种晒被台。平铺式的大而稳，但仅限一人使用；垒高式避免拖地，但孩子们搬送较费力；围合式适合多人共用，但部分区域可能晒不到。为了更高效地晒被子，需要将这些晒被台组合起来。

2. 第二站：操场。

来到操场，这里的玩具可真多呀，地方真是大，小朋友们分组寻找可以当晒被台的材料器械。瞧，滚筒车上躺着我的哥哥姐姐；钻山洞的拱门上，我的好朋友正跷着二郎腿，闭眼小憩；平衡木上，几位正在边晒太阳边聊天呢，好不惬意。这些晒被台，我们直接就能躺上来了，还有些朋友没有占到位置，小朋友们正在给他们想办法呢！

看那边，几个孩子用大积木搭成一张床，放在操场中央，足够大，但似乎有些浪费。旁边，其他孩子用小积木搭一个晒被台，材料复杂，进展缓慢。我已经躺着晒了五分钟的太阳了，她们的晒被台还没准备好。"加油，嘿呦嘿呦……"另一边，几个男生用梯子、滚筒和轮胎搭起一个晒被架，效率更高。

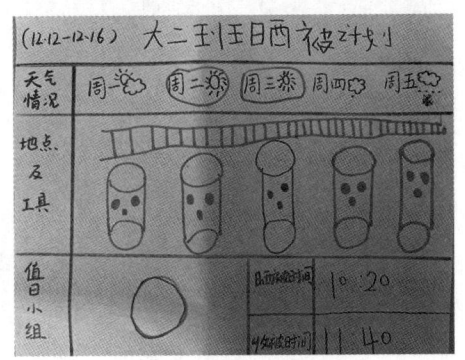

表征：幼儿搭建晒被架　　　　幼儿自制晒被计划表

聪明的小朋友们不停地忙碌着，这些材料在小朋友的手中像变魔术般，变成了我们沐浴阳光的秘密圣地。他们也在不断的尝试中发现了更加适合做我们晒被台的地点和玩具材料。不过，我们晒太阳的时间也是有要求的，小朋友们结合自己的作息时间表，给我的日光浴安排得妥妥当当的，两个小时正正好。

3. 晒被小技巧。

我在操场晒太阳时，一阵风让我的棉花角摇摆不定，我紧抓拱门稳住自己，不过一个不小心，我被风儿抓住了把柄，一下子跌落在地上，其他小伙伴也跟着摔了。我蜷缩着，期待小主人的救援。他似乎感应到了，下来看我们，却没注意到我，误以为另一条被子是他的，还说比我的新，我都要急坏了。

策略：

遇到大风，被子容易被吹走，可以用大夹子固定。晒被子时混在一起难以辨认，可以做上记号或记住晒被子的位置。通过讨论，孩子们找到了解决这些问题的办法。

表征：不让被子掉下来的策略　　　　　表征：不让被子掉下来的策略

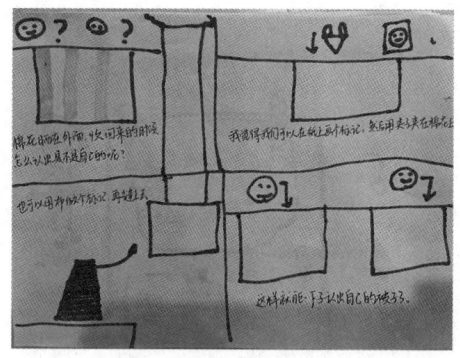

后续：

于是，小朋友们对我们更加细心起来：晒被子之前，小主人们会擦拭晒被架，给我们一个干净的环境；晒被子的时候，用夹子和各种材料把我牢牢地固定住，让我没有掉下来的后顾之忧；小主人们还时不时地帮我们翻个身子，用按摩工具帮我敲敲背，捶捶腿；被子的旁边还放上了提醒标记，这样其他小朋友们也能爱护我们啦！

小主人们还创造了自己的专属标记，用于快速识别，避免认错。

我开学的焦虑慢慢地减少了，老师和小朋友们细心呵护着我们，把我们照顾得无微不至。现在，每到阳光明媚的日子，我便会在室外享受两个小时的日光浴；周末，小主人都会把我带回家，把我的衣服洗得干干净净的，香香的我也更加受小主人的欢迎了；小主人帮我们穿衣服的动作越来越娴熟，速度越来越快，我也将陪伴我的小主人度过接下来的幼儿园快乐时光！

【课程反思】

一、孩子：潜能在劳动中绽放

在这次活动中，我们发现了平时在班里不善言辞的孩子，积极发言、勇于探索；我们发现了平日里一点累活脏活都不愿意干的孩子，一股劲低头的专注与坚持；我们还发现爱争抢玩具、斗嘴的小伙伴，也能很好地合作、相互商量、默契配合；孩子们即使很累，也能咬牙坚持下去……

当他们放下被褥，开心呐喊时，孩子们在向我们证明：我能行！

二、成人：放手是成长的助力

著名教育家陈鹤琴先生提出："凡是儿童自己能做的，应当让他自己做。"此课程让我们深刻认识到，成人应大胆放手，让孩子自主探索。当孩子遇到被子拉链卡顿、棉花塞不进被套等问题时，起初我们可能会急于帮忙，但若给予他们足够时间与空间，孩子们能够凭借自己的智慧和双手，通过不断尝试调整角度、互相协作拉扯等方式解决问题。

在搬运被子的过程中，即使孩子出现小失误，如小推车在楼梯上摇晃导致被子掉落，我们也应保持耐心。因为这些挫折是他们成长的宝贵经历，能促使他们反思与改进。成人的过度保护会剥夺孩子锻炼的机会，而适当放手，在背后给予支持与引导，才能让孩子在解决问题中不断提升能力，实现真正的独立成长。

三、课程：生活与教育的深度融合

课程从孩子熟悉的被子入手，将劳动教育巧妙融入日常生活场景，完美诠释了"一日生活皆课程"的理念。它以解决被子搬运、清洗、晾晒等实际问题为驱动，激发孩子的学习兴趣与探究欲望，让孩子在亲身体验中收获知识与技能。

在课程实施中，教师始终遵循"幼儿在前，教师在后"原则。教师敏锐捕捉孩子的兴趣点，引导孩子自主思考、实践验证，及时回应孩子的需求，提供必要的支持与帮助。例如，在孩子为晒被地点发愁时，教师引导他们观察环境、比较优劣；在孩子套被遇到困难时，教师提供视频示范与家长经验分享。这种引导式教学让孩子成为学习的主人，充分发挥主观能动性。

"让孩子们在泥土里学会耕耘，在烟火气中体味生活，在指尖上打开大千世界，亲手创造色彩斑斓的人生。"——这或许正是劳动课程不拘一格的底气所在，也是将劳动教育贯穿每个人一生的深层用意。

【骨干教师点评】

在疫情防控形势变化的背景下，幼儿园被子进出园方式从家长负责到幼儿参与，再到仅带被套的转变，深刻折射出教育观与儿童观的动态演进，成为学前教育领域值得深入剖析的现象。

起初，家长带被子进出园是较为常见的模式。这体现了一种传统的教育观，即家长在幼儿生活照料方面承担着主要责任，幼儿园更多侧重于园内教学活动。在这种模式下，儿童往往处于相对被动接受照顾的角色，其自主能力的培养机会有限，被视为需要全方位保护的对象，家长和教师不自觉地为孩子包办了许多生活事务，在一定程度上限制了儿童自理能力和独立性的发展。

随着教育理念的更新，幼儿带被子进出园的方式逐渐兴起。这一转变标志着教育者开始重视幼儿在生活实践中的参与和锻炼，注重培养儿童自主能力。在此过程中，儿童被赋予了更多的责任，他们需要自己尝试搬运、管理被子，这有力地促进了其身体协调性、责任感和问题解决能力的发展。例如在搬运过程中，幼儿要思考如何省力、如何避免碰撞，这激发了他们的思维活跃度，也让他们在实践中逐渐掌握生活技能，从被照顾者逐步转变为自我生活的小主人，儿童的主体地位得到凸显，教育者开始尊重儿童在生活实践中成长的潜力与权利。

而进一步发展到幼儿带被套的方式，则更深入地贯彻了现代教育理念。这不仅减轻了幼儿的负担，更聚焦于培养幼儿精细化的生活自理能力，如被套的拆卸、安装和清洗等环节，都需要幼儿动手操作，锻炼了他们手部精细动作和生活规划能力。从教育观来看，这体现了教育对儿童全面发展的深度关注，将生活细节融入教育体系，旨在培养儿童的生活智慧与独立人格；从儿童观角度而言，充分信任儿童具有应对这些任务的能力，尊重他们在不断尝试与学习中的成长节奏，鼓励儿童在生活琐事中探索、创新，将每一个生活场景都转化为成长的契机，为儿童未来适应社会生活奠定坚实基础，使教育真正回归生活、服务于儿童的长远发展。

（点评人：南通市骨干教师、江苏省如东县爱民路幼儿园　袁小燕）

一闪一闪亮晶晶

（大班健康课程）

扫码观看视频

江苏省如东洋口港经济开发区港城幼儿园　顾娴静　顾园园　季康梁

【题记】

陶行知先生认为：教育和生活是同一过程，教育蕴含于生活之中，教育必须和生活结合起来才能发挥作用。随着互联网的迅速发展，"视觉化时代"已悄然而至。人们的手机使用率高了，接触屏幕的时间长了，导致儿童近视越来越低龄化。在幼小衔接的关键时期，幼儿正处于身心快速发展的阶段，根据《教育部关于大力推进幼儿园与小学科学衔接的指导意见》的精神，我们不仅需要关注幼儿学习习惯的培养，更要重视其身体健康以及良好用眼习惯的培养。本课程从调查全园戴眼镜儿童数量入手，通过辩论、对比等方式，让儿童深刻体验生活中戴眼镜与不戴眼镜的不同感受，从而促使儿童养成自我保护视力的良好习惯，真正实现"生活即教育"。

【课程叙事】

又是一年毕业季，对于小学，孩子们很好奇："小学是什么样的呢？""小学要学什么呢？""小学老师是什么样的呢？"他们心目中的小学是这样的：高高的房子，有很多教室，教室里有很多的桌椅。孩子们怀揣着好奇与期望，走进了小学。他们发现小学和幼儿园有很多的不一样：小学比幼儿园更大，每个人都有一张桌椅，还有讲台……而教室里的一张视力表也引发了萌萌的注意。"快看，这个是视力表！我们上次测视力也有这个的！"孩子纷纷加入到这个话题。一场关于眼睛的研究从此开始了……

"眼镜人"出没记

参观小学回来后，很快迎来幼儿园视力筛查的活动，保健老师告知我们班里的多多近视了，需要复查。没过几天，多多戴着眼镜来了，成了班里第一个"眼镜人"。孩子们好奇极了，一时之间，议论纷纷，有的觉得多多戴眼镜简直太酷了，有的则说戴眼镜太麻烦了。就着这股热潮，我班"戴眼镜好VS不戴眼镜好"的辩论大会应运而生，孩子们分为两组，你一言我一语表述着自己的想法观点。护眼讨论活动创设了一个能让孩子们想说、敢说、喜欢说、有机会说的语言环境，让每个孩子都成为"小辩手"。

那戴眼镜的感受到底是什么样的呢？"港城电台"的小记者出动了，他们随机采访了戴眼镜的小朋友、老师、家长，大家都说：戴眼镜虽然可以看得清楚，但真的很麻烦。那到底有多麻烦呢？

《幼儿园教育指导纲要（试行）》中指出："幼儿的学习是以直接经验为基础的"，孩子们通过实际操作、亲身体验获得经验。孩子们的"眼镜人"一日体验拉开帷幕。刚开始戴上眼镜的孩子们别提多兴奋了，但是没过多久，正在跳绳的可可眼镜滑掉，两只手根本来不及扶！喝水的时候，一股热气冲上眼镜，眼前瞬间就蒙上了一层雾，一擦还有指纹！……孩子们将体验的感受记录下来，得出一个结论：戴眼镜太麻烦了。

幼儿记录的"眼镜人"体验记

《3—6岁儿童学习与发展指南》中指出："大班幼儿应具有初步的探究能力，能用数字、图画、图标或其他符号进行记录。"那幼儿园有多少"眼镜人"呢？小记者们逐班统计了全园戴眼镜的小朋友，共计27人，其中近视的2人。孩子们自己绘制统计图，还利用胶粒玩具，拼搭出了简易的柱状统计图。我们一起分享了这个结果，只听尘尘说道："我们只有2个小朋友是近视戴眼镜的呀！我姐姐在上四年级，班上有10个近视戴眼镜的呢！"听他这样一说，孩子们很惊讶，纷纷问道："那小学有多少戴眼镜的呢？他们是什么原因戴眼镜的呢？"于是，我们又一次联系上了小学老师，对小学的"眼镜人"进行了统计，从数据上可以看出，越高年级，戴眼镜的孩子就越多，这背后是什么原因呢？

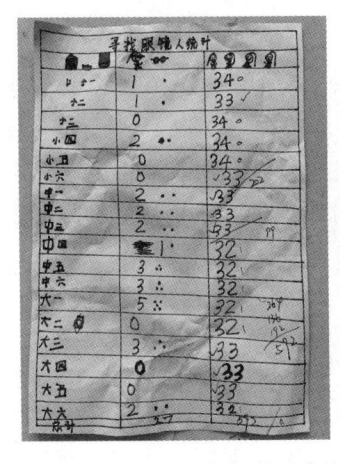

幼儿自主统计全园的"眼镜人"

带着问题，孩子们第二次来到了小学，"港城电台"的小记者们毫不怯场，采访了哥哥姐姐们。有的哥哥说："我喜欢看电视，所以戴了近视眼镜。"有的姐姐说："我近视，是看书离得太近了！"还有的哥哥说："我妈妈说我坐姿不好，天天回去要写很多作业的！"那小学的老师又是怎么看待小学生近视的问题？通过对小学老师的采访，我们发现，小学生中的"眼镜人"都是因为近视导致的，近视的形成与书写姿势、阅读习惯及生活方式息息相关，而电子陪伴代替家庭陪伴也是导致儿童近视的重要原因。

护眼行动启动记

这一回，从小学回来的孩子们彼此讲起了悄悄话："我回去不玩手机了！

我才不要戴眼镜呢！"我们和孩子们一起通过书籍，了解近视的原因，虫虫更是忧心忡忡地跟同伴念叨着："不能近视啊，弄不好就要瞎掉的！"眼睛既然这般重要，如果有一天看不见了会是怎么样呢？我们开展了"盲人体验"活动，孩子们设计了找椅子、贴五官、闭眼洗手、画线条等挑战游戏，蒙上眼睛的孩子不由自主地伸出了手，东摸摸，西摸摸，走起路来像放慢5倍，格外地小心翼翼，没有别人的提醒，他们会走偏，会撞到别人，给娃娃贴眼睛时候都会贴歪！菜菜拿下布的第一瞬间说道："哇，太不容易了，我觉得我像植物大战僵尸里的僵尸！"在这样的亲身体验的游戏中，孩子们自然而然地意识到保护眼睛的重要性。

那到底该怎样保护我们的眼睛呢？孩子们基于已有经验表达了自己的想法："少看电视，多吃胡萝卜，画画看书时离远一点！"为了帮助孩子们了解更多科学保护眼睛的方法，我们邀请了眼科医生来介绍相关的知识，原来定期检查视力可以了解我们的眼睛是否健康，阅读习惯和运动、饮食、睡眠习惯等都会影响我们的视力。为了强化孩子们的护眼意识，我们的"保护眼睛"计划正式启动。

第一步，户外锻炼我参加。港城电台的小记者们再次走进小学，通过采访小学生、体育老师，了解到小学生可以有10分钟课间时间休息，这个时间内可以走出教室向外看看远处绿色的树，而下午大课间活动时，可以跳绳、跑步、跳远。

回来后，我们模拟小学开展了"10分钟课间"体验活动，孩子们制订了自己的课间运动计划，分小组选择运动项目，有抢椅子、跳皮筋、冰块游戏等体育游戏，大家在锻炼中也缓解了用眼疲劳。而远眺成了孩子们最喜欢的形式之一，苗苗说："远眺可以看到很远很远的小绿树。"可可指着远处的云说道："那边是棒棒糖云朵。"青青说道："累了要多看看绿色。"每一次远眺都能收获不一样的风景，每一次远眺后的交流为护眼习惯的养成奠定了基础。

回归儿童自我

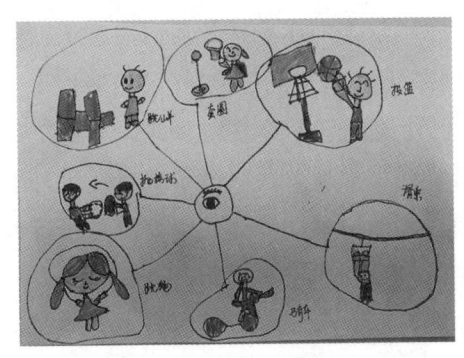

幼儿制订"10分钟"户外活动计划　　　幼儿进行远眺活动

第二步，护眼食谱我来定。孩子们通过亲子调查、搜集资料等活动，了解到胡萝卜、蓝莓、海带等都是可以保护视力的，孩子们与保健老师协商，自己制定了食谱。

第三步，用眼卫生我注意。除了护眼食谱，孩子们护眼的小妙招更是接二连三地出现："不揉眼！""多洗手！""不让脏的东西进眼睛！"在第二次参观小学后，孩子们了解到小学生每天是要做眼保健操的，他们跟着哥哥姐姐做了一回，眼睛果然舒服了许多。孩子们将眼保健操步骤画了下来，还编了一首护眼儿歌："眼睛向左看5秒，回到中间停一下，眼睛向右看5秒，回到中间停一下，眼睛向上看5秒，回到中间停一下，眼睛向下看5秒，回到中间停一下，闭上小眼睛，刮5次小眼睛。"

幼儿跟小学生学做"眼保健操"　　　幼儿创编的《护眼儿歌》

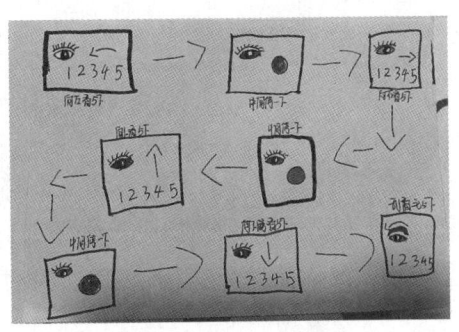

第四步，正确坐姿我模仿。正确的坐姿是保护视力的基础，为了解正确的握笔姿势和坐姿，孩子们又一次来到小学，体验了一回小学生的上课感觉，

75

他们模仿哥哥姐姐们的握笔姿势和坐姿。小学老师还特地教我们一首正确坐姿握笔姿势口诀。当说到看书时需要离书一尺，成成问道："一尺是多长呀？"面对孩子们的问题，我们找来了尺子，引导孩子们找到了33厘米，苗苗更是对照着刻度剪下了一段一尺的绳子，哪些是一尺呢？——的手臂是一尺，牛奶箱是一尺，绘本书也是一尺！孩子们在实践中感知具体的距离，去践行数的应用。

我们还模拟小学教室，在区域里创设了一个"小学空间"，借来了几套小学桌椅和一个小黑板，将我们了解到的正确坐姿、拿笔姿势图谱布置在墙面，孩子们更是玩起了别样的角色游戏，"老师"和"学生们"在"小学课堂"中讲故事、做眼保健操，一个个"小学生"的模样别提多神气了！

第五步，阅读习惯我养成。培养良好的阅读习惯同样是保护视力、预防近视的有效途径。孩子们用气泡图表征了保护视力的方法：不躺着看书，在光线温和的地方看书，不趴着看书，眼睛离书的距离要远一些。

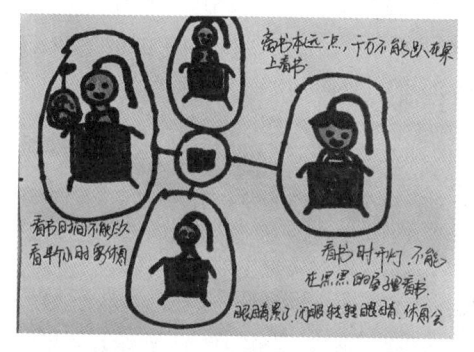

幼儿了解并记录下正确的阅读习惯

第六步，亲子互伴代"电陪"。在幼儿园的生活中，我们可以和孩子们一起保护眼睛。那回到家中呢？我们进行了一次突击采访，当问到孩子们"晚上喜欢做的事"时，孩子们的答案莫过于"看手机、看电视、玩玩具"。当问及家里人喜欢做的事时，孩子们都说："我爸爸喜欢睡觉！""我爸爸喜欢上厕所！""我爸爸妈妈都喜欢看手机！"当问及"家里人会陪你一起玩吗？"孩子们摇了摇头。当问到"希望爸爸妈妈陪你一起玩吗？"孩子们不约而同地点点头。

我们将这个视频发给了家长，爸爸妈妈纷纷感叹："原来我们在孩子们眼中居然是这样的！""看来不能再玩手机了！"第二天，孩子们制定了晚上回去的亲子活动计划，化身为小裁判，根据家里人陪伴行为进行打分。我们对家长的真实表现打分情况进行了分享交流：有一半的家长得星了，还有一半的家长得到了叉。与家长分享孩子们给他们打分视频后，家长的得星率开始提升了，说爸爸一回来就上厕所的苗苗很兴奋地说："我爸爸今天陪我下棋了，他就摸了一下手机，好棒啊！"孩子们很容易满足，对成人也是格外的宽容。

这样的活动开展了两个星期，家长的得星率也越来越高。而后，我们转变了方式，由家长制订饭后计划，用亲子陪伴来代替电子陪伴。这个活动，父母将对孩子们的教育转化为自我教育的过程，孩子、家长和老师都在成长。一张张孩子们绘制的日记中藏着家长和孩子同成长的痕迹。

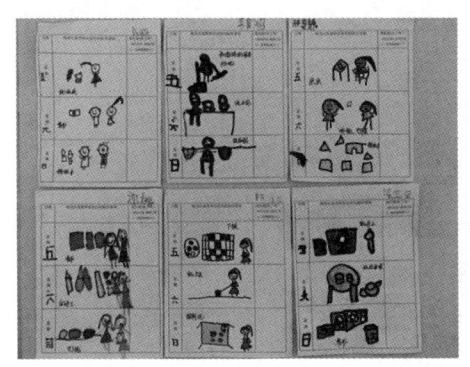

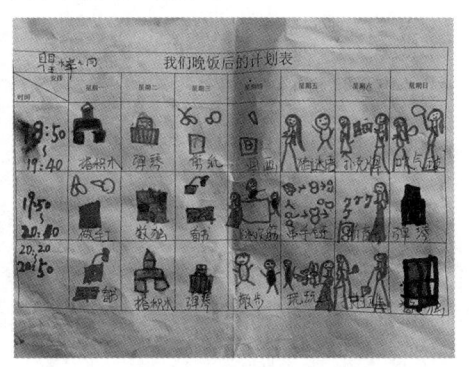

亲子共同制订的"护眼计划"

"闪亮眼睛"收获记

"护眼行动"开展一段时间后，孩子们带着自己的"闪亮眼睛"护眼记走进了中小班，走进社区，也走进了小学，走进教研现场。他们运用网络图、宣传海报、视频、课程书的方式介绍自己的经验，这不仅提高了孩子们社会交往能力与语言表达能力，更是孩子们自我内化、增强自信的过程。

孩子们即将要进入小学，良好的行为习惯是适应小学的前提，我们通过这样的课程，旨在培养孩子护眼习惯以及为书写习惯做准备。

在开展的过程中，我们不断反思，不断去倾听孩子们的声音，不断去了解家长的反馈。一次次和孩子们读书的过程中,我们发现,原来离了手机,手动查阅资料的过程另有一番滋味!在一次次模拟小学生的场景中,孩子们是"学生",也是"老师",在角色扮演中去适应、去接纳、去期待小学生活!在一次次与家长线上沟通中,我们发现他们如同孩子一般,需要引导、需要沟通、需要鼓励!这一次次的体验活动中,让我深有感触的是教育更需要实践性的"知行",而不是理论化的知识。一次盲人体验,一次眼镜人体验,从生活的具体体验出发,让孩子们真正感受到了眼睛的重要性,从而提高他们护眼的主动性。

回顾本次课程,我们和孩子们共同开启了一段特别的旅程——创作属于我们的护眼日记,心中满是欢喜与感动。相信在不久的将来,这一群孩子会坐在宽敞的小学教室里,无论是沉浸在书海中的专注,还是伏案疾书的勤奋,他们都会坐得如同挺拔的松树,那一双双明亮的眼眸中,将永远闪烁着对世界的好奇与向往,勇敢地迎接与探索每一个挑战。

【课程反思】

在信息化时代,幼儿的视力健康备受关注。根据《小学入学指导要点》的指导精神,我们开展本次课程,旨在强化幼儿的护眼意识,培养他们良好的用眼习惯,为幼小衔接打下坚实的基础。回顾整个课程的开展过程,我们有了如下思考与收获:

一、关注学习品质,促进幼儿在探索和实践中深度体验

在课程中,我们充分发挥幼儿的主观能动性,让他们站在课程的正中央,真正成为学习的主人。在"戴眼镜体验""辩论会""调查眼睛侠""港城电视台采访记"等活动中,幼儿自主讨论影响视力的原因,积极探索保护视力的方法,这种浸润式的学习方式,让幼儿在亲身感受和实际操作中获得了丰富的学习经验,激发了他们保护眼睛的意识。

二、凝聚家园力量,促进幼儿在模仿和学习中养成习惯

家庭是幼儿成长的第一课堂,家长是孩子的第一任老师。因此,在课程中,我们积极凝聚家园力量,通过"下班后,我眼中的爸爸妈妈"视频反馈,在互换角色中帮助家长意识到自己的日常行为对幼儿的影响,在亲子互相监督的过程中调动家长参与活动的积极性。这种家园共育的方式，一定程度上帮助家长树立了科学育儿的理念，发挥了自身的榜样教育作用，不仅增进了亲子感情，也为幼小衔接的合理安排奠定基础。

三、聚焦经验分享，促进幼儿在兴趣和创造中生长思维

在课程实施过程中，我们鼓励幼儿带着问题去采访小学生和小学教师，为课程的实施与推进奠定了经验基础。他们走进社区、小学进行"爱眼"宣传，这种经验分享和创造的过程，在一定程度上强化了幼儿护眼经验。我们及时给予幼儿积极的回应和反馈，使他们在获得成功经验的同时，思维也得到了生长。

本课程的开展在孩子们心中种下保护眼睛的种子，让他们在未来的学习生活中，时刻记得守护自己的"心灵之窗"。我们期盼他们的心灵之窗如歌中所唱的那般"一闪一闪亮晶晶，满天都是小星星"；愿他们永远眼中有星星，心中有希望。

【骨干教师点评】

护眼主题活动以独特的视角、丰富的形式，帮助幼儿养成良好用眼习惯，为幼小衔接奠定了扎实基础。

该活动通过多次进入小学参观、采访，幼儿全面地了解了小学生活，也知道进入小学需做的各项准备，同时幼儿发现了戴眼镜的小学生多于幼儿园的现象，并萌发了探究的兴趣。课程中幼儿了解近视的原因及预防方法，在追问近视原因的过程中，幼儿学会了寻访、记录、统计，制订计划、分组活动，为成长为一名合格的小学生做了充足的准备。在明白了眼睛对自己学习、生活的重要性之后，幼儿通过查找、搜集资料，制订了多种体验计划，并逐一落实。在此过程中，幼儿懂得了生活中诸多科学护眼的方式，养成了良好的用眼习惯，为优良学习习惯的养成奠定了基础。

该活动影响的不仅仅是幼儿，还有家长。在家庭采访、亲子互动、实践打分等活动中，幼儿统计的数据引发了家长的重视，也充分调动了家长参与此次活动的积极性。为帮助幼儿养成良好的用眼习惯，教师将幼儿对家长的评价以数据和视频的方式直观地呈现给家长，激发家长主动和幼儿共同制订

陪伴计划，并由幼儿对家长每日表现进行评价。这种家园共育的方式，增强了家长的教育责任感，让家长对幼小衔接更为重视，进而为幼小衔接工作提供全面、有力的支持。

活动中，教师的成长也清晰可见，老师们全方位了解幼儿的关注点、兴趣点，敏锐地捕捉合适契机，适时进行引导，不断挖掘课程的新生长点，课程实施能力得到较大提升。同时，在家园共育方面，尝试了新的方式，且效果显著，为今后更有智慧地做好家长工作树立了信心。

（点评人：江苏省教学名师、如东县解放路幼儿园　陈锦霞）

回归自然科学

　　解放小孩子的空间。让他们去接触大自然中的花草、树木、青山、绿水、日月、星辰以及大社会中之士、农、工、商、三教九流，自由地对宇宙发问，与万物为友，并且向中外古今三百六十行学习。

（陶行知）

给豚鼠来安家

（小班科学课程）

江苏省如东县宾东幼儿园　唐晓燕　闵春燕

【题记】

萧伯纳说："动物是我的朋友。"小朋友的心间，都有一个柔软而又温暖的角落，那里属于他们喜爱的小动物。当孩子们与小动物相处时，一扇通往自然与生命认知的大门悄然开启。班上来了两只小豚鼠，从喜爱到照顾，看似简单，孩子们在体验、尝试的过程中，发现并没有想象中的那么容易。"照顾"意味着日复一日的悉心照料，意味着耐心应对每一个小状况，意味着付出真心与努力。在这个过程中，孩子们真切领悟到了"照顾"的真谛，也完成了一次成长的蜕变。每一次与生命的对话，都会唤醒他们心底对生命最初的尊重。这份尊重从关爱小动物出发，慢慢蔓延至身边的每一个人，从而让幼儿在"爱与被爱"的滋养中茁壮成长。

【课程叙事】

贝塔班的宝贝们收到了一封特别来信，是已经上小学的开心姐姐送来两只可爱的豚鼠，希望我们能好好照顾它们！"哈哈哈！太好了，我愿意照顾豚鼠！""我也愿意！""我也愿意……"孩子们纷纷表示愿意照顾豚鼠。两只豚鼠就这样走进了我们的世界，与我们开始了深度联结。

准备，是爱的开始

话题一：需要准备什么？

在贝塔班的教室里，每一个孩子的眼中都闪烁着期待与忐忑交织的光芒，大家都在盼望着可爱的豚鼠朋友快快到来。"我们可得好好准备准备，不能让小豚鼠受委屈咯！"老师的一句话，瞬间点燃了孩子们的热情，大家你一言我一语讨论起来：香甜的蔬果干、有趣的小滑梯、柔软舒适的小窝……这些统统都得安排上！除了物质上的准备，在谈话活动中我们还讨论这样一个话题："来到一个陌生的环境，小豚鼠的心情会是怎样的呢？""害怕、不开心。""怎样做才能让小豚鼠不好的情绪消失呢？""我们要多抱抱它，告诉它别害怕！""我把我最爱的玩具和它一起分享，它就会开心啦！""每天都陪它说说话，像好朋友一样！"在孩子们稚嫩的话语声中，我们着手准备，迎接小豚鼠的到来。

话题二：准备哪些吃的？

在爸爸妈妈的帮助下，我们在家中搜集、学习了各种关于小豚鼠的资料，有了前期经验的铺垫，如今谈论起豚鼠的饲养门道，大家都如数家珍。"我知道它喜欢吃草、蔬菜，不喜欢吃肉、巧克力。""豚鼠是不能吃洋葱的……"你一言我一语间，豚鼠的小秘密被逐一揭开。原来，它还有个俏皮的别名——荷兰猪。它和我们之前养过的小仓鼠有很多相似的地方，也有很多不同之处呢！

话题三：应该如何照料？

你想怎么照顾它呢？给它洗澡喂食、带它出去晒太阳、给它扎上好看的蝴蝶结、给它按摩……当大家都沉浸在如何精心照料豚鼠的讨论中时，一一提出了自己的担忧，"嗯，豚鼠会咬人吗？"由此，我们展开了生命安全讨论，

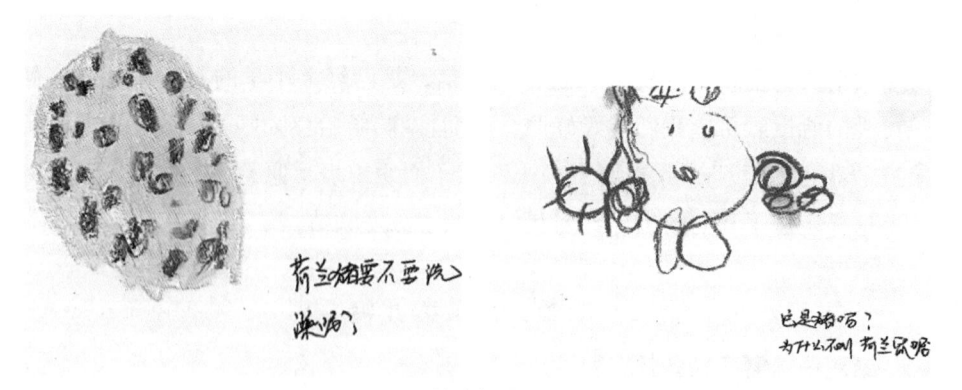

幼儿问题

"动物是人类非常重要的伙伴，我们不能伤害它们，而是要保护它们，跟它们做朋友……"老师趁机引导孩子们，要懂得尊重这些小生命，和它相处时保持适当的社交距离，还要做好周全的保护措施。

终于在4月30日的这一天，两只豚鼠小可爱正式"入驻"贝塔班。"它毛的颜色好多呀！""哇！好大一只呀！""好可爱呀！""它们怎么不动呢？是不是害怕？"孩子们激烈地讨论着。

教师的话：在饲养豚鼠的筹备阶段，教师巧妙借助家长资源，发动家长协助幼儿查找各类相关资料。同时，教师也及时组织幼儿梳理已有的知识经验，让幼儿对豚鼠的饮食习惯、生活习性有了清晰的了解，为后续照顾豚鼠的工作做好充足的准备。

照料，是爱的温度

照料一：营养搭配。

第二天一大早，教室门口堆起了大大小小的袋子，哇，原来全是给豚鼠准备的粮食。在张老师的协助下，小豚鼠吃上了切好的新鲜蔬菜，当然喜欢吃也不能让它暴饮暴食，得注意合理膳食，营养均衡。参考我们每天的食谱，来为豚鼠设计一个专属的一周食谱吧，主食、蔬菜和水果都要合理搭配。经过一段时间的喂养，我们发现了豚鼠的饮食喜好：它们对黄瓜、青菜叶子情有独钟，每次都吃得干干净净；可面对花菜时，却只是嗅一嗅，便将小脑袋撇开，碰也不碰。于是我们总结经验，根据豚鼠的喜好调整食谱，每天的配菜工作我们也能慢慢胜任了。瞧，为了豚鼠的营养餐，大家可都使出了浑身解数，清洗、切块和投喂，做得有模有样，这饲养技术，是不是也算得上"大师级别"啦？

《3—6岁儿童学习与发展指南》指出："引导幼儿通过观察、比较、操作、实验等方法，学习发现问题、分析问题和解决问题。"在课程实施过程中，教师巧妙设计了一系列紧密关联的问题，如"豚鼠能吃什么？""豚鼠吃什么才能不生病？""究竟该给豚鼠喂什么食物最为适宜？"这些问题层层递进，持续激发幼儿主动观察、深度思考，并积极投入热烈的讨论之中，让幼儿自主探寻答案，同时鼓励他们尝试从成人那里汲取相关经验。教师用思维导图的形式将各种问题呈现出来，帮助幼儿将碎片化的经验进行整合与提炼，培养幼儿独立探索的学习品质。

照料二：种植青草。

豚鼠每天都会进食干草，可每当瞧见那干巴巴、毫无生气的干草，我们心里总会犯嘀咕：这样的干草看上去一点也不新鲜，豚鼠吃着能香吗？不如买点种子，为豚鼠种上一片青青草园吧！

播种完小麦，我们开启了每日观察之旅，悉心记录着小麦生长的点滴变化。从破土而出的嫩绿芽尖，到逐渐舒展的叶片，每一个细微的进展都被我们尽收眼底。虽说初次尝试的土培青草遭遇了失败，但水培的小麦成了我们的"秘密武器"。终于，我们的小豚鼠也能品尝到新鲜可口的"青草"啦！看它吃得欢实，我们心中成就感满满！

照料三：家长课堂。

宝宝的妈妈是一名动物医生，她给我们科普了一些关于小动物的知识，原来小动物也会有不舒服的时候，它们也会拉肚子，也要定期打疫苗呢！跟我们一样要讲究卫生，勤洗澡，干干净净的才不容易生病。我们化身小小铲屎员，给小豚鼠清理窝棚，还请来了跳跳爸爸来帮忙，在他的指导下，我们帮小豚鼠洗了个舒舒服服的澡。

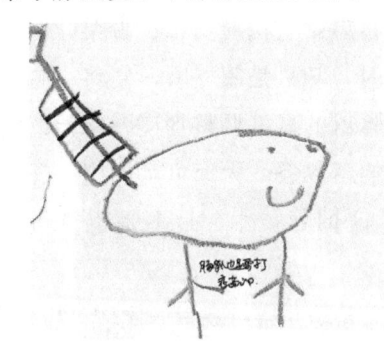

豚鼠的秘密

教师的话：幼儿在照料豚鼠时遇到的各种问题，都来自他们日常的细致观察。我们充分挖掘家长资源，以家长课堂的形式，让家长融入孩子们的学习探索中，一同聚焦幼儿发现的真实问题，给予贴心的陪伴式指导，助力孩子们不断拓宽视野、丰富生活经验，让每一次探索都成为成长的宝贵积累。

陪伴，是爱的表达

事件一：豚鼠怎么不停地叫呢？

通过观察，我们发现了一个有趣的现象：当我们不在教室时豚鼠叫得最多。是它们感到害怕吗？或者是独自待着太无聊？说不定它们是喊着要跟我们一起出去玩呢！那就满足它们的心愿，带它们出去溜达溜达。说干就干，准备好出行的小箱子，这就出发！

和豚鼠散步

成都提议道："我们干脆给豚鼠建个乐园吧，让它们天天都能玩得开心！"这个想法得到了周围同伴的一致同意。可问题来了，这"豚鼠乐园"究竟该怎么搭建呢？起初，大家想到用塑料积木围合起来搭，可刚搭好，豚鼠们轻轻一碰，积木就倒了一地，第一次搭建尝试以失败告终。经过讨论，我们决定更换建构材料，选择稍微重些的碳化积木重新开工，大家用垒高、围合等方法自主建构，豚鼠的乐园做好啦！

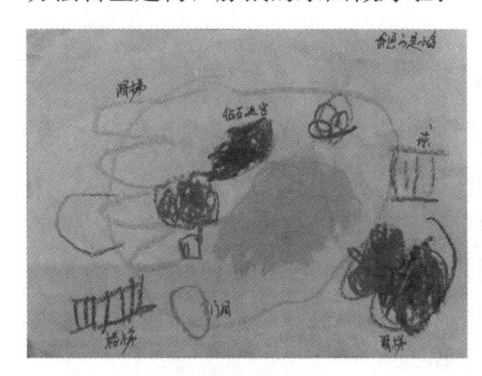

设计豚鼠乐园 　　　　　　　　建构豚鼠乐园

随着游戏经验的不断提升，豚鼠乐园里的设施也日渐丰富起来，滑滑梯、小山洞、隧道、迷宫个个都富有创意。小朋友和爸爸妈妈一起合作给豚鼠做玩具，滑滑梯、迷宫、秋千……每一个玩具背后都是我们对豚鼠的喜爱。

老师的话：幼儿是天生的探究者，他们大胆尝试用各种材料建构豚鼠乐园，建构过程并非一帆风顺，教师鼓励幼儿再试一试、想一想。伴随着问题和困难，幼儿动手动脑寻找方案，协商合作解决问题。当孩子们兴致勃勃地分享着自己搭建的作品时；当他们如同贴心的小管家，一次次根据豚鼠的喜好调整乐园时，它们对豚鼠的喜爱之情和乐园建成的满足感与成就感溢于言表。

事件二：放假了豚鼠怎么办？

在照料豚鼠的过程中，我们一直关注着豚鼠的生活，与豚鼠成了朋友。"放假了豚鼠怎么办呢？""它们会不会也很伤心？""会大声叫吗？"这些问题引起了大家的思考。

老师带我们开展了"豚鼠和我过周末"的谈话活动，大家都争着抢着要把这个软萌萌的小家伙带回家。那到底谁来带呢？我们共同设计制作"豚鼠饲养日记"，这本日记不仅记录了豚鼠的日常生活，还成了"领养"豚鼠的"竞争法宝"——谁能把豚鼠照顾得最好，谁就有机会周末带它回家。同时，我们还邀请爸爸妈妈一起参与到双休日照顾豚鼠的行列，爸爸妈妈们也非常支持，和我们一起承担照顾豚鼠的任务。

豚鼠饲养日记

教师的话：与家长共同喂养豚鼠的过程，不仅解决了双休日豚鼠无人照看的问题，更重要的是培养了幼儿的责任感和认真负责的态度，萌发幼儿关爱豚鼠、珍惜生命、爱护生命的情感，慢慢地，照料豚鼠成了幼儿生活的一部分。

共情，是爱的生长

事件三：豚鼠会羡慕外面的世界吗？

读完绘本《豚鼠圆滚滚》后，我们又有了新想法：我们的豚鼠是不是很羡慕外面的生活呢？能把它们放出来玩玩吗？

于是我们决定，在幼儿园找一块空地每天将豚鼠放出来玩一玩，让豚鼠有更大的活动空间。可是，将豚鼠放哪里呢？我们全体出动，探遍幼儿园的各个角落，考虑到照顾方便，我们选择了离教室最近、呼声最高的三块场地进行实地考察。

第一块场地不够宽敞，豚鼠的玩具都没处安置，更棘手的是，旁边水池还有洞洞；第二块场地没有围栏，万一有猫"偷袭"，豚鼠可就危险了；第三块场地整体不错，只是部分围栏有破损，需要修补一番。我们决定在第三块场地上建构豚鼠乐园。有了前期搭建的经验，大家又开动脑筋：要是把亲子制作的豚鼠玩具放进去，那得多有趣呀！六一亲子半日活动这一天，我们精心装扮了豚鼠的小窝，豚鼠和我们的爸爸妈妈们见面了，我们有好多关于小豚鼠的趣事要告诉爸爸妈妈呢！比如豚鼠的名字，怎么分辨它，它们最喜欢玩的游戏是什么等等。

教师的话：观察动物的生命成长，是一条充满了新鲜和有趣的道路，它为幼儿提供了一个探究的可能。幼儿与小动物之间那份纯真无邪的自然联结，让我们清晰地认识到：教育孩子爱护动物，绝非空洞的口号，而是实实在在的行动传递。随着课程的逐步推进，"给豚鼠安家"的故事被精心记录下来，张贴于墙上，化为日常点滴分享。孩子们主动照顾豚鼠，一系列饱含爱意的举动应运而生。而小豚鼠们也似有所感，不再怯懦地瑟瑟发抖，开始热情地回应孩子们的善意，彼此间的互动频繁且温馨。在与豚鼠相伴的日子里，孩子们眼中的自然与世界悄然改变，他们开始懂得呵护弱小生命的意义，更以关爱小动物为起点，将这份爱延展至身边之人。回顾与豚鼠一起在爱里成长的时光，相信这些美好将成为幼儿最甜蜜的回忆。

【课程反思】

一、幼儿的收获

小班幼儿正处于认知发展的起始阶段，感受与了解生命的旅程，不妨从具体且直观的饲养活动起步。在饲养豚鼠的过程中，孩子们眼中的一切都是新奇有趣的，豚鼠的一举一动，如进食、睡觉、玩耍等日常细节，都能成为他们关注的焦点，激发起一连串的疑问。这些看似简单的问题相互串联、自然而然地转化为幼儿自发的探究活动。他们在日常照料小动物的过程中，遇到难题时积极开动脑筋，尝试各种办法解决问题，在实践中积累着宝贵的经验，探究能力、动手能力、劳动意识以及关爱他人的情感都得到了全方位的滋养与成长。更为重要的是，孩子们通过日复一日的亲密接触，亲眼目睹了豚鼠的生长变化，这种亲身体验，让他们感受到生命的存在与美好，了解生命的意义，并将爱护生命内化为一种自觉的行动，伴随他们茁壮成长。

二、教师的收获

在课程推进过程中，教师始终秉持儿童视角，立足生命教育的情感维度，与幼儿一起探寻生命的真相。在饲养活动中，教师为幼儿提供科学且恰当的引导，助力幼儿全身心、深层次地融入其中，确保幼儿能够持之以恒地投身饲养实践。而当幼儿主动抛出问题、展现探索热忱之际，教师则不动声色地转换角色，退居观察者行列，将探究的主导权交还到幼儿手中，仅在关键时刻给予恰到好处的提点，鼓励幼儿自主提问、畅所欲言。课程中教师善于捕捉教育契机，引领幼儿体悟人与动物间千丝万缕的联系，助力其初步构建起对社会生活、自然天地、科学要义以及人文情愫的敏锐感知，使得饲养活动承载深度、饱含温情、富有内涵。

三、家长的收获

在课程活动里，家长既是参与者，也是教师默契的合作者。活动中，教师动员家长一同深度参与全过程。从前期资料搜集、悉心准备食物，到深入开展搜索调查、家长课堂，再到利用双休日进行喂养照料，每一个环节都有家长与幼儿活跃的身影。在此过程中，家长们彼此交流、相互取经，不仅学会了如何激发幼儿对动物的关爱之情，更掌握了助力幼儿提升观察能力的窍门。他们陪伴在幼儿身旁，亲历每一次好奇探索，见证每一步成长蜕变，真正实现了与幼儿携手共进、共沐成长之光。

【骨干教师点评】

在《小豚鼠的故事》里，我们真切领略到了豚鼠为孩子们带来的奇妙赋能，更见证了生命拔节生长的力量。

故事缘起于一封别具一格的来信,就此,可爱的豚鼠闯入孩子们的世界。在迎接新成员的一系列筹备中,孩子们悄然积累着对豚鼠的了解,积攒着照料新生命的宝贵经验,也顺势踏上了一段尊重生命的非凡旅程。

随着故事徐徐铺展,"陪伴"如涓涓细流,润泽着爱的土壤;"探究"似阵阵劲风,为爱的航船鼓帆助力。教师在课程中展现出高度的专业素养和深厚的教育情怀,以情感为纽带,用心连接孩子的内在世界,通过情感体验的融入,让孩子感受到温暖与关怀,从而激发孩子们对饲养活动的兴趣与对生活的热爱。以情境导入为桥梁,教师巧妙地将抽象的知识融入生动的情景之中,让孩子们置身其中,自然地展开探索与思考。与此同时,教师善于发挥集体的力量,将每一个孩子都融入团体互动中,引导他们在合作中学会倾听、分享和接纳。在这样的多元策略下,孩子们不仅获得了亲身体验的机会,也在自主表达中建立了自信,学会了如何帮助他人、分享美好与尊重彼此。于此过程中,我们清晰洞见,情感的浸润与深度的学习并非相悖,实则相辅相成。在携手共建豚鼠乐园的征程里,孩子们一次次勇敢尝试,一步步深入探索,一点点内化习得。

真正优质的教育,理应扎根生活、滋养生命,进而唤醒儿童内心深处的无限潜能。于这段宝贵的成长旅程而言,教师与孩子彼此陪伴、同频共振、携手成长。孩子们的每一段独特体验、每一次勇敢探索、每一个新奇答案,都如同一束束明亮的光,照亮他们作为"最有力量的学习者"的成长之路,也让我们愈发坚定教育的初心。

(点评人:南通市骨干教师、如东县宾东幼儿园　王晓镜)

你好，蘑菇
（小班科学课程）

扫码观看视频

江苏省如东县鑫城幼儿园　石玲玲　许苗苗　周家利

【题记】

蘑菇是孩子们常见的植物，种植蘑菇，是一段充满惊喜的旅程。蘑菇的生长常在一夜之间，但是，孩子们的发现却层出不穷，因为，大自然的秘密永远无法穷尽。在课程中，老师和孩子如同结伴而行的"寻宝人"，一起深度探寻蘑菇这一常见植物蕴含的教育宝藏。老师给出时间，让孩子充分观察、记录、讨论、分享，竭力顺应幼儿内心深处对未知的好奇与探索渴望，使之成为蘑菇课程的真正主导者。当我们对自然深情凝视，我们便拥有了整片丛林。

【课程叙事】

课程缘起——发现"新鲜物"

一个阳光明媚的早晨，孩子们早早来园，像往常一样走进绿意盎然的种植园地，拿工具，拔草、洒水忙得不亦乐乎！这时，只听桐桐在大声喊叫："这儿有朵小蘑菇！"循声望去，只见桐桐蹲在草丛小木屋旁，几个小伙伴也围了上去。"这是什么？昨天我可没看见呢！""哇，下面的泥土张开了嘴巴！""这个蘑菇好像一把雨伞。""摸上去软软的呢！"……孩子们的这些反应，看似是对新鲜事物的本能好奇，实则蕴含着巨大的教育价值。正如《幼儿园教育指导纲要（试行）》所指出："要充分地利用自然环境教育资源，扩展幼儿的生活和学习空间；幼儿科学学习的核心是激发探索兴趣，体验探究过程，发展初步的探究能力。"这次蘑菇的意外出现，为幼儿提供了一个与自然深度互动、探索科学的契机。它不仅仅是一个简单的自然现象，更是激发幼儿主动思考、探索未知的引线。基于这样的认识，我们敏锐地抓住了这一教育契机，通过谈话活动，与孩子们围绕这个"新鲜物"展开深入交流，由此开启了一段"寻找蘑菇—认识蘑菇—种植蘑菇"的观察与探索之旅。

课程记录

1. 探秘记——认识各种蘑菇。

一进教室，桐桐便扯着嗓子告诉好朋友自己发现的秘密，小家伙们又讨论开来。

"我发现了像伞一样的东西。"——微笑着说。"那是蘑菇，帽子看起来软软的，有点像伞，还有点像房子。"一向腼腆的妙妙竟然发表了自己的看法。"没错，你们看到的那个像小伞一样的植物确实是蘑菇呢！蘑菇长在哪里？有阳光吗？"许老师追问。"我知道，在小房子旁边，还长了很多小草。"鑫儿观察很仔细。

幼儿的激烈讨论引发老师的关注，教师第一时间设计并发放"蘑菇大调查"亲子问卷，力求通过家园合作，让幼儿在实际调查中习得经验，为后续探究做好准备。孩子们对于亲身参与的调查结果各抒己见，将讨论推向高潮，他们对蘑菇的生长环境、形态特征等有了更深入的认识。首次亲子调查的成功，充分展示了捕捉教育契机、开展家园合作探究活动的积极意义，这也激励着教师继续深入挖掘"蘑菇"课程，设计更多富有价值与意义的探究活动，持续推动幼儿在科学探索、语言表达、社会交往等多方面的发展。

我们邀请石老师加入审议，在"探索认识蘑菇"后，相继预设"保护记""种植记"等活动，旨在跟随幼儿脚步，以回归自然——探秘蘑菇为路径，初步审议并架构《你好，蘑菇》课程框架，拟定课程初步目标，如在实际接触和观察大自然中认识各种蘑菇，提高幼儿对自然界生物多样性的认识和理解，并了解蘑菇的生长习性等；借助观察、操作和实验，学习提出问题，记录观察结果，培养幼儿观察力、思考力和科学探究能力；教育幼儿如何安全地与自然界互动，包括正确的采集方法、辨识有毒与无毒植物，以及对自然环境的尊重和保护意识。

2. 保护记——学习制作围栏。

有了课程框架和目标，我们在实施过程中便有了方向。一次，孩子们了解蘑菇生长的环境，初次尝试记录蘑菇生长的地点。突然，有人提出，我们的蘑菇小小的，长在草地上，如果有人不小心踩坏了怎么办呢？呀，这可不行，"小不点"一听，都有些着急。"让我变成奥特曼来保护它吧！"调皮的朗朗脱口而出。"保护它是个好主意，不过奥特曼就得时时陪伴小蘑菇呢！你还有其他保护的方法吗？""给它建个房子吧，哈哈！"可爱的桐桐边说边到娃娃家里拎起一个篮子。

用篮子当房子，可以试试。说干就干，孩子们带着篮子把蘑菇盖在下面，表现得激动不已。可是，早操过后，教室里传来了大叫声："不好啦，我们的蘑菇被踩坏了。"大家立即走到户外，围过去一看，果然小小的篮子被踢到一旁，里面的蘑菇菌杆已经断了，小蘑菇孤单地躺在地上，孩子们担心的事情还是发生了，他们很伤心。

蘑菇被踩坏的事实，给孩子们带来了不小的打击。面对这一情况，石园长巧妙地进行情绪安抚的同时，进一步引导孩子们思考保护蘑菇的方法。她带领孩子们参观幼儿园种植园地，启发他们观察周围环境。糖糖小朋友通过经验迁移，提出制作小栅栏保护蘑菇的想法，获得了大家的一致认可。这次经历充分体现了小班孩子在教师引导下，积极思考、解决问题的能力。

可是，栅栏怎么做？需要什么材料呢？大家来到幼儿园和班级的材料超市里寻找可以制作栅栏的"宝贝"——吸管、木棍、冰棒棍、麻绳、扭扭棒……大家一起动手尝试制作"小栅栏"。然而，首次制作由于缺乏经验，孩子们尝试将小棍子插入土中，却总是站不稳，这让一部分孩子感到气馁。但在老师的鼓励下，孩子们没有放弃，而是深入分析失败原因，积极尝试新的材料与方法。第二次制作时，他们选用冰棒棍和扭扭棒，分工合作，成功解决了小棍子站立不稳的问题。这次经历不仅锻炼了孩子们的动手能力，还培养了他们面对挫折时的坚韧和解决问题的能力，让他们在实践中不断成长与进步。

最终，大家在共同努力下，成功地制作了一个漂亮且稳固的小栅栏，并用它把蘑菇很好地保护起来。看着自己辛勤劳动的成果，孩子们开心地拍手欢笑，那样的笑容纯真而美好，饱含了他们对大自然中小生命的关心和对小蘑菇浓浓的爱意。有了这次成功的体验，孩子们动手制作的意识明显增强，更在制作中积累了与同伴合作的经验、耐挫的精神以及动手操作的能力、解决问题的意识，他们表现出坚持、自信、勇敢，展现出优秀的学习品质，更为接下来的活动奠定了良好基础。

3. 寻找记——搜寻园内蘑菇。

孩子们从发现蘑菇到保护蘑菇，从认识蘑菇到制作栅栏，兴趣越发浓厚。在一次次动手制作中，教室里的"小栅栏"越来越多，这引起了教师的关注。

"这么多小栅栏，可以用来干什么呢？"

"保护小蘑菇啊！"孩子们异口同声地说。

"可是，我们发现的小蘑菇已经被包围起来了，这些多的栅栏该怎么办呢？"

"我们再去寻找小蘑菇吧！"不知谁的一声提议，立即得到了大家的认同。

孩子们探索蘑菇的热情高涨，教师便决定每天带着孩子们在幼儿园的各个角落寻找蘑菇，观察它们的生长情况，并进行打卡记录，装上"小栅栏"。在后续的分享中，多个孩子通过观察，发现了园内蘑菇特征的不同；通过比较，学会了"更小"和点数等数学核心经验，这让老师很是惊讶。而多多小朋友在小木梯上发现的"奇怪蘑菇"，更是吸引了全班小朋友的注意。

就这样，搜寻蘑菇成为幼儿园里的热潮。一次午后散步时，孩子们在教室后面的一棵树下发现了一颗白白的、高高的蘑菇，和之前发现的不一样。强烈的好奇心和求知欲被激发，孩子们向老师提出很多问题。回到教室后，老师打开电脑，和孩子们一起查找关于这些蘑菇的更多信息。老师意识到这是拓宽孩子知识面的好机会，便针对孩子们的问题，一一做出解释，如"蘑菇是属于真菌的一种，而且有不同类型""长在树桩上的硬邦邦的是裂拟迷孔菌，有的虫子爱吃，但人是不吃的""漂亮的白蘑菇叫毛头鬼伞"。或许孩子们不能全部听明白，但专注的小眼神表明，他们的求知欲得到了一定满足。

之后，教师引导孩子们围绕"毛头鬼伞"蘑菇进行观察、发现和探究。老师出示"毛头鬼伞"的图片，引导孩子们表达自己的发现。佑佑说二者的帽子都是白色的，杆子看上去有点像。熙熙补充说，我们看到的蘑菇小，图片上的比较大。在持续观察中，孩子们发现圆圆的蘑菇头越来越大，杆子也越来越高，并猜测明早它一定比栅栏还高。

然而第二天，蘑菇发生了巨大变化，原本高高白白的蘑菇变得"面目全非"，蘑菇头像伞一样撑开，变成了黑乎乎的"伞盖"。孩子们连声惊叫，充满疑惑。老师顺着孩子们的发现进行追问，引导他们思考。孩子们将蘑菇的生长变化与名字相关联，甚至想到了蘑菇的毒性。于是，老师带着孩子们继续查阅资料，发现毛头鬼伞虽然名字挺吓人，但是没有毒，而且还是一种中药。老师明白，这一过程不仅解答了孩子们的疑惑，还培养了他们通过查阅资料解决问题的能力。在整个过程中，教师陪伴着孩子，鼓励他们耐心观察蘑菇的变化，让孩子们在观察中发现自然界生命的神奇，激发对大自然的好奇与敬畏，培养他们对自然科学的兴趣与探索精神。

毛头鬼伞变样了 　　　　　　　　　　黑伞打开了

4. 表征记——学会不同的记录。

发现蘑菇，走近蘑菇，孩子们的兴趣日益增长，他们每天最喜欢的事情就是来到草丛边，小脸凑近蘑菇，认真观察。为了提高他们的观察水平，我们在他们触手可及的种植园地一角投放了丰富多样的观察工具，孩子们自由拿取，仔细观察蘑菇的形状和颜色。或许是对蘑菇结构细节的关注，他们不仅仅满足于语言描述，也开始尝试用笔和纸记录自己的发现。

随着"观察—表征—倾听"活动常态化开展，我们发现孩子们虽保持着记录热情，但表征内容雷同的情况愈发明显。以九儿为例，她连续三天记录"我画的是太阳，下面有个蘑菇，它长大了"。我们对此深入思考，分析背后原因：是九儿只为完成任务而未认真观察，还是蘑菇三天确实变化不大，抑或现有的观察方式已无法满足他们的需求？基于此，课程审议小组成员迅速沟通，决定走进孩子们的观察活动，从材料投放、师幼互动等方面做出调整。

我们向孩子们详细介绍各种工具及其功能，引导他们利用工具观察蘑菇细节。孩子们受到启发，纷纷拿起放大镜趴在地上仔细观察，进而有了许多新发现：有的蘑菇顶上有小斑点，有的蘑菇柄上有细纹。这一转变使孩子们的观察视角从单纯关注蘑菇是否长大，拓展到其生长位置、数量、高度、颜色变化等其他维度。

幼儿蘑菇表征 　　　　　　　　　利用工具观察蘑菇

老师在观察现场随时捕捉孩子们的惊喜发现和疑惑提问，并及时对话，鼓励孩子们用不同工具测量蘑菇的高度，比较蘑菇的大小等等，给予他们积极的引导和必要的支持。渐渐地，我们探究策略的转变带来了孩子们的变化，他们对蘑菇的观察不再是任务式，而是探究型，他们的表征也随之丰富而生动起来。从初次观察、绘画表征只关注蘑菇的基本形态，到认真观察、详细记录描述蘑菇的结构细节和想象故事，孩子们在不断优化的表征记录中学会了区分普通蘑菇和毒蘑菇，了解了测量可以比较蘑菇的高矮等等。虽然小班孩子在操作经验上还有待提升，但对蘑菇的辨别能力得到了加强。这样的互动探索，不仅让他们收获了蘑菇的丰富知识，促进了其语言表达能力和逻辑思维能力的发展，更让他们享受到了探索自然、发现生命成长的乐趣。

5. 种植记——班级养护蘑菇。

在幼儿园的户外，孩子们目睹了蘑菇随时间流逝而老去、死亡，他们言语与情绪中流露出的遗憾，被我们敏锐地捕捉到。这一情感反应，成为课程推进的关键契机。幼儿对生命的消逝有着本能的共情，这份情感触动，促使我们思考如何将自然教育与生命教育相融合，满足孩子们对延续生命、探索生命奥秘的渴望。于是，我们决定将蘑菇"引进"教室，从网上采购了"蘑菇包"。

面对这些"蘑菇包"，老师以神秘的口吻"猜猜，这是什么？""这个东西喜欢喝水，你们愿意照顾它们吗？"开启探索之旅，并引导小朋友回家和家长一起查资料。悬念是引发幼儿主动学习的有效手段，这样的互动方式不仅促进了家庭与幼儿园的联动，更易激发幼儿的好奇心与自主探索欲。第二天，豆豆迫不及待地要揭晓答案。在全班小朋友的期待中，"神秘物"——蘑菇的身份被揭开。于是，我们将全班孩子分组，让每组成员认领一个蘑菇包，并提醒他们每天浇水。

| 幼儿观察 | 每日表征记录 |

孩子们眼中满是好奇与期待，欣然承诺会好好照顾。此后的每一天，孩子们进教室第一件事就是照顾蘑菇，喷水、观察、记录、比较，分享着蘑菇的变化。妙妙、钧钧、一一等小朋友的表现，展现出他们对蘑菇生长的浓厚兴趣与认真态度。这种持续的观察与分享，培养了孩子们的观察力、语言表达能力以及对生命的尊重与责任感。

孩子们精心呵护蘑菇，蘑菇的生长也不断给他们带来惊喜，持续激发着孩子们的探究欲望。后来，嘻嘻小朋友从家里带来了各种蘑菇，引发了新一轮围绕蘑菇可食性的讨论。这一现象表明，幼儿的兴趣点会在探索过程中不断拓展与深化。作为教师，我们敏锐捕捉到这些兴趣点，及时调整课程内容，引导孩子们进行更深入的学习。最后,我强调不能吃野外蘑菇,要选择正规商店购买,并宣布将摘下自己种的蘑菇做蘑菇饼。这一决策既传递了食品安全知识,又为孩子们提供了将种植成果转化为美食体验的机会,让他们在实践中感受劳动的价值与乐趣,进一步深化对蘑菇的认知与情感。

6. 美食记——动手制作蘑菇饼。

听到做蘑菇饼,孩子们欢呼雀跃,他们用小手、小剪刀轻轻地摘下蘑菇并洗净,倒面粉、打鸡蛋,搅拌所有材料,在生活区里忙得不亦乐乎。看,可乐小朋友在许老师的提示下努力敲开鸡蛋,虽然动作有点笨拙,但态度非常认真。当大家将调理好的材料倒入锅中时,孩子们纷纷惊呼:"哇,好香啊!"有些调皮的"小馋猫"还不停地舔着嘴巴、咽着口水,样子可爱极了。品尝时,看着他们吃得津津有味,脸上洋溢着满足和喜悦,那一刻,我们心里也充满了幸福!

一次偶然的发现,让我们有幸与"蘑菇"相遇,走进身边的自然,走进孩子的生活,我们收获了太多惊喜与成长。而可爱的小班宝宝们与同伴合作种蘑菇、制作蘑菇饼,他们在种植、照料、观察和制作过程中,逐步学会使用工具操作和互相帮助,动手能力、合作意识逐步提升;他们无论是认领、照料蘑菇,还是每天观察和记录蘑菇的变化,或是制作蘑菇饼,都展现出了自信、耐心和细致入微的观察能力,收获了满满的成功感。

【课程反思】

春夏之交,草木茂盛,万物生长,这是大自然对人类的馈赠。我班立足幼儿园"亲自然"园本课程建构框架,结合本班幼儿年龄特点和发展需要,以"你好,蘑菇"为切入点,鼓励并支持幼儿在大自然中自由探究,幼儿以探、护、观、种、品等自己喜爱的方式探索蘑菇的秘密,这个过程既充满乐趣又颇具教育意义,潜移默化地发展了幼儿多方面的能力。另一方面,我们注重加强课程中教师引导者、支持者的角色认知,努力发现和记录幼儿有意义的语言和行为,从而更好地支持幼儿在课程活动中的学习。

一、多感官联动,激发探索欲望

在课程设计中,我们充分调动幼儿的多种感官,全面激发他们对蘑菇的探究兴趣。视觉层面，组织幼儿细致观察不同种类蘑菇的形态、颜色、纹理，引导他们对比差异，以此辨别有毒蘑菇与可食用蘑菇。在种植环节，幼儿戴上手套，用小手轻轻触摸蘑菇，感受其水润饱满的质感，直观体会蘑菇喜潮湿的生长习性。而在"美食记"活动里，幼儿亲手制作蘑菇饼，当香喷喷的气味弥漫开来，他们品尝着自己的劳动成果，收获满满的幸福与成就感。

二、家园共携手，拓展学习边界

我们积极推动家园共育，让家长深度参与课程。设计亲子问卷"蘑菇大调查"，鼓励家长和孩子一起查阅资料、讨论交流。寻找蘑菇的活动从幼儿园拓展到社区，亲子共同探索，增进亲子关系的同时拓宽了孩子的探索空间。在对蘑菇的观察和表征记录中，幼儿将记录方法运用到亲子绘本共读，实现了学习经验的有效迁移，助力幼儿在多元环境中持续学习。

三、整合多资源，丰富教育体验

课程充分整合多样化教育资源。课程生成中，"保护蘑菇"活动极具挑战性与趣味性，为增强幼儿动手能力，教师充分利用幼儿园蘑菇生长资源和低结构材料资源，让幼儿自主尝试、反复实践。为促进课程有效实施，借助图书、视频等媒体资源，为幼儿打开自主探寻蘑菇世界的大门。此外，恰逢幼儿园绘本节，美工活动、班本剧汇演等丰富形式，为蘑菇课程注入活力。幼儿在创作与表演中加深了对蘑菇的理解，拓宽视野，丰富知识储备，实现了教育资源与课程的相互促进。

【骨干教师点评】

《你好，蘑菇》课程源于孩子的发现，生动呈现了孩子们深入认识、细致观察并亲手制作蘑菇的奇妙历程。

价值取向：从景观取向到探索取向。在课程思维的引领下，孩子们不再局限于对蘑菇表面的观赏，而是借助海量图书资料与直观视频资源，深入探索蘑菇世界，了解蘑菇的基本特性与生长环境等基础知识，初步叩开蘑菇世界的大门。从可观可吃的蘑菇到观察了解蘑菇的生长，孩子们亲身触摸自然，近距离观察蘑菇形态，感受蘑菇在自然环境中的独特魅力，进一步激发了他们对蘑菇世界的探索欲望。

资源运用：从简单关联到自然融合。课程初期，图书资料和视频资源为孩子们搭建起认识蘑菇的初步桥梁，与课程建立起简单的知识关联。而近距离感知蘑菇的生长这一过程，将孩子们带入真实的自然环境，让他们亲身感受蘑菇与自然的紧密联系。在整个课程开展过程中，教师创设可观察可触摸的环境，提供丰富的材料，让孩子们在观察蘑菇生长变化的过程中，锻炼观察能力；在种植蘑菇与制作蘑菇食品的实践中，提升动手实践能力；在分享观察发现、讨论种植心得时，提升交往能力和语言表达能力。

深度探究：从单一探索到多元探索。教师秉持以幼儿为中心的教育理念，充分发挥引导作用。他们悉心倾听孩子们充满童真的话语，捕捉其中的兴趣点与疑惑；密切关注孩子们的一举一动，洞察他们的反应与表现；与孩子们一同探究蘑菇的奥秘，共同发现新问题、解读现象背后的原因，在教学相长中推动课程深入发展。教师精准把握自然教育的每一个契机，深度挖掘课程素材，为幼儿打造全方位的探究环境，提供丰富的自然材料，极大地激发了幼儿主动探索、观察和讨论的兴趣。

总体而言，《你好，蘑菇》课程极大地丰富了孩子们对自然界的认知，让他们领略到大自然的神奇与美妙。孩子们的动手能力得到切实提高，学习兴趣也被充分激发。当然，为了让课程发挥更大的教育价值，仍需不断优化与改进。在未来的课程设计中，可在现有成果基础上，积极探索创新教学方法与手段，如引入多媒体互动教学、开展跨园交流分享活动等，进一步提升教学效果，为孩子们带来更精彩的学习体验，助力他们全面发展。

（点评人：南通市骨干教师、江苏省如东县锦绣幼儿园　顾娟）

香樟树的四季

（中班科学课程）

江苏省如东县掘港街道群力幼儿园　喻丹　毛彦　金燕

扫码观看视频

【题记】

陈鹤琴先生指出："大自然、大社会都是活教材。"人类是大自然之子，在孩子们眼里，花草树木是他们的玩伴。一棵四季变化的香樟成为幼儿园课程资源，孩子们走近香樟树，用充满童趣的探究让这棵香樟更有生命力。在这段童年"寻宝"历程中，孩子们不仅在寻找香樟树的秘密，更是在这棵香樟树下，种下了守护自然、守护绿色的种子。

【课程叙事】

在群力幼儿园的一方小天地里，有这样一棵香樟树，它就像一位默默守望的老友，静静地伫立在操场边。从孩子们踏入幼儿园的那一刻起，它便在四季更迭中陪伴着大家，见证着每一张稚嫩脸庞的欢笑与成长。

灼灼春华，探索春天落叶之谜

3月4日　星期五　春天为什么会掉叶子？

三月，春光明媚，幼儿园里一切生机勃勃。午餐后，我们一起去操场散步。忽然，铭铭兴奋地喊："地上好多叶子呀！"诺诺好奇地问："咦？树叶不是秋天才从树上落下来的吗？怎么春天也会掉树叶呢？"是呀，大树怎么掉树叶了呢？

回到班级，我们的讨论更热烈了。冉冉说："大树是生病了，所以在春天掉叶子。"恒恒说："大树是老了，就像我的奶奶老了掉头发一样。"楠楠说："是大树傻了吧！它弄错了，还以为现在是秋天呢！"祺祺说："是大风把树叶吹下来啦!"

大家的想法都不一样,究竟哪个才是正确答案呢?格格说:"我们可以到网上找找答案。"小不点说:"我回家问问妈妈,她应该知道答案。"……孩子们各抒己见,第二天晨谈时间到了,大家分享了自己找到的答案。添添说:"我和爸爸一起上网找了答案。春天到了,嫩叶子长大了,老叶子就会掉,就像我们换牙一样。"琪琪说:"对的,我妈妈说这是香樟树。它和秋天掉叶子的树不一样。"

3月17日　星期四　叶子真的会变色吗?

最近这段时间,每天午餐过后,我们都会一同前往操场收集落叶。楠楠兴奋地跑到我面前,扬起手中的树叶说道:"老师,你看呀,我捡到了一片绿色的树叶!原来香樟树叶是从红色变成绿色的呢!"真的是这样吗?为了探寻真相,孩子们将每天捡到的树叶都精心保存了起来。在接下来的日子里,大家仔细观察,果然发现树叶的颜色在悄然发生着变化,我们终于揭开了这个小秘密:原来香樟树新长出来的叶子是红色的,随着叶子不断生长,它就会逐渐变成绿色。

自选方法调查

3月28日　星期一　它是幼儿园最老的树吗?

在香樟树下捡树叶、玩耍成了我们最喜欢的日常。这天,铭铭飞快地跑到树下大声喊:"大树爷爷,我来啦!""大树爷爷?"大家都觉得很新奇,于是,"大树爷爷"这个亲切的称呼便在孩子们中间传开了,每次来到树下,他们都会对着香樟树喊上一嗓子。琦琦问:"大树爷爷是我们幼儿园最老的树吗?"大家都觉得是,老师笑着问:"你们为什么这样认为呢?"小不点说:

"它最粗。"毛毛说:"它最高。""香樟树有多粗、有多高呢?"我们自由选择,分成粗度组和高度组。粗度组的小朋友兴致勃勃地尝试用各种工具测量香樟树的树围。通过尝试比较,大家觉得用绳子量这个方法比较好。大家几人合作,开始固定好绳子头,然后小心地绕树一周,做好标记。最后,把绳子拉直,放在一起对比。很明显,绳子长的,对应的树围就粗。

高度组的小朋友尝试站在远处,仰着小脑袋,用目测的方法仔细观察。我们发现,这棵香樟树比两层楼还要高出一点儿。和园内其他树木相比,它简直就是"巨人",高高地耸立在那里。面对如此高大粗壮的香樟树,大家不禁心生疑问:长得最高最粗的它,会是幼儿园里最老的树吗?

大树爷爷到底几岁呢?我们了解到树的年龄和年轮有关,那什么是年轮呢?毛老师带来了一块木桩,告诉我们数一数木桩上有几圈大树就是几岁。可又不能将它砍下数年轮!那就去问问知道这棵树的人,听听金老师是怎么说的吧!原来,从建园起,这棵香樟树就陪伴着群力幼儿园,到现在已经整整36年了,它就是我们的园树。知晓了园树爷爷的故事,我们对它愈发亲近,围在树下,仔细地观察起来。园树爷爷树枝有几个分叉?树叶是什么颜色?我们拿起画笔把"园树爷爷"画下来。

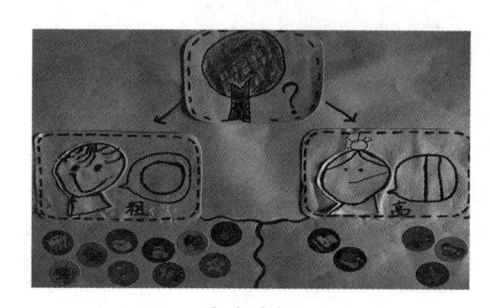

自由选组 　　　　　　　　　绳子测量

4月13日　星期三　这是花吗?

"老师,今天我捡到的树叶小小的,像小宝宝,和上次捡到的不一样。"一诺拿着树叶,轻轻捏了捏说:"这叶子软软的,黄黄的,像一朵花。"冉冉听了,把树叶托在手心仔细观察说:"是花。"她轻轻扒开叶片,惊喜地发现里面藏着好多像小珠子一样的白点点。冉冉又找来金盏菊的花瓣,把这片特

别的"叶子"和花瓣放在一起比对,他看了半天,最后还是摇了摇头说:"看起来不太一样啊,这到底是不是花呢?"带着好奇,我们决定到网上找找答案。一番搜索后,真相大白:原来这是苞叶!它常常被大家误认成花瓣,所以它还有个名字叫叶子花。而那些藏在里面的小的白点点,居然就是香樟树的花朵,真有意思!我们把这个发现制作成结构图,这下,大家对苞叶、香樟树花的结构关系都理解得清清楚楚啦!

4月26日　星期二　树叶长什么样的?树叶可以怎么玩呢?

1. 树叶都长什么样?由什么组成呢?

"我的这片树叶是椭圆形的,叶子里还有很多很多的线。""这个不是线,这是叶子的茎。""我的叶子是绿色的,璐璐的叶子是红色的。"……一番观察讨论后,赶紧动手画一画,瞧!"小画家"们写实的本领还真不错!从树叶的轮廓形状到细微的纹理、颜色的变化都勾勒得细致入微!

2. 树叶还可以怎么玩呢?

一翎说:"我看见姐姐用树叶贴了一条小鱼。"钦钦听了,眼中满是好奇:"我回去和妈妈到抖音上看看。"大家约好晚上回家都找一找树叶的新奇玩法,准备第二天相互分享。讨论过后,我们拿起画笔,绘制出树叶玩法设计图,再来动手做一做。瞧,这几片树叶变成了花蝴蝶翩翩起舞,那几片树叶变出小鱼欢快地游泳……创意十足的树叶拼贴凝聚着我们对大自然的热爱与奇思妙想。带上树叶面具、树叶项链,我们演绎着自己喜欢的童话故事。

教师的思考:在春天的探索中,孩子们偶然发现香樟树春天落叶这一独特现象,进而围绕"春天为什么会掉叶子""叶子真的会变色吗""它是幼儿园最老的树吗"等问题展开积极探索。皮亚杰认知发展理论表明,前运算阶段的儿童充满好奇心与想象力,常以自我为中心思考。孩子们猜测香樟树落叶原因,如生病、变老、弄错季节等,便是将自身生活经验与自然现象相联系,用独特思维试图理解世界。教师引导孩子通过问问家长、上网查找等方式找答案,拓宽其信息获取渠道,培养自主解决问题意识。测量树的粗细、高度及年龄时,孩子们初步尝试测量与比较,这对空间感知与数量概念发展意义重大,为数学学习筑牢根基。

烁烁夏秀，发掘香樟独特韵味

5月11日　星期三　怎么掉树枝啦？树枝可以怎么玩？

最近，我们留意到一个有趣的现象：树上掉落的叶子越来越少，反而是有一些树枝掉落了下来。这可太奇怪了！老师建议我们先调查一下，香樟树以前这时候也掉树枝吗？我们采访了几位老师，发现在进入夏天的时候，幼儿园的香樟树都会掉树枝。通过上网查询，我们知道了夏天高温干旱，香樟树枝叶水分蒸发量大，花朵凋落后，香樟树为了保存自身的养分和水分，就会选择舍弃一部分树枝，以此来度过炎热的夏天。

掉下来的树枝可以怎么玩呢？弯一弯，变花环；摆一摆，变幅画。掉落的树枝在我们手里变废为宝，它不仅承载着香樟树适应环境的生存智慧，更成为我们发挥创意的源泉。

5月24日　星期二　什么味道？可以做香包吗？

科学区里，一场趣味盎然的探索正热烈展开。明明一边捣药一边说："今天的药是用香樟树叶子做的，你们闻闻，这是什么味儿？"钦钦听到后，凑过头来使劲嗅了嗅说："这味道香香的，有点像我妈妈之前给我买的香包。"正值端午节临近，老师趁机提议："宝贝们，你们发现了香樟树叶这么好闻，那就做个属于自己的香包吧！"说干就干，我们把香樟树的枯叶、枯枝捡回教室，洗洗晒干，然后揉碎、掰断，忙得不亦乐乎，散发出清香的碎末被我们装进了妈妈、奶奶做的漂亮香包袋里。闻一闻，我们的香包好香呀！铭铭说："香樟树的树皮还可以做药材、调味料呢。"添添说："我爷爷说香樟可以做桌、椅、樟脑丸，可以防虫子。"小小的科学区里，弥漫着的不仅是香樟树独特的香气，还有孩子们探索求知的热情。

6月6日　星期一　怎么做能不变颜色保存呢？

捡回来的树叶都变了颜色，从绿色、红色变成了淡棕色。怎么保存能让树叶不变颜色呢？琦琦说："让魔法师变。"彤彤说："放点盐，腌一下。"恒恒说："我妈妈会做滴胶，就能让叶子不变颜色。"我们通过投票，决定试试老师建议的标本书和恒恒建议的滴胶。

老师网购了标本书和滴胶、模具。我们自己选择，分成标本组和滴胶组两组。标本组的小朋友挑选出自己喜欢的树叶，轻轻夹在书本里压实，再小心翼翼地封上塑封膜。这盖膜的过程可没那么容易，一开始，塑封膜总是皱皱巴巴的，大家反复尝试，终于发现了小窍门：一个小朋友稳稳地压住书本，另一个小朋友慢慢拉平塑封膜，最后再用木片沿着边缘仔细地多刮几次，这下，塑封膜就服服帖帖、平平整整的了。做好的树叶标本就像照片一样，它能让大家清楚地看到不同颜色的香樟树叶。

恒恒妈妈是滴胶手工达人，在她的视频指导下，滴胶组的同学们也有模有样地动手操作起来。瞧，一个个晶莹剔透的滴胶作品新鲜出炉啦！妈妈们看了都惊讶不已，不敢相信这是我们亲手制作的呢！

教师的思考：夏天，孩子们聚焦于香樟树掉落的树枝以及树叶的气味等方面，提出"为什么掉树枝？树枝可以怎么玩？""什么味道？可以做香包吗？"等问题。依据维果茨基的社会文化理论，学习是通过社会交往进行的。在探讨用香樟树叶做香包时，孩子们将自然材料与传统文化习俗（端午做香包）相结合，不仅丰富了对香樟树用途的认识，还在实践操作中锻炼了动手能力，增强了对传统文化的感知与传承意识。教师支持孩子们将香樟树融入生活情境，开展有趣的活动，充分挖掘了香樟树这一自然素材的教育价值，拓展了孩子们的学习体验。

硕硕秋实，揭秘秋日果实奥秘

9月5日　星期一　小豆子是什么？

开学啦！好久没有看见大树爷爷啦！我们拉着新同学，向他们介绍大树爷爷。咦？地上这么多圆圆的、像小豆子的是什么呢？仔细地观察会发现，有的是黑色的，有的是绿色的。看它的外形，像豆子，像宝塔，像葫芦。"这是什么呀？"大家正疑惑间，有眼尖的小朋友嚷道："香樟树上也有，是香樟果子！"香樟果里面有什么呢？大家画出了自己的猜测。验证时，我们和老师一起来做个实验，用小刀轻轻划开果子，一颗颗白色的种子滚了出来。过了几天，我们就只能捡到黑色的果子啦！涵涵说："好像蓝莓呀！"找来蓝莓，我们通过看、闻、画、比较等多种方式深入了解"黑果子"与蓝莓的异同。

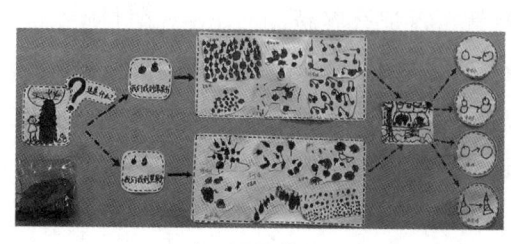

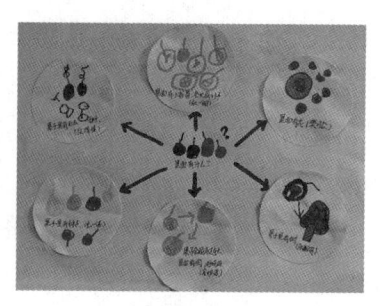

小豆子是什么？　　　　　　　　　　我的猜想

　　这几天的地上，多了很多黑色的印子。是我们把果子踩破了吗？我们把果子捣碎，把汁水涂在白纸上。是绿色，不是黑色。这个问题困扰了我们好久，直到铭铭在树下被鸟屎偷袭。啊！破案啦！原来黑色的痕迹是鸟屎。快看，树上有一只黑鸟，它在吃果子。原来，香樟果子是小鸟喜欢的美味食物呢！

10月21日　星期五　怎么爬上去？

　　户外活动时间，我们又来到香樟树下玩。小米发现大树上有一架软梯，说："我想从这里爬到树上去。"可他刚踏上软梯，问题就来了：软梯在空中摇摇晃晃，站不稳，不好爬。

　　怎么才能让梯子不晃呢？有的小朋友觉得用胶带把它粘起来，有的小朋友说用钉子，还有的小朋友说用绳子把它绑起来。讨论之后，大家一致觉得用绳子把软梯绑起来更合适，不会对大树造成什么伤害，于是小米和伊伊就拿来了绳子，和毛老师一起把软梯绑起来。小煜试了试说："好爬多了，可是爬到第三格的时候，软梯还是晃。"看来还得再加把劲，于是大家又在第三格的位置仔细绑上几圈绳子。几番尝试后，软梯终于稳固了许多。

　　大家对爬树兴致勃勃，欢声笑语在大树下回荡。可是，天天却面露难色，小声嘀咕说："我害怕，我不敢爬。"于是，大家画下自己爬树的好办法，和她分享经验：手抓紧，腿用力；试试用木梯子，就不太晃了；在下面垫海绵垫；系上安全绳等。在大家的帮助下，天天也勇敢地爬上了大树。

　　教师的思考：秋天，围绕香樟果子展开了一系列探索活动。孩子们运用多种感官进行观察，看其颜色、形状，闻其气味，还通过实验切开果子观察内部结构。这符合布鲁纳的发现学习理论，发现学习理论强调学生通过自己的探索、发现来获取知识。孩子们在这个过程中积极主动地构建对香樟果子的认知，培养了观察、分析和解决问题的能力。而在爬树活动中，孩子们遇到软梯晃动的问题，通过讨论、尝试不同方法解决，这一过程培养了他们的合作能力和应对困难的能力。从教育心理学角度看，当孩子们面临挑战并努力克服时，他们的自我效能感会得到提升，自信心也会增强，为今后面对更多困难和挑战奠定了良好的心理基础。

悠悠冬藏，感悟香樟四季馈赠

11月22日　星期二　最感兴趣的是什么事？

关于香樟树，我们最感兴趣的是什么？听一听大家的心声吧！旺仔说："到楼顶看大树爷爷，能看到香樟树那大大的树顶，还有在枝头欢快跳跃的小鸟。阳光洒在树叶上，泛出明亮的光芒，和在树下仰望时不一样。"小诺说："我把落叶抓在手上，想捡回教室，结果叶子全碎了。后来，我们借助各种工具保护落叶，成功将落叶完整地带回教室。"甜甜印象最深的是把香樟树和橘子树做比较，仔仔细细地寻找它们的相同点和不同点。果果最喜欢的是给大树做名片，因为她觉得这能让更多人了解幼儿园的园树。而小米，一直把大树当作亲密的好朋友，每次紧紧拥抱大树后，都会从心底涌起一种无比平静和幸福的感觉。

不同写真　　　　　　　　　互相比较

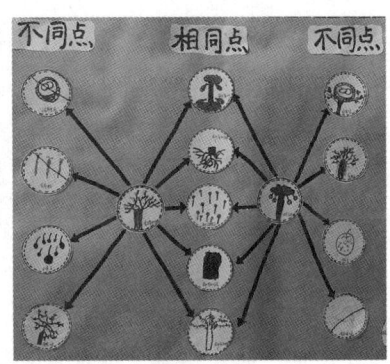

12月1日　星期四　香樟树，给我们带来了什么？

这一年，我们的目光始终追随着幼儿园里的那棵香樟树。在一个个问题的牵引下，大家怀揣着好奇之心，通过猜测与验证的方式，不断深入探寻答案。寒来暑往，我们一同见证了香樟树在四季更迭中的不同风貌。此刻，我们围坐在一起，回想起这段和香樟树一起度过的时光，你一言我一语地讨论起来：香樟树到底给我们带来了什么呢？

它像一个不说话但一直陪着我们的好朋友，在生活里给了我们很多帮助，给我们带来阴凉。还像勇敢的警察叔叔一样，坚定地保护着我们。在我们寻找答案的过程中，它让我们变得更勇敢，不再害怕不知道，也让我们对大自然的好奇心越来越强，想一直探索下去。

教师的思考：冬天，孩子们回顾与香樟树相关的经历，分享自己最感兴趣的事，总结经验。从多元智能理论角度分析，每个孩子对香樟树的兴趣点和表达方式不同，这反映出他们在不同智能领域的优势。例如，有的孩子通过绘画表达对大树的观察（空间智能），有的孩子在比较树木中展现出逻辑思维能力（数学智能），还有的孩子在与大树的情感互动中体现出内省智能和人际交往智能。教师引导孩子们进行回顾和分享，为他们提供了展示自我的平台，促进了他们综合能力的发展。同时，这一过程也帮助孩子们将一年来与香樟树的互动经验进行梳理和内化，深化了他们对自然的情感，培养了对周围环境的关注和热爱之情。

丝丝绿意，缕缕清香，把时光穿成一串，把笑声连成一片，它们随风飘荡在幼儿园中。也许当孩子们长大了，会忘记许多幼儿园的人和事，但在梦里一定会记得群力幼儿园的这棵大大的香樟树，记得老师鼓励我们要做个像香樟树一样有用的人，记得那香香的味道。大家也会在未来的日子里，去了解、探索、发现大自然更多的神奇和美好。

【课程反思】

在本次以香樟树为主题的课程探索中，我们与这棵陪伴孩子们成长的大树展开了深度对话。孩子们全身心投入，不断将所学知识运用到对香樟树的探究中，在丰富多样的活动里积累宝贵经验。教师则始终密切观察幼儿的行为，耐心倾听他们的想法，为其提供精准且适宜的支持。

一、感知自然之美，筑牢情感纽带

在与香樟树的相处过程中，孩子们对自然之美的感知不再停留在表面，他们细致观察香樟树四季色彩的渐变、枝叶随风摇曳的姿态，触摸粗糙的树皮，闻着淡淡的清香，这些亲身体验让他们真切感受到自然的美好。这种直接接触自然的方式，有助于孩子敏锐捕捉到自然中的美，从而培养幼儿的审美感知能力。当孩子们为香樟树的变化而惊叹，为掉落的树叶精心创作时，他们与自然建立起一种深层次的情感联结。这种情感不仅让他们领悟到人与自然和谐共生的关系，更激发了他们内心对自然的热爱与尊重。

二、促进多元发展，推进深度探究

每一次对香樟树的观察、提问、探索以及解决问题的过程，都是孩子们认知世界的重要旅程。从认知发展理论出发，孩子们在对香樟树生长规律、结构特征等方面的探究中，不断丰富和完善自己的认知体系。在测量香樟树、比较不同时期树叶特征等活动中，孩子们将数学知识运用到实际操作中，发展了逻辑思维与数学能力；在制作香樟树结构图、树叶艺术创作以及描述观察发现时，锻炼了语言表达、空间想象和艺术创造能力。同时，课程中不断出现的新问题促使孩子们持续思考、深入探究，这正是深度学习的体现。

三、直面挑战困境，铸就勇敢品质

爬树活动为孩子们提供了挑战自我的契机，从心理学角度而言，当孩子们渴望爬树却又对软梯晃动产生恐惧时，他们内心的已有经验与探索欲望发生了激烈冲突。在克服困难的过程中，孩子们积极思考解决办法，相互协作固定软梯，不断尝试攀爬。每一次成功向上攀爬一步，都是对自我的一次超越。在这个过程中，他们逐渐克服恐惧心理，收获了勇敢与顽强的品质。这种坚毅品格将让他们更好地面对各种困难，成为他们成长道路上的宝贵财富。

四、汇聚多方力量，传承文化记忆

追溯香樟树的年龄，是一次多方力量协同的过程。家园合作中，家长为孩子们提供了关于树木年龄等基础知识，而教师提供的绘本则进一步拓展了他们的认知。这种多方合作的方式，不仅帮助孩子们解决了疑惑，更让他们感受到知识获取途径的多样性。同时，将香樟树与幼儿园文化相联系，制作大树名片等活动，在幼儿心中种下了文化传承的种子，让他们明白这棵树承载着幼儿园的历史与记忆，激发了他们对幼儿园的归属感与热爱之情。

本次香樟树课程，让我们深刻体会到大自然作为教育资源的无限潜力。我们借由香樟树，进行平实而富有哲理的对话，是希望一些"精神的东西"在儿童心灵中获得生命，思考着人与自然、人与自己该如何相处。我们也将以此为契机，继续引导孩子们在自然中探索，在探索中成长，不断发现大自然更多的奥秘与美好。

【骨干教师点评】

课程紧密围绕香樟树这一自然元素，紧扣孩子们发现的问题，追随四季更迭精心规划活动内容，构建起连贯且富有层次的课程体系。《3—6岁儿童学习与发展指南》明确指出，要助力幼儿持续积累经验，并推动他们将这些经验运用到新的学习活动中，以此培育出受益终身的学习态度与能力。在教师的引导下，孩子们运用观察、比较、操作、实验等多种科学方法，全身心地探寻答案。在一整年的时间里，孩子们对香樟树的探索热情有增无减。他们惊喜地发现，香樟树一年四季掉落着不同的东西。对于掉落的枝、苞叶、花、茎、果，小朋友们满怀好奇，仔细观察其特点。他们对比不同时期掉落叶子的颜色、形状差异；小心翼翼地触摸掉落的果实，感受其质地；还尝试使用简单工具测量树枝的长短和粗细。

这是一门始终在捡拾"宝物"的课程，高度重视幼儿的亲身体验，充分体现了回归儿童的教育理念。它也是一门持续"增加经验"的课程，具有立体性与整合性，是回归自然的生动实践。幼儿在持续探索香樟树秘密的过程中，不断积累着关于植物生长、季节变化等方面的宝贵经验。这些经验并非孤立存在，而是立体且相互关联的，与孩子们的生活实际紧密相连。在这个过程中，幼儿的观察能力、思考能力、动手能力以及解决问题的能力都得到了全方位的锻炼，切实回归到以儿童为中心的教育本质。在看似平常的科学探索中，孩子们亲身体验科学探究的完整过程与方法，逐步养成认真严谨的科学态度，为未来的学习与发展奠定了坚实基础。

（点评人：南通市学科带头人、如东县掘港街道群力幼儿园　陈永红）

幼儿园里的大树

（大班科学课程）

扫码观看视频

江苏省如东县栟茶镇浒澪幼儿园　毛素珍　张小红

【题记】

幼儿园有着得天独厚的自然资源，一棵又一棵或高或矮、或绿或青的树让孩子们产生了极大的兴趣。《幼儿园保育教育质量评估指南》指出，善于发现各种偶发的教育契机，能抓住活动中幼儿感兴趣或有意义的问题情境，能识别幼儿以新的方式主动学习，及时给予有效支持。基于幼儿园里的实际条件，以及幼儿的兴趣，我们开启了追随儿童、走近大树的探究之旅。从已有经验到未知领域，孩子们一步步走近，一步步发现，他们在与大树的亲密接触中不断获得新知，萌发爱护树木的情感与保护环境的意识。

【课程叙事】

遇见树木

幼儿园里的树很多，它们分布在幼儿园哪些角落呢？带着这个问题，孩子们利用散步时间开始寻找。天天说："葡萄架那边的树可多啦！"果果说："我在小山坡上看见一棵长毛的树，那些毛长长的，比我的头发都长呢！"源源说："有棵树从外面看起来叶子很多，但是里面一片叶子都没有。""金钟花的树干开满了花，就是不见一片叶子。""我发现香樟树可粗啦，桃树却细溜溜的。"第一次的观察探索，孩子们发现幼儿园里的树木不仅数量繁多，而且不同种类的树在开花、长叶的先后顺序上各有差异，树干有粗有细，就连树形、树叶的模样也是千差万别、各具特色，大自然真是奥秘多多。

记录"树"量

幼儿园一共有多少棵树呢?有了之前数葫芦时积累的宝贵经验,孩子们胸有成竹。他们自发地组建起了"数树小分队",根据幼儿园的不同区域,分成了小象驿站组、丛林野趣组、童心园组、山坡组以及迷你农庄组。大家热烈地讨论起来:到底该怎么数,才能保证不漏掉?用什么样的方法记录,才能清晰又准确?怎样分工才最合理、最高效……思维碰撞中,有趣的数树行动正式拉开帷幕。

第一次数:

凡凡带队的山坡组率先行动,他们绘制了一张山坡平面图,然后根据实地观察,仔细标注出树木的具体位置。其他小组也不甘落后,利用设计表格的方式,有的数一棵记录一棵,有的同类的树画好之后,其他小伙伴数一数所在区域同类的树一共有几棵,然后记录。

孩子们认真地数完树木,问题随之而来。

1. 重复数。

有些树木数量较多,容易数错。

2. 漏数。

迷你农庄组、小象驿站组和丛林野趣组那有很多小叶黄杨,孩子们没有数到,小小班门口还有几棵树漏数了,于是大家决定把小小班门口的树归为童心园一组。

3. 记录不清。

记录单上表征的树都长得一样,无法辨别所记录的树木的名称。

| 重复数 |  漏数 | 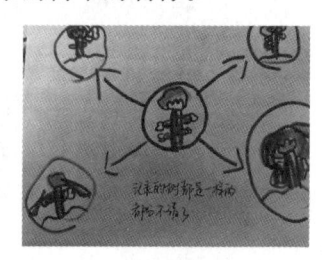 记录不清 |

经过一番讨论，孩子们的解决方案相继出炉：针对重复数的问题，他们决定采用贴标记的方法，数一棵树就做一个标记。面对小叶黄杨因成排栽种难以区分界限的情况，孩子们认为可蹲下来数树干，且因其数量多，需合作数、接龙数来确定数量。对于记录不清的问题，孩子们发现每棵树都有名片，记录时除画出树木特点，还能直接抄名片上的名字。

第二次数：

有了上述经验，孩子们来到园外，再次数了起来。这一次每组基本上都能正确数出树木的数量。

数量汇总：

幼儿园里究竟一共有多少棵树呢？源源、奕辰、凡凡几个小朋友开始根据记录纸上的数据，将所负责的区域树木的数量相加。他们有的掰手指，有的借助树枝、文蛤壳进行点数。山坡组有8棵、丛林野趣组5棵、童心园组37棵、迷你农庄组15棵、小象驿站组5棵……在老师的帮助下，最终，孩子们得出了结论：幼儿园里除黄杨树外，一共有70棵树木。黄杨和红花檵木的数量由于太多，孩子们用数字"10000"代替数不清。

数树过程中，孩子们展现出了明确的目标导向，自发小组协作、精细分工，有负责清点的，有负责记录的，有制定清单保证不重不漏。为精准统计，他们运用画图、列表、做标记等多样表征形式将数量具象化。面对问题，他们积极交流探讨、不断尝试，在实践中深化对数树的理解，收获成长。

测量腰围

在数树期间，孩子们注意到树的粗细差异，还发现班级毕业树枇杷树似乎有变化。豪豪说："这棵树好像变粗了好多，以前它可是细细的呢！"枇杷树真的变粗了吗？幼儿园其他大树又有着怎样的"腰围"呢？怀揣着这些有趣的问题，我们开始了大树的测量之旅。

第一阶段——寻找工具

老师组织了一场谈话活动，引导孩子们深入了解：原来树的粗细有个专业名称，叫树围。那如何才能测量树围呢？测量树围需要哪些工具呢？孩子们自由分组讨论，并设计了表格，最终确定分别使用绳子、软尺、身体和卷纸，依照测量材料，大家分成小组。

测量小组已经组建完毕，接下来就要正式开展测量工作。在测量过程中，有哪些需要特别留意的地方呢？孩子们经过一番热烈的讨论，总结出了以下几个关键要点：

1. 遇到树干较粗的树木时，需要同伴配合帮忙；
2. 如果遇到绳子长度不够，可以向其他小朋友借绳子；
3. 测量前需要先确定一个起点，注意首尾相接；
4. 测量的时候需要在同一水平面上。

选择测量工具

合作测量大树

固定测量起点

第二阶段——测量

第一次测量。

孩子们分组带着测量工具开始了第一次测量，在测量和记录过程中，发现了以下问题。

1. 绳子组在记录时不知道绳子的具体长度无法记录准确数据；
2. 时间不够，没来得及将所有的测量数据完整记录下来；
3. 尺子组发现尺子的刻度不一致；
4. 卷纸组发现卷纸的虚线连接处容易断裂。

第一次测量结束后，孩子们针对出现的问题进行了研讨，最终决定：

1. 将绳子组合并至其他小组；

2. 加快记录时间，做好分工；

3. 统一尺子的使用面；

4. 卷纸测量时，轻轻地拉。

在测量中，孩子们遭遇诸多问题，但他们没有放弃，而是积极探索解决办法、总结经验。身处大自然，他们化身为观察者、探索家和研究者，其兴趣、发现与问题，皆是课程的宝贵财富。

第二次测量。

第二天户外活动，孩子们再次测量大树腰围。有了之前的经验，这次的测量，孩子们显得更加熟练，同伴间互相帮忙，以自己的方式记录测量的结果。

测量过程中孩子们也发现了新的问题：为什么同样测量一棵树的腰围，得出来的结果会是不一样的呢？

第二次测量 　　　　　　　　发现粗细不一

原来，一棵大树不同的位置粗细不一，大树最粗的部分一般靠近根部，这样也有利于大树长得更高更直，所以测量时要找最粗的部分进行测量，这样结果才会准确。

第三阶段：最粗的树

在分享记录环节，软尺组的孩子说："最粗的是画有海绵宝宝的香樟树，它的树围有110厘米呢！"卷纸组的格格说："我们组有棵香樟树也很粗，因为我们测量它的时候卷纸都不够了。"

每组最粗的树分别是哪一棵？它的腰围是多少呢？孩子们开始比较起来：

卷尺组香樟树最粗有 110 厘米，身体组最粗的是位于迷你农庄的香樟树，卷纸组最粗的是位于葡萄架旁的香樟树，测量时卷纸都不够用了。通过用最精确的软尺测量得知：幼儿园最粗的树是山坡下画有海绵宝宝的香樟树。

测量过程中，师幼沉浸探索，当问题浮现，教师不是简单给予答案，而是引领幼儿一同找到问题关键，及时调整方法，再去付诸实践。一次次的尝试、体验，开启了幼儿深度学习的大门，助力他们在认知、情感、技能等方面全面发展。

制作名片

孩子们对幼儿园里的树木有了更深刻的认识，为了让更多的人了解大树的秘密，他们决定为幼儿园的每一棵大树制作独一无二的"身份证"。孩子们根据测量时分的组，商讨选择一棵最喜欢的树制作大树"身份证"。身份证上需要呈现哪些内容呢？小组交流的结论是：身份证上需要有树名、生长习性、生长位置、树的特征等。确定好"大树身份证"内容后，孩子们开始了制作，他们或用彩笔细细描绘，或用贴纸精心装饰，每一个步骤都倾注了满满的心意。制作完成的"身份证"被孩子们小心翼翼地挂在对应的大树上，仿佛为大树戴上了专属的荣誉勋章。孩子们还把幼儿园大树的位置分区域画在了纸上，一张别具一格的幼儿园"树地图"就此诞生。

探究树密

通过数树、测量大树，幼儿对幼儿园里的大树的了解更加深入，那树皮、树叶、树形的秘密有哪些呢？孩子们分组探究。

树之秘密——树皮

大家发现，每一颗大树都有它独特的"皮肤"。在孩子们的创意中，纹理不一样的树皮可以创作成有趣的风景画。

树之秘密——树形

在与大树亲密接触中，孩子们发现幼儿园的树形态各异，葡萄树、紫藤树似麻花辫；河边柳树如瀑布、像春姑娘的头发，龙爪槐和香樟树远看像雨伞。凡凡小朋友迫不及待地说："我家的水杉树长得很笔直，看起来像一位解放军。"

树之秘密——树叶

寻春时，孩子们发现随着天气变暖，金钟花与腊梅树的花瓣掉落、叶子长出。原来，开花与长叶所需温度不同，大自然的安排十分巧妙。

春风吹过，黄色的香樟树叶纷纷落下，孩子们玩起落叶雨游戏，不禁疑惑："秋天才有落叶，为什么春天也有？"通过观看视频，他们了解到香樟树是常绿树，四季常绿且缓慢更新叶子。春天三四月份气温上升，新陈代谢加快，新芽大量长出，原有叶子就掉落了。

结合以上两个大发现，孩子们制作了一份调查表，一起来瞧一瞧他们的调查结果吧！先开花后长叶子的树有：金钟花、腊梅……常绿树有：香樟树、枇杷树、桂花树……落叶树有：紫荆、国槐、紫薇树……

在孩子们充满好奇的观察之下，树叶的奥秘也逐渐被揭开：一片完整的树叶，是由叶脉、叶柄、叶茎、叶片、叶缘、叶尖等多个部分共同构成的。孩子们化身小小科学家，给幼儿园里的树叶从形状、颜色、大小、触感等方面进行分类。

与树皮一样，树叶也藏着大自然精心设计的"密码"——叶脉。这些叶脉可不简单，它们稳稳地撑起叶片，开启光合作用，叶脉如同人体血管，为树叶输送养分。为了让孩子们感受叶脉的神奇，我们用小苏打去除叶肉，制作叶脉标本，孩子们将其作为毕业离别礼物，送给最要好的朋友。

守护自然

听完绘本《大树说》，孩子们被大树泽惠于自然，根系深深扎入地下，将分享视作幸福的精神深深感动。大树是人类的好朋友，孩子们纷纷拿起画笔，呼吁人们保护绿色，守护我们的绿色家园。他们分组选择了不同方式制作树的作品，为我们的教室增添了一抹绿。

大自然是孩子最好的老师。《3—6岁儿童学习与发展指南》指出："经常带幼儿接触大自然，激发其好奇心与探究欲望。"在探究树这一过程中，我们充分支持和鼓励幼儿与他人交流，倾听并尊重他人观点和经验，分享探索和发现的快乐。关于"树"的秘密还有很多，我们会继续追随幼儿的兴趣点，发现幼儿的发现，探究幼儿的探究，建构幼儿对"树"的真经验，萌发关爱大自然、保护树资源的情感。

【课程反思】
一、课程：源于幼儿日常，归于幼儿生活
在大自然的怀抱中，隐匿着无数不期而遇的惊喜，等待着孩子们去发现。《幼儿园里的大树》这一课程，正是源于幼儿对自然本能的好奇与探索欲。旨在通过一系列贴近幼儿日常生活的活动，引领他们踏上一段深入探索大树奥秘的奇妙旅程。课程的核心聚焦于孩子们最为熟悉的场景——幼儿园内的大树，以此为起点，逐步揭开大树世界的神秘面纱。课程紧密围绕幼儿的日常生活展开，以他们每天都能看到的幼儿园大树为切入点，全方位、深层次地引领幼儿洞悉大树的奥秘。从树干的纹理到树叶的脉络，从大树在四季更迭中的变化，到它与周边生物的和谐共生关系，无一不是孩子们探索的重点。

二、评价：驱动课程发展，引发深度学习
在整个大树探究活动中，教师巧妙地为课程的推进注入源源不断的动力。教师精心设计了富有启发性的问题，如"你知道树皮的纹理有哪些?""幼儿园有哪些树是先开花后长叶？哪些树是常绿树？哪些树是落叶树？""测量大树需要哪些工具?"等，引导幼儿进行调查、讨论和记录。这些问题不仅激发了幼儿的好奇心，也促使他们主动思考、积极探究，从而让课程不再流于表面的宽泛，而是在深度挖掘与广度拓展上双向发力，让幼儿们的探究之旅既丰富多彩，又扎实深入。

三、情感：融于自然天地，唤醒热爱之情
幼儿园里的树是无声的守护者，它们见证了孩子们的成长，也带给孩子们无穷的美好与快乐。在本次课程中，教师注重引导幼儿与自然建立情感联系。孩子们通过观察大树、触摸树皮、聆听树叶沙沙作响等方式，感受自然蕴藏的无限魅力与神秘力量。这般与自然的亲密相拥，恰似一把神奇的钥匙，开启了幼儿认识大树的全新视野。他们不再仅仅知晓大树外在的模样，更体悟到其内在蓬勃的生机。而更为珍贵的是，这颗亲近自然、热爱自然的种子，已悄然在孩子们心底种下，随着时光的润泽，必将萌发出葱郁的热爱之林，伴随他们一生，去探寻、去守护这广袤天地间的大美自然。

【骨干教师点评】

《幼儿园里的大树》是一个富有教育智慧与自然韵味的课程，它精准地锁定幼儿园内的大树这一贴近幼儿生活的元素，巧妙地将自然观察、科学认知、情感培养与艺术创作融为一体，不着痕迹地为幼儿精心搭建起一个全方位且多维度的学习体验空间。

一、生活教育：自然探秘，点亮认知之光

课程以生活教育为核心理念，将幼儿园内的大树作为教育的活教材，巧妙地将自然观察与科学认知相结合。教师通过引导幼儿观察大树的纹理、形态、生长变化等，让原本抽象的科学知识转化为直观可感的经验，在幼儿的指尖、眼眸与心间，具象为一场场触动感官的奇妙旅程。孩子们在自然怀抱中懵懂叩响求知之门，不仅拓宽科学视野，更于心底悄然种下敬畏自然、热爱生命的火种，为未来成长铺就温暖而坚实的底色。

二、多元活动：情感纽带，编织自然绮梦

课程设计了观察记录、艺术创作、故事讲述等多种表征形式，全方位满足了幼儿的探索欲望和求知欲。这些活动不仅激发了幼儿对自然科学的兴趣，更通过情感教育的融入，让幼儿与大树建立起深厚的情感纽带。通过触摸、聆听、凝视等亲密互动，幼儿仿佛与大树成为知心好友，真切体悟到大自然的神奇与美好。这种沉浸式体验在幼儿心田播撒下爱护环境的种子，为培养环保意识与责任感奠定了坚实的基础。

三、资源联动：家园携手，护航健康成长

教师巧妙整合图书典籍的知识宝藏、网络世界的浩瀚资讯、实物标本的直观触感，更引入家长这股温暖有力的教育源泉。亲子共赴自然之约，同赏大树风姿，家庭与校园紧密携手，化作滋养成长的丰饶沃土。这种资源联动不仅拓宽了幼儿的学习视野，更激发了他们对未知世界的好奇与向往。课程中鼓励家长参与其中，形成了家庭与学校共同促进幼儿成长的教育合力，助力幼儿自主探究精神与问题解决能力拔节生长，为他们面向未来、终身学习与发展奠定了基础。

(点评人：南通市学科带头人、江苏省如东县实验幼儿园　吴燕)

幼儿园里的大工程

（大班科学课程）

扫码观看视频

江苏省如东县城中街道新苗幼儿园　杨柳青　施雁玲

【题记】

户外环境是幼儿园户外活动的物质基础，幼儿园环境是服务于儿童的。幼儿园即将迎来户外环境大改造，这会带来怎样的教育契机？敏锐的老师践行"放手儿童"的教育理念，尊重儿童的想法，也因此，儿童有了自主参与的机会。在儿童眼里，属于他们的任何事件都是"大工程"，因为这是他们喜爱的场所和游戏。也正因为教师的放手，儿童的主动参与，幼儿园的环境真正属于儿童。

【课程叙事】

环境本身就是课程。沙水游戏是孩子们最喜爱的游戏之一，幼儿园面临改造，我们邀请孩子参与进来，孩子与环境互动交融，这一片沙水之地就有了新的故事。

开工前：一石激起千层浪

2月17日，沙水池要重建了

清晨，幼儿园即将迎来大改造的消息，像一颗投入平静湖面的石子，在各个班级激起涟漪。孩子们七嘴八舌地讨论："我看到工人叔叔来了。""那是设计师，我们的沙水池确实要重建了。""我们的沙池太小了，沙子经常挖到塑胶场地上。""水池里的水龙头都坏了……"孩子们你一言我一语，围绕着"沙池改造"这个话题，畅所欲言。

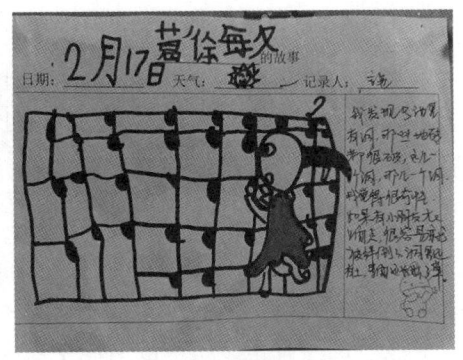

旧水池坑坑洼洼　　　　　　　　沙水池现状

基于孩子们的讨论，我们对课程开展进行了可行性的思考：

其一，班级孩子们历经两年在沙池的自主活动，对沙池游戏的玩法有多样的尝试，积累了相关的经验与想法；其二，通过日常学习与探索，孩子们已初步储备了沙池和建筑设计的经验，有能力将内心构想借助多元表征活动清晰呈现。我们果断抓住这一难得机遇，和孩子们一起开启自主设计、改造沙水池的课程。

3月1日，沙水池选址

"我们的沙池建在哪里？"关于建设沙池的地点，孩子们有很多想法。树林的树屋下、东过道的种植园、小班楼前的空地，还有操场南边的小山坡等，这些都是热门备选地点。

到底选哪里呢，孩子们分成4组，分头行动。一番细致考察后，每个小组都有了不少发现：他们发现每个地点都有着一定的优势，却也存在一些问题。比如：树屋下方空间开阔，适合与沙池融为一体，但秋冬落叶频繁，会给后续的清理工作带来不小的挑战。加上这块地方距离水源较远，取水不便，这些问题都不容忽视。

听完各小组的汇报，大家在一番讨论后，将目光锁定在操场南边的小山坡。令人惊喜的是，这一选择竟与设计师的设想不谋而合。通过实地考察、交流论证、确定结果，孩子们在这一过程中真正参与其中，不仅积累了宝贵的实践经验，更是无形中锻炼了思考能力、观察能力、解决问题等能力。

3月12日，沙水池设计稿1.0—3.0

确定好选址，接下来就到了设计环节。孩子们七嘴八舌："我去过海边的沙滩，那里有一个超大的滑滑梯，从上面'嗖'地滑下来，特别刺激。""我去的那个沙滩，形状弯弯曲曲的，到处都是细细软软的沙子。我们的沙池也设计成那样吧。"

孩子们的讨论给老师带来宝贵的信息，因为沙池就是要给孩子们玩的，孩子们有发言权。

孩子们还对沙池的深度、能不能晒到太阳、能不能遮阳、能否挡风等问题进行讨论。大家达成一致意见：新改造的沙水池要配备遮阳伞、大型玩具、玩水小工具，还要很多的水龙头，便于随处接水。

基于以上认识，孩子们正式开启1.0版设计。在他们笔下，沙池与水池紧紧相依，细细的沙子五彩斑斓，各种玩沙玩水工具整齐摆放，还有他们最爱的滑梯，也出现在了设计图醒目的位置。

设计图1.0版 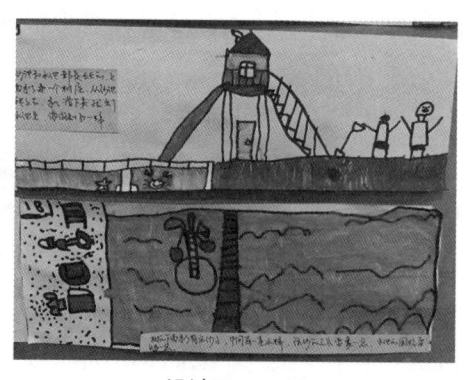　　　　　　　　设计图2.0版

小小设计师介绍作品时，纷纷打开话匣子，积极提出自己的看法："沙池里装太多水龙头，我们玩的地方就太小了。""我们要把材料摆放得近一点，这样才方便。"

究竟应该如何调整，才能解决以上问题呢？孩子们提出可以上网搜索，老师也提供了很多幼儿园沙池的图片，同时孩子们也主动与设计人员交流，汲取经验。

经过几番讨论、检索，孩子们得出以下几个关键要点：

其一，水池里要有一些防水裤、漂浮玩具；

其二，材料架与鞋子应摆放在沙池旁边，方便拿取；

其三，沙池周围多安装几个水龙头，方便引水和洗手；

其四，引入较轻的管道与架子，方便游戏时搭建。

基于以上优化思路，孩子们的设计稿2.0版诞生了。孩子们并未就此满足，他们积极与设计师展开沟通交流，针对每一处细节反复研讨，不断完善改进，最终成功敲定幼儿设计稿3.0版。

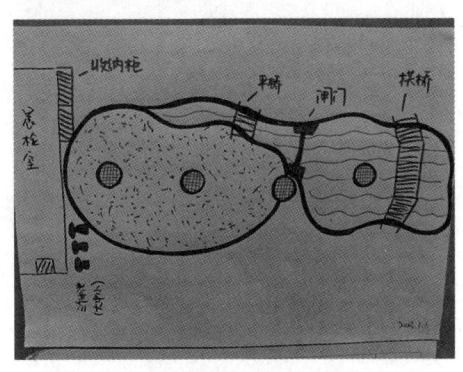

设计图3.0版

老师的话：一石激起千层浪，这次沙水池设计活动，恰似投入孩子内心的那颗石子，唤醒了他们强烈的"我是幼儿园小主人"意识。孩子们亲身参与到环境改造的实际行动中，他们不再仅仅是环境的被动接受者，而是积极转变为主动的参与者与创造者。小小的举动，蕴含着大大的能量，有力地增强了孩子们的归属感。

动工啦：持续关注惊喜多

4月10日，沙水池动工了

周一清晨，孩子们惊喜地发现沙水池迎来了工人，沙池中的沙子被挖掘出来，而水池的瓷砖也开始被凿除。孩子们热情地向工人问好，他们对工人使用的工具表现出浓厚的兴趣，在保证安全的前提下，乐此不疲地尝试各种工具的使用方法。孩子们俨然成了工程师，他们每天都会来到操场上，自发地分成小组，开始自己的探索之旅。新沙水池中的树木数量从6棵减少到了4棵，原先的兔子窝被搬迁到了门卫室的东侧，沙水池周围建起了围栏，并在围栏上挂上了标志牌……孩子们每一次新的发现，都如同打开了一扇通往新奇世界的大门。他们围坐在一起，热烈地分享自己的所见所闻，在欢声笑语中，尽情享受着探索与发现带来的快乐。

体验工具　　　　　　　　　　　分享每日发现

4月12日，幼儿园来了大家伙

最近，工地上工程车辆往来穿梭，不仅让幼儿园的环境日新月异，更在悄然间将"探索、好奇、实干"的精神，传递给了孩子们。孩子们对工地上的挖掘机表现出了极大的兴趣，他们在楼上远观，近距离观察，不同的地点，不同的风景，这近在眼前的教育资源成为孩子们当下的探索对象。

毛毛兴奋地说："我们幼儿园的挖掘机是履带式的，我还见过轮式的呢！"欣怡补充："挖掘机是橙色的，它的机械臂可以灵活移动。"蓉蓉说："我家也有一个小挖掘机，有一个操作杆，一拉动就能翻起斗子。"孩子们将他们的发现绘制下来，相互分享。

他们带来了各式各样的挖土机模型，在拆装游戏中了解挖土机的结构；美工区里，孩子们设计出各种功能强大的挖掘机模型；建构区中，孩子用积木搭出的挖掘机模型栩栩如生，充分展现出他们天马行空的创造力。

4月17日，大树的新家园

今天，工地上发生了一件大事件。挖掘机伸出有力的机械臂，紧紧钳住沙水池中一棵粗壮的大树，眨眼间，便将大树连根拔起。这一幕，吸引了周围工人纷纷停下手中活儿，围过来讨论如何保护这棵大树。

孩子们也被热闹场面吸引，飞奔过来围观。毛毛指着大树兴奋地提议："我们把大树种在大缸里吧，这样泥土就不会被水冲走啦。"这一想法得到不少孩子认可，可豆豆却皱着眉头，说出担忧："这样大树会不会闷死呢？"恒恒歪着脑袋，思考片刻后说："在大缸底部打一些洞，这样树根就能长到泥土里去了。"

工人们认真听完孩子们的话，经过一番讨论，最终决定采纳恒恒的建议。他们小心翼翼地把侧放的大缸放平，还在缸底细心钻出孔，确保树根顺利穿透。大缸摇身一变，成了大树温馨的新家园，为它提供安全又舒适的生长环境。

孩子们看着自己的建议被采纳，心里满是成就感。他们围在大缸旁，兴奋地畅想着大树未来枝繁叶茂的模样。工人们看着这一幕，脸上也露出欣慰的笑容，他们知道，在孩子们的呵护下，这棵大树定会在新的环境里茁壮成长。

4 月 28 日，沙水池的工人

劳动节快到了，孩子们怀揣着满满的敬意，走进了沙水池施工现场。烈日炎炎下，他们端着一杯杯清凉的茶水，递到工人们手中。那一杯杯茶水，承载着孩子们对工人们辛勤劳作的深深感激。

为了让孩子们更深入地了解劳动的价值与意义，我们开展了系列活动。在《形形色色的职业》和《三只小猪盖房子》等主题活动中，孩子们了解了水电工、建筑工等不同工种的工作奥秘，真切地体会到劳动者的艰辛与不易，从而知道正因为有不同职业工作者的辛勤劳动，才会换来我们幸福的生活。

工地上的工人

教师的话：在沙水池紧锣密鼓的建造进程中，孩子们每一天都在挖掘新鲜事物，产生不一样的兴趣点。身为教师，我们深知"适时放手"的教育智慧，选择退后一步，密切观察孩子们兴趣的发展轨迹，在恰当的时机，给予他们有力的支持。在这一过程中，我们巧妙运用"自然生发、循环推进、有效运用"的独特方法，让孩子们的兴趣在自然状态下萌芽生长，依据兴趣发展不断循环深入探究，将获取的经验和知识进行有效运用。

竣工后：沙水游戏乐开怀

5月17日，搬运新玩具

历经漫长等待，沙水池的改造工程终于步入尾声，完工之日近在眼前。恰在此时，一辆满载玩具的大卡车缓缓驶入幼儿园园区。孩子们一看到这些崭新的玩具，瞬间兴奋得炸开了锅，迫不及待地想要参与到搬运工作中。"我们快把这些玩具都搬到沙水池那边去吧！"大家当起了小小搬运工，那股子热情劲儿，仿佛要把整个幼儿园都点燃。可当面对那些沉重的木制玩具时，大家犯难了，这些玩具个头大，分量足，搬运起来困难重重。没关系，"一定有办法"，大家寻找"帮助"，大家找来有轮子的工具车、轮胎，迅速分工，两人一组、四人一队，齐心协力地搬运着这些沉重的大家伙。在一声声充满力量的加油口号声中，孩子们一步一步稳稳前行，最终成功地将所有游戏材料都运送到沙水池边。

5月18日，沙水池竣工啦

今天对孩子们而言，是意义非凡的一天——沙水池正式竣工。一大早，孩子们就热火朝天地开始准备庆祝事宜。他们自发地分成三个小组，每个小组都明确分工，各自承担重要任务。第一组来到美工区，拿起画笔和颜料，全神贯注地设计竣工横幅，每一笔都饱含着对沙水池的喜爱和对这个特殊时刻的珍视；第二组孩子忙着吹气球，并布置在沙水池四周；最后一组孩子负责清理沙水池周围的环境，他们认真打扫每一个角落，确保沙水池能以最美的姿态迎接大家。

在孩子们的共同努力下，沙水池竣工仪式的准备工作有条不紊地开展着。这时，果果提出一个建议："我们邀请工人师傅一起参加竣工仪式吧，还要和他们合影留念。"这个提议得到了其他孩子的一致赞同。大家都觉得，这些工人师傅为了沙水池的建成付出了很多心血，我们应该将感谢送给他们。于是，孩子们精心准备邀请函，与工人师傅一同庆祝这个美好的时刻。

5月24日，快乐的沙水游戏

沙水池成了孩子们热议的焦点。这天，几个孩子凑在一起，兴致勃勃地计划在沙池里打造一个游泳池。他们满怀憧憬地开工了，可当首次引水入沙池时，孩子们惊讶地发现，水一碰到沙面，就被沙子迅速吸干。面对这意外状况，孩子们没有气馁，很快想出办法：找来塑料袋，小心翼翼铺在沙上，试图阻止水被吸收。然而，新问题接踵而至，再次引水时，水流却无法顺畅流动。棋棋俯下身来，仔细观察后说："我们的水道坑坑洼洼，高低不平，水不能够往前流动。"乐乐说："塑料袋有的地方破了，水像狡猾的狐狸，偷偷溜走了，不再往前流。"

孩子们决定重新调整河道坡度，确保水流顺畅。他们用沙堆固定塑料袋，防止漏水。一番努力后，清水潺潺流入池中，孩子们欢呼雀跃，脸上洋溢着成功的喜悦。

在这个过程中，孩子们专注于想办法解决"引流"难题，深入研究"河道坡度调整"与"蓄水"等关键要素。通过发现问题、仔细观察、提出猜测、实验验证，最后总结经验，不仅解决了问题，而且通过这一过程逐步提升观察比较、思考猜测、实验验证等探究能力。小小的沙水池项目，孩子们在实践中习得经验，更激发了他们对科学探究的热情。

在新建的沙水池里，孩子们尽情游戏，收获快乐。他们时而扮演勇敢的探险家，寻找沙堆里的宝藏；时而化身小渔夫，参加捞鱼比赛，看谁短时间内捞到更多小鱼；时而变身为水渠修建工，手持铁锹、肩扛木板，构筑自己的小小水世界。游戏过程中，孩子们仍然会遇到各种问题，比如挖沙坑该挖多深，如何保证搭建结构稳固……他们边游戏边思考，破解难题，如任务分配、团队协作及应对突发挑战的策略，逐渐积累了商量、合作等解决问题的宝贵经验。这些经验助力他们在游戏中获得成功，也一定会成为他们未来成长的铠甲。

一沙一世界，一水一天地，沙水游戏满载着孩子们的想象和创造。随着"沙水池大工程"课程落幕，孩子们体验了做"环境的小主人"，他们专注思考、大胆参与、积极表达、协同合作、全身心投入游戏。老师践行"放手、自主"的理念，提供自由空间，鼓励幼儿在真实环境中探索求知，观察孩子们在真实环境中的行为，了解他们的兴趣所在；与他们真诚对话互动，聆听他们的游戏故事，帮助他们感知生活，学会用双手改造和创造美好环境。我们期待孩子们在沙水游戏中勇敢创造，尽情享受玩沙戏水的乐趣。

【课程反思】

真正好的课程一定是综合性、整合化的，来自幼儿的生活。这类课程不仅能让幼儿获取认知层面的经验，还能在社会性、情感体验以及人际关系构建等方面，为幼儿带来丰富收获。回顾本次课程，我们着重关注了以下三个要点：

一、巧用资源，生成课程

过去，我们对于如何生成课程以及课程的来源深感困惑，却常常对身边丰富的资源视而不见。实际上，只要我们用心观察，善于挖掘并巧妙运用这些资源，它们便能成为课程活动的宝贵源泉。沙水池重建工程作为幼儿园的一项重大事务，与孩子们的生活紧密相连，尤为重要的是，这些源自孩子生活的自然资源，更能够激发幼儿对集体、对幼儿园的热爱之情。

二、追随兴趣，推动发展

《幼儿园教育指导纲要（试行）》指出，应"善于发现幼儿感兴趣的事物、游戏和偶发事件中所隐含的教育价值，把握时机，积极引导"。课程游戏化第一、第二步支架也提醒我们应追随孩子的兴趣。本课程以孩子的兴趣为出发点，在讨论、尝试、反思与实践的过程中，孩子们通过多种表征方式，展现自己对于沙水池的设计构想。从设计稿1.0版到3.0版，孩子们的主动性与积极性得到了最大程度的激发。随着沙水池工程的顺利推进，孩子们不断发现新的问题，如挖土机的构造、工人们使用的工具、沙水池的玩具等。这些新问题将活动不断引向深入，使得活动内容更加丰满，活动过程更为生动。在关注孩子行为、分析行为并给予有效支持的过程中，我们实现了从以教师为中心向以幼儿为中心的转变，切实改变了我们的教育观与儿童观。

三、引而不教，体验快乐

在支持幼儿学习的过程中，我们始终以儿童的需求为导向，在不过度干预也不放任自流的前提下，准确解读孩子的行为，做到进退有度、支持有方。在课程实施期间，孩子们积极投身于沙水池的设计讨论。他们不仅大胆分享自己的设计图纸，还围绕"沙水池选址""水龙头的位置""购买的玩具"等关键问题展开了深入探讨。结合幼儿园沙池环境创设的实践研究，互动式的学习方式不仅提升了沙水池设计的个性化与教育性，还保障了孩子们能够在安全、卫生的环境中尽情游戏与探索。在此过程中，孩子们勇于与设计师交流沟通，主动关心工地上的工人，其人际交往能力以及语言表达能力等都得到了显著提高。

【骨干教师点评】

大班幼儿有着极强的感知力，无论是大街小巷的新鲜事物，还是环境的细微变化，或者是发生在身边的"重大事件"，他们都能敏锐地觉察、投入地探究。在《幼儿园的大工程》这一课程中，教师及时捕捉孩子们的关注点，精准抓住每一个蕴含教育价值的瞬间，巧妙将园所改造这一契机转化为珍贵的教学资源。其中，室外的活动发生更具真实性且充满挑战，幼儿的活动空间进一步扩展，日常活动形式更加丰富，极大程度地激发他们的学习兴趣与探索欲望，拓展了幼儿的活动内容。

虞永平教授强调幼儿园课程应当以儿童为本。课程内容要与幼儿生活紧密相连，在"做中学"，感受挑战，体验乐趣并积极参与到思维活动中。课程设计要契合幼儿的需求和天性，让幼儿能够在力所能及的范围内展开探索与学习。活动在追随孩子"计划—行动—思考"的探究进程中逐步推进，幼儿的兴趣点和需求变化是课程不断进行价值判断并优化各类资源的"风向标"。课程实施中，幼儿在满足自身情感需求的基础上，不断有新的发现并付诸行动，从被动的资源接受者转变为环境改造的主导者，这一转变深刻体现了以儿童为本的课程理念与教育哲学。在这场充满趣味的改造活动中，幼儿关于优化自然资源的经验得到积累，自身能力与经验也不断提升。

《幼儿园的大工程》这一课程，成功激发了教师的课程创新力，它使教师认识到关注幼儿生活、观察倾听幼儿、反思架构课程的重要性。这也促使教师分析幼儿发展状况，尊重支持幼儿需求，激励教师成为优秀的课程领导者，进而推动幼儿的全面发展。

（点评人：如东县学科带头人、江苏省如东县城中街道新苗幼儿园　李小兰）

白花花的盐，活泼泼的娃
（大班科学课程）

扫码观看视频

江苏省如东县锦绣幼儿园　顾娟　姜琦　曹雨琴

【题记】

串场河畔盐胜雪。如东大地产盐历史悠久，《史记·货殖列传》载"彭城之东，东海、吴、广陵……有海盐之饶"。小小的一粒盐，折射出如东地域的变迁。盐，这位隐匿于生活中的文化使者，成为了孩子们探索家乡、了解世界的奇妙引路人。师幼着眼于生活中常见的事物，从盐的前世今生，关注、了解家乡的丰饶物产。我们生活的这片土地给予我们丰富营养，我们更应珍惜这片土地，努力让这片绿洲之地更为美好。

【课程叙事】

盐之初遇

我们生活在美丽的如东，班级幼儿对家乡如东知道多少，又对什么最感兴趣呢？孩子们和爸爸妈妈一起多通道搜索资料、了解如东，并画出了他们感兴趣的事情。

餐前阅读时间，我们一起阅读故事《盐王詹渔夫》。大家展开了关于"盐"的话题讨论。海水里真的会有盐吗？太阳晒海水就能把盐晒出来吗？经过投票，有29名小朋友觉得海水能晒出盐，因为海水是咸的，盐也是咸的，海水里有盐。13名小朋友觉得不能，水怎么会变成盐呢？水是水，盐是盐，不一样。

海水到底能不能晒出盐？盐是从哪里来的？除了用于烹饪，盐还有哪些用途？关于盐，我们有许多问题想要探索。我们带着这些问题，和爸爸妈妈一起寻找答案。

小分队在行动

对盐有了一定的了解后,孩子们纷纷交流自己最感兴趣的事情。有的想试一试海水是不是真的能晒出盐,有的想知道盐有什么作用,有的想和盐玩一玩小游戏……孩子们感兴趣的话题很多,经过商量后,我们决定分组进行。在自由选择和组队后,三支小分队正式成立。孩子们还选出了6名小组长,快来瞧瞧我们和盐的故事吧!

晒盐小分队——前期准备

国庆假期间,晒盐组的孩子们去参观了大海,也带回了海水。

"老师你看,这是我带的海水哟。"墨墨兴奋地说。

"这是我和妹妹一起灌的。"洁洁说道。

大家将带来的海水用瓶瓶罐罐装好,排得整整齐齐。

小朋友从海边带回的海水　　　海水变盐需要的东西

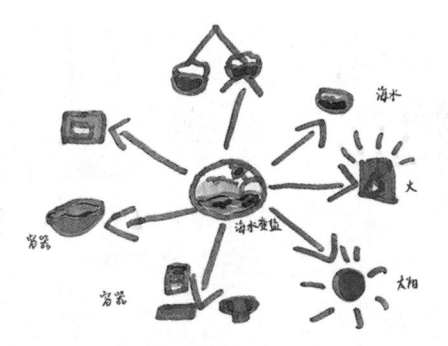

海水有了,那怎么晒呢?需要准备哪些工具呢?在哪里晒呢?

倾听的过程中,我们发现小朋友的想法可真多!孩子们记录了晒盐需要的东西:大大的太阳、咸咸的海水、各种各样的容器……

1. 容器选择。

首先,我们需要找到放置海水的容器。不一会儿,孩子们就将找到的容器摆放到桌前。根据大家的选择,我们分为5个小组,一起讨论哪种容器能最快晒出盐，并展开了一次投票。

2. 确定场地。

应该在哪里晒盐呢？孩子们拿着记录纸去寻找合适的晒盐地点。硕硕选择了树屋，他认为那里阳光充足。醒醒则提议使用宽敞且美观的彩虹跑道。而墨墨建议将盐放在教室内的植物角，和花生一同享受阳光。孩子们都意识到需要选择一个有充足阳光照射的地方。

经过一番观察与讨论后，小组长带领成员们决定将晒盐的位置定在离教室近且空间较大的三楼平台上。

晒盐小分队——第一次晒盐

地点和容器都已经准备就绪，孩子们即将开始晒盐活动，兴奋不已。然而，龙龙不小心打翻了容器，这让我们陷入了困境，因为如果有小朋友在附近散步或进行其他活动，他们很可能会不小心弄翻容器。

为了解决这个问题，我们决定采取行动。首先，我们使用积木搭建了一个围栏来围住晒盐的区域。接着，我们在一个显眼的位置放置了"禁止靠近"和"不能触碰"的标记，以此来提醒其他小朋友注意。

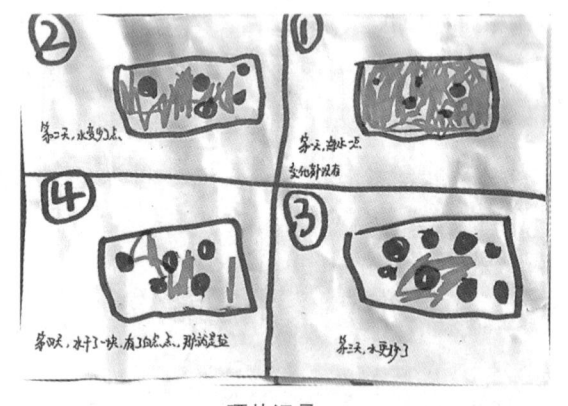

班上的孩子们都耐心地等待着晒盐的过程，他们每天都会去天台观察海水的变化。

第一天，他们检查是否已经有盐生成，结果发现没有，但是蓝色盘子里的水似乎少了一些。

第二天，他们注意到蓝色和红色盘子里的水量确实减少了，尽管其他容器还未有变化。

第三天，孩子们兴奋地叫老师来看，蓝色和红色盘子中的海水已经出现了白色的颗粒，他们猜测这可能就是盐。过了几天，随着水逐渐消失，这些白色颗粒变得更加明显。显然，蓝色和红色盘子中的海水晒得最快。随着时间的推移，所有盘子的结果都显现了出来。

原来海水真的可以晒出盐来。那么，这是如何实现的呢？孩子们通过观看视频了解到，阳光是使海水变成盐的关键因素。阳光照射到水面上，导致水分蒸发。此外，风也会带走水汽，从而加速蒸发过程。当海水蒸发后，剩下的主要是氯化钠，形成了白色的结晶颗粒，这些就是我们所说的海盐。

晒盐小分队——二次分组晒盐

晒出盐的孩子很兴奋，而那些还没晒出盐的孩子则有些失落。为什么有些组的盐晒得快，有些组的盐却没有动静呢？

在孩子们的建议下，我们进行了第二次实验，这次使用了相同量的海水，并根据孩子们的猜测进行了二次分组。棋棋组的孩子认为蓝色和红色盘子里的海水最少，因此晒得最快。而闹闹组的孩子则认为蓝色盘子最大，所以晒得最快。

实验过程中，每个容器都倒入了一杯水。这次，盘子里的水是否仍然晒得最快呢？三天后，蓝色盘子里的海水仍然最快出现结晶。看来闹闹组的孩子的猜测是对的。同样的海水为何晒出盐的速度不同呢？最终通过小组长带来的资料，我们了解到，在相同的环境下，海水的蒸发速度与蒸发面积有关。盘子里的海水接触阳光的面积最大，因此晒得也最快。

晒盐小分队——盐消失了

一天早晨我们去看盐时，孩子们忽然喊起来："老师，盐没有了。"他们发现昨天晒出的盐竟然不见了，盘子里只剩下水。这让大家很好奇：盐去哪儿了呢？

小朋友们开始猜测："难道昨天下雨了？""可是昨天没下雨啊。""那为什么会有水呢？"甚至有人开玩笑说："盐被小偷偷走了。"

通过观看由小组长收集来的科普视频，大家了解到原来是夜间气温较低导致空气中的水蒸气凝结成了露珠附着在盘子表面，形成了我们看到的

"水"。面对这个问题，孩子们提出了几种解决办法：一是晚上将盐收回室内；二是给盘子盖上盖子防止露水进入；三是直接把盐存放在家里避光处。经过讨论，我们最终决定每天放学前由值日生负责把盐收好，第二天早上再拿出来晒。

几天后的一个晴天，当值日生准备再次晒盐时却发现即使放在室内，盐也出现了"水"。这是怎么回事呢？有人猜测是外面下雨造成的，也有人认为是门窗未关紧让雨水飘进来了。为了找到答案，我们一起上网搜索相关信息，得知连续多日阴雨天气确实会使食盐吸收空气中过多的湿气而变得湿润甚至溶解。因此，在潮湿环境下保存食物时需要特别注意防潮措施。

不让盐"消失"的解决办法

晒盐小分队——感知盐

终于不下雨了，这次值日生们特别上心。他们发现原来我们晒盐的地方早上已经晒不到太阳了，这让他们有些困惑。面对这个问题，值日生们选择了新的晒盐地点，并且每隔两个小时就去查看太阳的位置。经过一段时间的观察，他们发现了一个全天都能晒到太阳的新地方，于是我们将晒盐地点做了调整。

几个连续的晴天之后，孩子们惊喜地发现白色的颗粒渐渐布满整个盘子，水分已经完全蒸发了。

"我看到了正方形的盐。""我看到了圆形的盐。"有的盐大，有的盐小，他们对刚晒出的盐充满了好奇："这怎么和我们平时吃的盐不一样呢？""这盐怎么是透明的？"带着这些问题，我们从食堂拿来了平时吃的盐，大家围在桌子边，拿着放大镜仔细观察两种盐的区别。通过看一看、摸一摸，甚至闻一闻、舔一舔，孩子们发现了两种"盐"的基本特征，并乐在其中。

原来我们晒出的盐称为粗盐，未经加工，不宜食用。而我们日常食用的是经过加工的细盐。由于含有杂质，粗盐会呈现出不规则的形状，比如正方形、圆形、三角形等。

一个星期后，除了量杯中的海水外，其他容器里的海水都已晒成了盐。至于哪个组晒出的盐更多，只需称重即可得知。最终，蓝色盒子胜出。尽管使用的是相同量的海水，但晒出的盐量却不同，这可能是由于水分蒸发不均或盘子中残留盐分未清理干净所致。

玩盐小分队

孩子们搜集来了各种各样的盐，包括竹盐、海藻盐、大粒粗盐、中粒粗盐、喜马拉雅玫瑰盐等。硕硕还带来了香薰盐，那香香的味道太好闻了。我们怎样才能让普通的盐也变得有香味呢？初一建议说："可以在盐上喷香水。"而珂珂则提出："这是玫瑰花的味道，我们可以用玫瑰花来制作盐。"

第二天，小组长宸宸带来了玫瑰花，并向妈妈学习了如何制作玫瑰花盐。他成了小师傅，带领其他小朋友一起动手制作。在煮制的过程中，孩子们发现了一个有趣的现象："哎呀，盐变成了蓝色的！""玫瑰花汁不是紫红色的吗？怎么会变得又蓝又绿呢？"不久后，他们又发现颜色变成了粉色。"这是为什么呢？"原来，玫瑰花汁中含有花青素，这种神奇的色素在遇到呈碱性的食盐时会变成蓝绿色。经过加热后，颜色又会转变成粉色。大自然的秘密真是既多又有趣。

最终制成的玫瑰花盐红红的、香香的，孩子们都非常喜欢。面对这么多自制的盐，大家开始思考该如何使用。花朵提议说，她的妈妈洗澡时用的浴盐可以让皮肤变得滑滑的，所以他们决定将这些盐用来洗手。"盐可以用来洗手吗？"当然可以！除了食用外，盐还有许多其他用途，比如治疗伤口、消炎和杀菌。从那以后，洗手池边除了肥皂之外，又多了一种新的清洁工具——自制的玫瑰花盐。

盐的神奇之处无处不在。看，孩子们在区域里正参与各种关于盐的小游戏！除了晒制，盐还有哪些制作方式呢？"我知道，还可以通过煮制获得！"通过加热海水能更快地提取盐分，在老师的陪伴下，孩子们准备了实验工具进行操作，好奇地观察着海水慢慢冒泡、沸腾，最终水分蒸发，留下盐粒。

当色素遇到盐水时，孩子们惊喜于它在盐水与清水之间的不同变化。向可乐中加入盐会加速二氧化碳的释放，形成类似"火山爆发"的现象；随着我们的欢呼声，小盐粒在保鲜膜上跳跃，仿佛在跳舞，声音越大，它们跳得越欢快；在水中加入适量的盐并搅拌，鸡蛋就会浮起来。这是因为盐溶解后增加了水的浮力，使得鸡蛋能够浮起。

在美工区，"盐"成为了一位小画家的工具。那么，盐如何变成一幅画呢？让我们看看孩子们是如何做到的：他们撒盐、吹盐、涂胶，就这样，《雪景图》《霜叶》等美丽的画作在他们手中诞生了。

"盐撒过的地方有什么变化？像什么？为什么会这样？"盐会吸收水分，留下类似雪花或蒲公英的痕迹。通过这些有趣的"盐游戏"，孩子们在游戏中创新，在游戏中学习！

品盐小分队——腌制美味

普普通通的盐，无形中渗透进我们的生活。找一找你都在哪里发现了盐。孩子们找到更多的是盐味美食。"我妈妈用盐给我腌过黄瓜。""我奶奶会腌咸菜。"

其实，腌制食物可是一个有趣的话题。那腌菜怎么做呢？需要什么工具呢？有哪些步骤呢？孩子们的头脑风暴开始了，现场瞬间变成了十万个为什么。在食堂阿姨的指导下，我们也开始腌萝卜了。拔萝卜组的孩子们仔细挑选中意的萝卜，洗萝卜组则认认真真地将萝卜洗得干干净净，切萝卜组小心翼翼地将萝卜切成块状。有小朋友忍不住尝了下切好的萝卜，哎呀，麻麻的、辣辣的，太不好吃了。腌萝卜干好吃吗？孩子们说出了自己的疑惑。还是赶紧送到外面去吹一吹吧！

下午，腌萝卜组放入盐、糖、醋开始腌制了。第二天一来园，就有小朋友发现罐子里的汁水变多了。这是为什么呢？琪琪说："是因为加了醋的原因。"萌萌说："是萝卜里的水，家里吃的萝卜干都是干干的。"一一说："是因为盐很咸，把萝卜里的水都腌出来了。"

5天过后，我们终于迎来了品尝萝卜干的时刻。萝卜腌制后的口味与新鲜萝卜截然不同，原来萝卜干这么美味呀！刚上桌，孩子们就迫不及待地吃起来。

盐还能用来腌制什么？答案是"还可以腌鸭蛋"。于是，我们取来了鸭蛋，将其洗净并晾干。接着，我们将鸭蛋浸泡在白酒中片刻，然后均匀涂抹上盐，最后用保鲜膜包裹好并密封。等待二十天后，我们就可以品尝自制的美味了。在孩子们满怀期待的目光中，21天的腌制期终于结束。我们一同煮制并品尝了这些鸭蛋，发现亲手腌制的鸭蛋格外美味。

品盐小分队——盐与身体

在分享盐味美食时，一一说："我妈妈说不能吃太多盐，吃多了会对身体不好。"另一个孩子回应说："我这个不怎么咸。"还有的孩子说："我的还有点甜呢。"于是，小朋友赶忙分享他们吃到的零食。

我们可能会误以为吃起来不咸、有点甜的零食里含盐量就少，但通过查看配料表就可以发现真相。钠含量就是我们平时所说的盐，而一些甜的食品中竟然含有高达67%的钠。这表明即使食物不咸，也并不意味着它不含盐。

那么，零食中含钠量的多少与我们的身体有什么关系呢？如果盐摄入过多，会对我们的身体产生什么影响呢？在餐前阅读时，我们一起看了绘本《盐的故事》。故事中揭示了我们身体里也有盐的存在：眼泪是咸的，因为里面含有盐；鼻涕也是咸的，同样含有盐；出汗后，汗水也是咸的。此外，盐还具有消炎消肿、杀菌和解酒的作用。看来盐的作用确实很大！

然而，这并不意味着我们应该多吃盐。实际上，过量摄入盐会导致心脏疼痛、头痛，甚至可能在体内形成结石。因此，小朋友们应该意识到合理、健康饮食的重要性。

了解盐之历史

三支小分队用自己的方式探索盐的秘密，通过这个过程，他们对于盐的形成有了更深的理解。

从《盐的故事》《盐到人间》以及《盐》这三本绘本中，我们了解到盐在古代社会经济和政治中所扮演的重要角色。那时候，人们利用盐来保存食物，使其不易变质，从而促进了远距离贸易的发展。特别是在古罗马时期，盐还曾被用作士兵的报酬形式之一。

位于江苏省东部沿海地区的如东县，因其独特的地理位置而与海洋紧密相连。在研究如东地区的海洋文化时，盐文化是一个不可或缺的部分。串场河作为见证者之一，流淌着这片土地上悠久的历史记忆。根据史料记载，如东县内制盐活动可以追溯至汉朝时期，当时掘港、丰利、马塘和栟茶是四大著名的盐场所在地。这些信息不仅让我们能够追溯"盐"的历史足迹，也使得我们与盐之间的故事变得更加生动有趣。

教师反思：遗憾的是，由于安全原因，孩子们未能去盐场参观。尽管如此，这次的活动是个契机，由此打开了孩子们探索生活、探索家乡的大门。让教育回归真实的生活，让幼儿回归自然环境，我们的课程从幼儿的生活出发，通过亲身实践、科学操作、环境创设和游戏活动，将家乡资源融入教育中，幼儿不知不觉地了解了家乡的文化。

【课程反思】

一、以"盐"为媒，开启自然探索之门

活动中，孩子们围绕盐展开了丰富多元的探索活动。晒盐小分队亲身实践，从准备海水、挑选容器、确定场地，到观察海水在不同条件下的变化，最终成功晒出盐。这个过程不仅让孩子们直观感受到了大自然的神奇与力量，也使他们深刻理解了盐的形成原理及其与自然因素的关系。在这个过程中，孩子们不仅是知识的被动接受者，更是主动的探索者。他们在与自然的互动中，运用多种感官去观察、思考和实践，真正做到了将活动融入到自然环境之中。

二、用"观察"护航，见证幼儿成长轨迹

在整个课程实施过程中，无论是小组讨论时孩子们积极发表自己的见解，还是在遇到问题时展现出的不同思考方式和解决策略，教师都看在眼里。例如，当晒出的盐消失时，孩子们各抒己见，积极寻找原因。这一过程中，教师观察到每个孩子独特的思维模式和应对挑战的能力。通过这种持续的观察，教师能够更准确地了解幼儿的发展状况，并据此进行个性化指导，帮助他们在原有基础上不断进步。

三、借"探索"之力，促进全面素养提升

本次课程突破了单纯知识传授的局限，着重培养幼儿的综合素养。玩盐小分队进行了各种关于盐的小游戏，如制作玫瑰花盐、实验盐与色素及可乐的反应，以及在美工区用盐创作画作，这些活动充分激发了孩子们的创造力和想象力。品盐小分队则在腌制萝卜干和鸭蛋的过程中学会了分工协作，了解了食物腌制的方法及其变化，同时初步建立了健康饮食的意识。这些丰富的活动让幼儿在科学探究、艺术创作、生活实践等多个领域都得到了锻炼和发展。

四、凭"合作"之桥，构建家园共育纽带

课程实施过程中，家园合作起到了关键作用。家长积极参与其中，与孩子一起了解家乡的盐文化，帮助孩子寻找问题的答案。这不仅增进了亲子关系，还让家长深度参与到幼儿园课程中，形成了家园教育的合力。这种合作模式为幼儿创造了一个更加丰富、连贯的学习环境，有助于他们获得更全面的发展。

【骨干教师点评】

《3—6岁儿童学习与发展指南》指出，幼儿的学习方式主要是以直接感知、实际操作和亲身体验获取知识经验。在"盐"的主题探究活动中，幼儿通过自主学习、自由探究、合作解惑等，深入感知盐的由来，以及盐背后蕴含的文化内蕴。

兴趣是学习的源泉。小小的一粒盐，折射出孩子们的兴趣是无穷的。他们联结原有经验，用"不可思议"表达对生活的元认知。但"爱问为什么"的孩子不满足于此，于是，奇妙的"探究盐的奥秘"之旅就展开了。我们可以看出，孩子是好奇好问的，他们对世界的探索永远不停歇，作为教师，应以孩子的视角支持孩子，尊重、支持，便是惊喜的开始。

问题是探究的支点。活动中出现的难题是课程的转机。比如晒出的盐为何会变回水，同样的海水晒盐速度为何有快有慢。正是由于教师一次次的放手，孩子得以直面这些挑战。但这些难题并未阻碍他们，反而激发了孩子们的思考热情。他们主动查阅资料、展开热烈讨论，还反复进行实验。在解决

问题的过程中，孩子的思维活跃，考虑问题的角度也从单一走向多元。

生活是求知的宝库。课程源于"爱家乡"主题园本课程。位于南黄海之滨的家乡如东有着丰饶的物产，老师们秉持"认识世界从认识家乡开始"的理念，带孩子一步步探索家乡的文化符号。小盐粒，大世界，这是一次探索之旅，也是一次对家乡、对地域文化的体验之旅。

（点评人：南通市骨干教师、江苏省如东县锦绣幼儿园　顾娟）

自制浇水器

(大班科学课程)

江苏省如东县爱民路幼儿园　邱许慧

扫码观看视频

【题记】

STEM 课程是以现实问题解决为导向，通过工程与相关技术设计，实现数学、科学等学科知识与技能学习的有意义整合。STEM 课程关注的是现实生活中的问题，当"假期无人浇水怎么办"这一真实问题摆在孩子们面前，他们自然地运用生活中的经验想办法解决问题。"自制浇水器"这一工程成为纽带，有机整合科学、数学及其他学科知识，搭建起系统的课程框架。科学是不断循证的过程，亦是一步步接近成功的过程，孩子们从发现问题，到实践操作，再到出现问题，最后解决问题，这样一个循环往复的过程促使幼儿主动自我建构新经验，收获敢于直面困难的勇气和毅力。

【课程叙事】

课程溯起源，关注原起点

一个暑假过去，孩子们满怀期待地重返幼儿园，然而映入眼帘的，却是园内种植区植物一片枯萎的景象。基于以往的种植经验，孩子们很快给出了自己的诊断："肯定是缺水啦，你们瞧，泥土都干裂成这样了。""是啊，放假这么久，都没人来给植物浇水。"看着他们那副笃定的模样，我不禁心生好奇：大家对于浇水这件日常小事，究竟知晓多少呢？在随后的讨论中，我惊喜地发现，孩子们所积累的经验远超我的预期。从水流速度

植物浇水的影响因素

的把控，到浇水位置的斟酌；从浇水量的权衡，再到浇水时间的抉择，甚至连用于浇灌的水该如何选择，他们都有着各自独特的见解。这场讨论，不仅促成了同伴间知识的共享与学习，也让我更加明晰了课程开展的切入点。

关注真问题，讨论引创意

"植物干枯"这一生活中真实发生的问题情境，不仅引起了孩子的关注，也引起了我的共鸣。为假期里的植物浇水是幼儿园的一大工程，是不是有什么方法可以让浇水这件事儿变得更方便一些？我将想法提出和孩子们一起讨论，开始了我们的圆圈时刻头脑风暴。"我们可以排个值日生负责。""可是放假了，我们都在家，轮到谁都不知道。""对的，值日生很容易忘，还很麻烦。""我们像其他班一样把植物带回去照顾吧。""盆栽可以带，那种植园的植物怎么办？""要是可以有一个自动感应装置就好了，可以直接在植物要浇水的时候浇水，这样就很方便。""这是高科技啊！好！我们来做一个吧！""这也太难了吧！我们能行吗？""先想想试试呗！"

孩子们的跃跃欲试从想象开始，"做个可以自动浇水机器人就好了。""可以用个定时浇水机器，植物需要浇水的时候直接就有水流出来。"孩子们的想法天马行空，而作为老师，我则开始思考该如何把创意的"陡坡"变缓，让孩子们在亲历中解决问题。

浇水的创意构想

实验小尝试，铺垫新经验

我们从简单的实验入手，为幼儿的创造铺垫经验。我们共同搜集材料，有矿泉水瓶、量杯、棉线、海绵、软管、布条等等，孩子们一起探究哪种方法引水效果最好。孩子们小组合作，用各种方式记录自己的实验结果。"棉线的效果最好，引水速度慢，可以让植物吸收得更好。"在众多的选择中，孩子们选择了棉线。可是随着时间的推移，三天后，他们的选择发生了变化。"为什么棉线、布条都干了？""可能是风把它们吹干了。""可能是太阳跑到教室里，把它们晒干了。""看来用棉线、布条、海绵不行啊。"以时间做变量，我们的材料选择情况发生了迁移，最终，孩子们选择了软管。

幼儿材料选择

引水方法和材料确定后，新的问题接踵而至——装满了水的瓶子很重，怎么才能固定到种植角呢？面对这一挑战，孩子们各显神通，瞧，这边几个孩子采用焊接法，那边几位则尝试织网打结，大家齐心协力，忙得热火朝天。

在确保安全的前提下，我鼓励孩子们使用身边常用的材料，亲身体验动手实践的乐趣。通过实际操作，孩子们不仅提升了动手能力，更将数学的精准计算、科学的原理探究，以及工程的构建思维等多方面经验收入囊中。在实际动手操作的过程中，孩子们也在同步进行自我检验。

就拿固定物品来说，孩子们起初采用胶枪固定法，结果仅仅半天时间，结构就散了架；而孩子们自制的网兜则表现出色，不仅牢固可靠，还为他们开启了新的想象之门。他们新奇的想法一个接一个："这看起来像是在给植物输营养液呢！""我让妈妈从医院带些输液管过来，咱们肯定还能玩出新花样！"这些充满童趣的话语，正是他们创造力与探索欲的生动体现。任务完成后，孩子们意犹未尽，他们以绘画的形式，生动地回顾了这次难忘的团队合作历程。

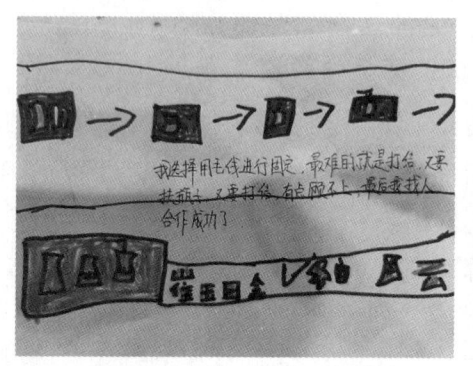

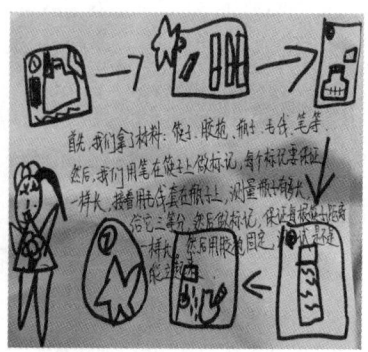

幼儿实验结果记录

实践再应用，解决新问题

孩子们专注地用一个个瓶子为自己亲手种植的小青菜输送水分，此时，部分孩子的目光却被旁边观赏区的植物吸引了过去。那些形态各异的盆植，与孩子们悉心照料的小青菜截然不同，一个新问题在他们心中油然而生：怎样才能同时让这些植物喝到水？就这样，孩子们面临的挑战悄然升级。"要浇这么多植物，得找个超大的水桶才行。""水都是往低处流的，怎么才能浇到最上面的植物呢？""光用绳子肯定固定不住，要不找个东西把它垫高试试？"在已有经验的基础上，孩子们陷入沉思，进而萌发出新的思路，开始尝试更换新的材料。而我，作为他们探索之旅的支持者，也参与其中，与孩子们一同深入研究阀门、堵头、三通管、四通管各自的独特作用与运行原理，助力他们突破困境，在实践中不断成长。

实验开始了，第一次，孩子们遇到了各种各样的问题，失败过后，孩子们开始有了设计与规划，合理地安排每一条管道和引流点，开始思考：不同的植物用水量有什么不同？连接器选择哪种？从哪里连接？是否每个植物都有管道连通？试验、论证、记录，孩子们的操作越来越娴熟，思考也越来越有深度。终于，孩子们成功摸索出一套最优方案：在装置的第三层巧妙安置阀门，精准把控所有水流的速度，同时，利用输液管自带的调节器，对用水量相对较少的植物进行单独管控。整个系统一共需要配备4个三通管、3个四通管，以及3个阀门。

幼儿尝试为观赏区植物浇水　　　　　幼儿试验记录

推广破难题，升级大挑战

班级内的种植问题终于得以解决，那种植园里浇水问题孩子们能一一化解吗？幼儿园到底有多少块地，每块地种的是什么，一次要浇多少水，它们需要几天浇一次水？孩子们已经萌发了问题意识，我和他们一起实地考察、采访调研、实时记录，孩子们小组合作，记录下每个班级种植的植物品种、用水量及浇水情况。在交流分享过程中，我也生成了一份幼儿园种植地电子平面图，帮助孩子们更好、更形象地理解和统计。

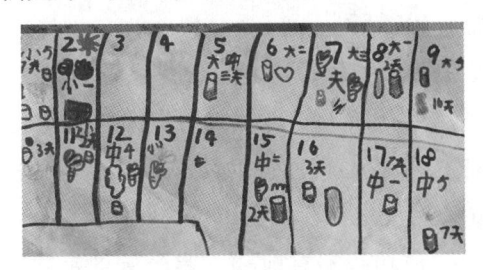

种植园情况大调查

第一次材料选择：管道积木

给菜园子浇水显然不能再用之前的细软管了，那该用什么样的材料呢？轩轩将视线锁定了插塑积木中的管道积木，这种材料适合吗？孩子们先进行了密封性实验，结果显示性能良好后，孩子们开始对照着平面图开始设计，1号、3号、4号三块空地显然是不用浇水的，可是管道积木中并没有堵头怎么

147

办？孩子们开始研究该用什么办法代替堵头的作用。"我把管道向上竖起来，这样就像是一个止逆阀。"苗苗在不断的研究中，发现可以用2个三通管和2个转弯接口制作出一个闭环，就像装上两个堵头。

核对检查完毕，孩子们像蚂蚁搬豆一样，将制作好的管道运送下楼。"管道断了！""你跑太快了。""我们下楼梯有的人高，有的人矮，很容易断。""断了也没事，下去再组装呗。"可是，组装完成后，他们发现了理想与现实之间的差距。"我们这也太短了吧。""地太大了，我们的管道也要长一点。"那每块地到底有多长呢？孩子们用管道开始进行测量，核对再三后，发现每块地共需要有50个管道积木，每块地之间间隔20个积木。

需要这么多的积木，班级内的材料肯定不够，怎么办？孩子们跨出教室，搜集全园的管道积木。一篮一篮地搬运至教室后，小小整理师早已准备就绪，将不同颜色的管道进行分类。分类完成后，再按照每块地的尺寸搭建零件，再实地组装。

从不同班级搜寻而来的管道存在些许大小的差异，管道渗水现象严重，有的地方依旧通不了水。怎么办？这时浩浩看到装饰的PVC管道，提出建议："这种管子呢？我家里装修的时候就用到的，不会渗水。"孩子们将失败的原因进行小结，我则根据他们的建议，预设起了一次五金店之旅。

第二次材料选择：PVC管

出发前，孩子们用卷尺测量每块地的长度与宽度，列了自己的购物清单，讨论了出行须知。到店后，孩子们自行与店主沟通，我们从旁协助。一番精心挑选后，孩子们将PVC管、直通管以及三通管搬运回幼儿园，一路上，他们还兴致勃勃地讨论着回去之后要如何组装这些材料。

这一次，孩子们会成功吗？在前期丰富经验的铺垫下，对孩子们来说，合作组装已经是一件非常娴熟的事情了。可是，这时，添陆提出质疑："我突然发现一件事！我们的水只会从管道里流出来，离管道口较远的植物依旧喝不到水，而且，管道口的植物也会因浇水过多而淹死。"他的质疑让我和孩子们都陷入了沉思，是啊，添陆说的问题是现实存在的，而且是必须解决的！怎么办？有质疑就有解答。佳瑞提出："每个出水口装个喷头，像我家洗澡用的花洒一样，每个地方就都能浇到水了。"

由于前几次失败的经历,孩子们说道:"这次一定要大小规格一样,不然又是失败!"孩子们已经开始小心地规避失败的风险,我也开始变得谨慎,越是艰难,越需要鼓起勇气去面对。勇气,是面对困难最好的"抗体",有了勇气,才敢直面问题。

第三次材料选择:软管+喷头

经过与商家的反复沟通,确定好了水龙头接口的螺帽、锁扣三通、喷头与地插的尺寸后,孩子们观看组装视频,自己动手开始实践。就这样,历经了无数次失败后,孩子们终于取得阶段性成果,这成功显得十分珍贵。

课程再延伸　成长有期待

当孩子们终于顺利地组装完成,他们时常走到种植园地查验自己的工程作品,我也收到了来自老师们的反馈:"这个装上去浇水倒是方便了,可是孩子们走路不方便啊!"确实,我们虽然解决了浇水问题,可是这项工程却从另一方面带来了不便。

我再将问题抛出,和孩子们一起讨论,"怎样形成固定的灌溉系统,又不影响中间的通行呢?""在下面挖个通道,把管子埋起来,就像是暗渠一样。"有人提出了方案,也有人心存顾虑。"那现在田里还种着东西呢,这样一挖不就没有东西收了?""那就再等一等,等明天开春了,可以播种的时候我们再挖。"一致的协商后,我们决定保留一些课程呼吸的空间,将工程规划图留到春暖花开时再开工,期待来年的岁月。

【课程反思】

在 STEM 课程开展过程中,孩子们关注"植物缺水"这一真实问题,围绕"怎么让浇水这件事儿变得更方便"的话题不断展开思考与调整。

关键词一:真实

孩子们探究的场景不断转换,从班级种植区到观赏区再到种植园,孩子们的实践场地不断扩大,难度也不断升级,材料不断变化调整。从解决单一问题到挑战综合性的复杂工程,孩子们在真实的情境和应用中将经验不断螺旋上升。

关键词二：勇气

面对种植园灌溉工程的反复失败，孩子们心有余悸，我也不断地产生自我怀疑，经历这样的反复失败对孩子来说是否适宜？我是否该及时刹车，保留孩子们想象的空间？但是，孩子们在失败后的记录说服了我，他们经历的是"有效"失败，并在不断试错的过程中极有条理地分析出其中原因，拥有了抵抗失败的抗体——勇气。或许，我不应以"成功""失败"这样简单的两极评判标准来判断我们共同的经历，课程所结出的果实应当包含孩子们在此过程中收获的多元经验和不畏挫折的勇气。

关键词三：综合

在课程的经历过程中，孩子们以多种方式进行探究，从科学、技术、工程、数学等多个方面发展了幼儿的综合学习和思维能力。他们探究科学中水的流动性、毛细、虹吸、热胀冷缩、大气压等现象，熟练应用新工具，将捆绑、拼插等技术应用到设计、制作浇水器的工程中，潜移默化地获得数学经验。

关键词四：支持

在孩子们不断因为新问题而萌发激情时，作为一个同行者和支持者的我，还是比较担心自己是否会掉队。因此我以阅读为拐棍，不断穿行于我与孩子们的生活中，理性思考孩子们行为背后的含义以及更好的支持策略。

孩子们怀揣着对植物生存奥秘的热忱展开探索，他们是孕育新科技的希望一代。在未来，面对人与自然的复杂关系，他们将如何抉择，怎样权衡？今日，我们在孩子们心间播下的，不仅仅是探索未知的种子，更是对世间万物仁爱关怀的初芽。或许在不远的将来，这些种子会破土而出，成长为庇佑自然与人类共生共荣的参天大树，让和谐之美遍洒大地。

【骨干教师点评】

科学的梦想始于孩童的天马行空。课程始于孩子们发现"假期植物无人浇水"这一问题，起初，当孩子们满怀着解决问题的热忱，却难以将想法落地为实际行动时，教师巧妙地介入，启发并引导他们聚焦于材料的适用性。看似微小的引导之举，却如同一把钥匙，开启了课程持续深化的大门。好奇好问的孩子基于真实的生活情境，在想要实现"自制浇水器"这一愿景的过程中，不断生发问题，以小组协作学习的模式，一路披荆斩棘，不断尝试、深入探究。

在这一系列驱动性问题的催化下，孩子们如同精益求精的工匠，持续优化自身的解决方案，跨越学科边界，有机整合科学、技术、工程、数学等多学科经验。孩子们身上展现出难能可贵的品质，恰恰契合了21世纪需求的核心素养，而这也正是未来建设教育强国、科技强国、人才强国大厦的关键基石。

与此同时，这一课程还充分彰显了教师秉持的终身学习理念。教师凭借自身坚持不懈的阅读，持续实现自我更新，将STEM课程的核心要义丝丝入扣地渗透于师幼互动的每一个细微瞬间，始终如一地支持孩子们从单一情境下简单的问题解决，逐步进阶至复杂场域中的综合性工程创造，全方位培育幼儿的高阶思维能力与积极进取的学习品质，为课程向着纵深方向蓬勃发展注入源源不断的动力。教师在阅读、实践、反思的螺旋式上升进程中，成功地将思想层面的"无形"力量转化为行动上的"大有作为"，冲破思维的重重枷锁，实现认知层级的跃迁式发展，拓展精神版图的广袤疆界，最终达成个人专业成长的丰硕收获。

（点评人：南通市骨干教师、江苏省如东县爱民路幼儿园　袁小燕）

与小黄相伴的日子
（大班科学课程）

江苏省如东县县级机关幼儿园　王玲玲　杨雨萌

【题记】

休谟说："与自然和谐相处，才能得到真正的快乐。"只有自然才能赋予儿童灵性，生命的成长离不开自然的滋养。儿童与大自然里的花草、动物之间有着一种天然和谐的脉动，他们热爱大自然。一只小黄鸭走进了幼儿园，这是一个事件，亦是一所幼儿园的自然教育理念。小黄鸭成了幼儿园的一员，它和孩子们共起居，一起吃饭睡觉、一起玩游戏、一起雄赳赳气昂昂地加入护旗小分队、一起拍毕业照。对孩子来说，感受和了解生命的奥秘是从具体直观的共同生活开始的。确实，我们需要引导儿童在一个更广阔的体系中去思考自己与自然的关系，不仅仅在自然中游戏，也学会建立与自然的连接，体验与自然的和谐共处关系。

【课程叙事】

相识——小黄鸭又回来了

上学期，我们和孩子们一起养了一只小黄鸭。中班学期结束时，茜茜小朋友把小黄鸭带回老家照顾，没想到开学后却没能再带回来。新学期伊始，时不时就有孩子凑到老师跟前问："老师，我们中班养的那只小黄鸭去哪儿啦？"看着孩子们眼眸里藏不住的想念，我们一起商量，决定从网上再买一只。当我轻轻打开快递箱的那一刻，孩子们一下子就围了过来，都迫不及待地想看看箱子里的新成员。箱子一开，一只毛茸茸、黄澄澄的小鸭子怯生生地探出头来。孩子们瞬间两眼放光，叽叽喳喳地讨论个不停，经过大家一番热烈讨论，最终将小鸭子取名为"小黄"。

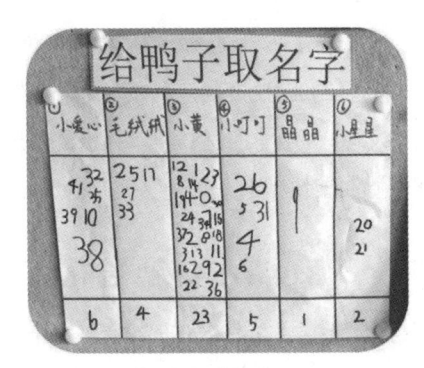

给小鸭取名

小黄渐渐长大了,之前的小纸盒对它来说已经住不下了,它总是急切地想要往外跳。是圈养,给它换个大"房子";还是放养,让它能和小朋友一起玩耍?孩子们经过一番商量后,都同意将它放养。

然而,随之而来的最大问题就是小黄的"拉粑粑"问题。我们开展了"上岗培训",如果发现小黄拉了,靠近它的小朋友要将纸对折帮它擦干净。我们还约定,如果能帮小黄清理4次就会得到一个小奖励。这一招十分奏效,大部分小朋友都主动地承担起帮小黄清理便便的任务。为了让每一个孩子都能

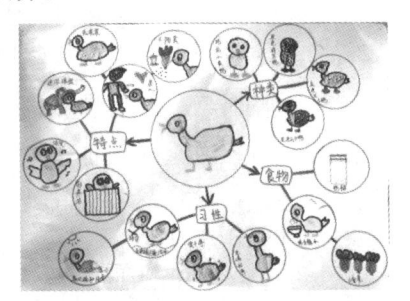

了解小黄的生活习惯

参与到照顾小黄的行动中来,我们安排每天由两位小朋友担任"鸭子饲养员",轮流负责照看小黄。

在孩子们的悉心照料下,小黄一天天长大了。一天早上,响响发现小黄的身上有的地方变白了。琪琪说:"小黄在啄毛的时候,地上会掉很多的白色屑子。"原来小鸭子在成长的过程中不停地换毛,慢慢地脱去黄色的胎毛,变成白色或者其他颜色的毛,在这个过程中,小黄也越来越强壮啦!细心的孩子

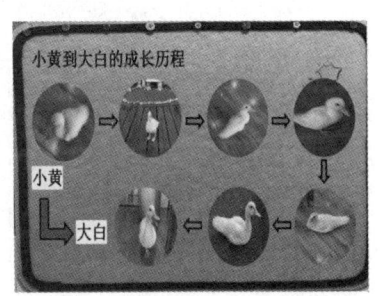

小黄变成大白啦

还发现,小黄翅膀变大了;喜欢扑腾翅膀飞跑;喜欢练习金鸡独立;喜欢爬

153

楼梯……小黄慢慢地变成大白了,于是孩子们给小黄换了名字——大白。

　　小小的发现蕴含了大大的自然奥秘,原来小黄会换毛,由此,小黄摇身变成了大白。从小黄到大白,这是自然的神奇物语,孩子们通过近距离与小动物的接触,直观感知生命成长的神奇。

大白的寒假生活

　　寒假将至,小朋友们将放假回家,大白的安置问题成了大家心头的牵挂。我们一起商量,怎样才能帮大白顺利"越冬"呢?孩子们纷纷表示要将大白带回家过寒假。但照养大白还是离不开家长们的支持,我们在"一起长大"和班级微信群发布了招募志愿者的信息,很快便有几位家长报名了。我们还专门建立了一个群,讨论喂养大白的计划和方法,并实时关注大白的变化。

　　大白的寒假之旅正式启程啦!第一站来到了大宝家,跟着大宝一起回到乡下老宅。它时而在小院悠然漫步,时而跳进花坛嬉戏,尽情享受着无忧的时光。分别时刻,大宝眼中满是不舍,和大白依依道别;大宝妈妈跟嘉泽妈妈提前约好接送地点,准时将大白送了过去。接着大白在嘉泽和名名家也度过了一段快乐的时光。

　　寒假很快便过去了,名名妈妈将大白送回了班上。二十几天没见,大白有什么变化呢?童童率先打开笼子,咦,大白怎么一声不吭了?茜茜说:"我怎么觉得大白变瘦了?"萌萌也在一旁附和:"大白好像不认识我们了……"是因为好久不见生疏了?还是因为换了新环境没适应?

　　接下来的几天,孩子们仔细观察,将大白的点滴变化逐一记录了下来。他们发现:大白的嘴边泛起了红色,叫声变得细小;胆子也变小了,稍微有点动静就吓得缩脖子;最让人揪心的是,它不再黏人了,喜欢独自站着发呆。

　　到底是怎么回事呢?我们请寒假领养它的三位小朋友介绍大白的寒假生活。原来,它在小朋友家里时,大部分时间都被关在笼子里,一天当中只有很短的时间才被放出来玩。看来不光是我们小朋友喜欢自由、自主、愉悦的游戏时光,大白同样需要这样宽松自在的成长环境。

　　怎样让大白变回原来活泼好动可爱的模样呢?我们重新制定了照顾大白的班级公约。小朋友们提出了不少建议:经常抱抱它、陪它奔跑、带它游戏、给它喂好吃的食物……终于,在孩子们的陪伴下,我们聪明可爱的大白又回来了。

了解自然最好的方式就是和自然发生互动,如果儿童不去操作,不去感受,就无法和事物建立起连接。孩子们视大白为他们最亲密的伙伴,当他们和大白短暂分离后再相聚时,发现大白郁郁寡欢,孩子们那颗柔软的、关爱的心怦然而动。生命体验、生命教育在此刻自然发生。

喂好吃的食物

相知——大白的变化①:二次换毛啦

"看,大白掉了一根羽毛,好白啊。"琪琪捡着毛对大家说。豆豆说:"是的,大白只要站在那里,它就不停地啄身上的毛,地上就会掉很多。"想想提议:"不如我们把它掉的毛都收集起来吧。"很快小盒子装满了,又换成大盒子了。瞧,我们收集了这么多的羽毛!给大白做条羽绒被吧。说干就干,大家找来一块柔软的布,细心地对折,沿着两边细密地缝起来,特意留了一边开口,轻轻地将羽毛塞进去,最后将收口缝起来。经过大家的合作,暖乎乎的羽绒被大功告成,专属于大白的羽绒被,承载着孩子们满满的爱意。

讨论大白的毛可以做什么

羽绒被完成啦

大白的变化②：游泳啦

　　大白身上脏兮兮的，小朋友们给它洗澡，温热的水淋在大白身上，它惬意地眯起眼睛，看起来十分享受。这模样让孩子们不禁心生好奇：把大白放进大水池里，它会游泳吗？21个小朋友认为它不会，19个小朋友认为它会。阳光正好，微风不燥，走，带大白游泳去喽！来到了生态园的水池边，响响轻轻地把它放进水里，还没等大家反应过来，大白就"嗖"地一下飞回了岸边。孩子们哪肯轻易罢休，又一次把大白放进水里，可大白还是不愿多停留。几次之后，眼尖的垚垚突然喊道："快看，大白的脚动了！"大家定睛一看，大白正浮在水面上，两只小脚轻轻地划动着。"会游啦，会游啦！"孩子们兴奋地又蹦又跳，欢呼声在生态园里回荡。自那以后，孩子们一有空就会带着大白来游泳。不过，他们也渐渐发现，大白虽然掌握了游泳的技能，但每次下水没一会儿，就迫不及待地回到岸上，抖抖身子，悠然自得地踱步去了。或许，在大白心中，还是更喜欢在陆地上漫步、晒太阳的惬意时光吧！

大白的变化③：生蛋啦

　　这两天，孩子们发现大白爱上了捉迷藏，它一会儿躲到卫生间小桌子底下的盆里，一会儿躲到玩具篮里，细心的孩子们还察觉到，大白的翅膀总是微微下垂，走起路来也没有那么快了。经验丰富的邵老师神秘地说："大白马上要生蛋了。"果不其然，5月6日清晨，孩子们在鸭笼里发现了第一颗鸭蛋。"大白生蛋啦！"几个孩子小心翼翼地将蛋拿出来，蛋壳偏灰色，上面还有一丝丝血迹。孩子们赶紧拿来笔，一笔一画郑重地在蛋上写下日期，再轻轻放入蛋托，迫不及待地想要与小伙伴们分享这份喜悦。接连十几天，大白天天给大家带来惊喜。哇，这么多的鸭蛋一定很好吃，孩子们忙碌起来。睿睿边吃边情不自禁地说："自己养的鸭子生的蛋特别好吃呢。"

大白的变化④：会飞啦

　　最近，孩子们又有了新的发现——大白会飞啦！它喜欢扑腾着翅膀一会儿飞到桌上，一会儿飞到玩具橱上。瞧，大白那欢快飞翔的模样，还真有几分像自由穿梭在天空的小鸟呢！幼儿园的老师们也感到惊叹："鸭子竟然能飞得这么高、这么远，太不可思议了！"其实呀，这都多亏了我们一直坚持的散养模式，大白每天在宽敞的园子里自在地踱步、嬉水、觅食，天性得到了充分释放，才变得如此与众不同。

渐渐地，我们的大白变成了众星捧月的明星鸭。不但成为我们幼儿园老师和孩子们的团宠，就连来自南通、南京、安徽、山西等前来参观的幼教同行也无一例外地爱上了我们的大白。一位来自珠海的专家发出这样的感叹："我记住了你们机关幼儿园，因为你们有一只特别的、聪明又灵气的大白鸭。"

打开教室门，让大白和孩子自由游戏，儿童在自然的环境中用自己的方式感受着自然带给他们的美好，并在其中丰富自己的精神世界。明星鸭是一个符号，以此为载体，我们儿童向自然学习"道法自然"。

相伴——与大白一起成长

一年来，孩子们早已和大白成为好朋友。早上做操时，它跟着孩子们变换队形；上课时，它侧着头听老师讲故事；午饭时，它和孩子们一起津津有味地进餐；生气的时候头上的毛都竖起来；高兴的时候会发出轻轻的叫声，嘴巴张着好像在跟人说话；孩子们睡觉和升旗时它也会陪伴左右……大白，用它独特的方式，融入了孩子们生活的每一个温馨时刻。

转眼间，孩子们离幼儿园毕业的日子越来越近了。看看日历，马上就要和大白再见了，孩子们有哪些担心呢？响响说："担心没有我们照顾的日子，大白会很孤单。""大白会不会饿着？""大白会不会被人欺负。"接下来的日子谁来照顾呢？送到宠物店里？送给爱心人士？送到幼儿园饲养角，还是给小朋友带回家？经过讨论，大家一致决定将大白送到幼儿园饲养角，让它和大公鸡、大白鹅生活在一起。可是两天过去，我们的大白变成了大花鸭，全身脏兮兮的，还受了伤，孩子们心疼地把它抱回来了。有更好的办法吗？孩子们决定将饲养大白的任务交给中班的弟弟妹妹，让他们继续陪伴大白，快乐地成长。送大白到中五班的时候，孩子们依依不舍，分开时不停地叮嘱中班小朋友要用心照顾大白。这份对生命的珍视与对小动物的关爱，如同温暖的火种，在孩子们之间悄然传递，照亮了每一个幼小的心灵，也为幼儿园的时

讨论大白的去留　　　　　　　　　　和大白合影留念

光留下了一抹动人的亮色。

我们满心期许，大白一定能如同往昔一般，在幼儿园里尽情撒欢、自在游戏，继续陪伴在孩子们身旁，见证他们的成长点滴。再见啦！亲爱的大白，我们一定会再来看你！

【课程反思】

一、创设自然环境，聚焦生命教育

在"与小黄相伴的日子"课程中，我们对标《3—6岁儿童学习与发展指南》大班科学领域"科学探究"模块的指标要求，在活动中，我们创设生态、自然的环境，让孩子在与小黄鸭亲密接触的过程中，近距离感受生命生长的神奇。孩子们全方位洞悉小鸭的外形特点，深入探究其习性与生存环境之间千丝万缕的适应关联。历经一载悉心照料与细致观察，小鸭从雏苗到成体的蜕变历程在孩子们眼中清晰呈现。于情感的沃土里，孩子们与大白从邂逅的初见之欢，到相识的渐生亲近，再到相伴的情谊日笃，直至相知的默契无间，充分共情小鸭的喜怒哀乐，爱心的火种与责任的担当得以熊熊燃起。

二、践行游戏理念，打造亲自然课程

课程实施过程中，大白的散养模式为其构筑起自由欢畅的生活天地，这与课程游戏化的前沿理念精准契合。幼儿在与大白相处中，真正做到了积极投入、自由自主地探索。他们用多种感官探索大白的秘密，并用绘画、简单文字等各种形式记录表现，教师从幼儿兴趣点和需求的敏感度出发，在自由自主的基础上，给予更有效的引导，让幼儿在游戏化学习中收获更多。幼儿置身于与大白的共处时光，全身心沉浸其中，开启自主自发的探索之旅。他们调动多重感官深挖大白的奥秘，再以绘画、简易文字等多元形式将探索成果具象化，充分体验探索的乐趣。教师则立足于幼儿兴趣触发点与需求"热区"的精准捕捉，在保障自由自主探索的根基之上，巧妙施力，给予更具靶向性的引导，助力幼儿于游戏化学习场景中满载而归。

三、关注儿童视角，师幼共生共长

对于幼儿而言，这不仅仅是一段与小动物相处的快乐时光，更是他们自我成长的重要契机。通过全程参与照料大白，幼儿们的生活自理能力得到显著提升。在观察记录大白的成长变化时，幼儿们的专注力和耐心得到极大锻炼。面对日复一日的观察工作，他们不再轻易分心或半途而废，而是能持续保持认真的态度，仔细捕捉大白的每一个细微变化。从教师的角度来看，此次课程也是一次意义非凡的成长之旅。在课程推进过程中，通过关注幼儿在与大白互动中的表现，教师能够精准把握每个孩子的兴趣点、学习风格和发展水平的差异，为今后个性化学习的实施提供了有力依据。教师在与幼儿共同探索的过程中，建立起更加平等、亲密的师幼关系，真正实现了师幼在教育过程中的携手共进、共同成长。

【骨干教师点评】

在每一所幼儿园里，饲养区与班级饲养角仿若一方小小的"动物天地"，寻常所见，小鸭子们多是被困于狭小的笼子，孩子们只能隔着冰冷的栅栏，远远观望它们的身影。然而，在大五班却有这样一只大白鸭，它自破壳之初，便踏入了孩子们的世界，与他们朝夕相伴，一同嬉戏，携手成长，书写了一段别样的温暖故事。

亮点一：散养萌鸭，回归天性。

课程游戏化理念指引着我们为孩子营造自由、自主、愉悦且充满创造力的学习与游戏环境。当目光聚焦于鸭子时，大五班的老师们和孩子们没有墨守成规，而是大胆抉择——散养鸭子！这一决定背后，是无数次小心翼翼的尝试，是老师们孜孜不倦的耐心，是孩子们毫无保留的爱心。正因如此，大白鸭挣脱了禁锢，回归天性，灵动的身姿穿梭于草地花丛间，眼中的光芒满是自由与活力，仿佛在诉说着自然赋予它的蓬勃生机。

亮点二：趣鸭相伴，成长有痕。

孩子们与大白鸭的每一次近距离相拥，都是一场奇妙的探秘之旅。他们惊喜地发现鸭子嘴巴开合间藏着的"小秘密"，见证大白鸭初次下水扑腾的精彩瞬间。这些点滴，如同璀璨星辰，镶嵌在孩子们的心灵，带来无尽的满足感。在欢声笑语里，孩子们悄然将关于鸭子的认知碎片一一拾起，拼凑出一幅完整且鲜活的知识画卷，情感的纽带也在不知不觉间愈发坚韧。

亮点三：鸭韵童梦，体验赋能。

于课程中精心嵌入体验式学习模块，宛如为幼儿打开一扇通往新世界的大门。孩子们不再是被动的知识吸纳者，而是凭借亲身投入的探究实验、趣味盎然的互动游戏等实践活动，掌握了学习的主动权。他们的主动性与积极性得到极大的提高，收获的不仅是当下的欢愉情绪，更是能照亮未来成长之路的可贵经验。这般滋养，对幼儿的全面发展而言，恰似基石之于高楼，意义非凡且深远。

（点评人：江苏省特级教师、正高级教师、如东县县级机关幼儿园　周云凤）

回归社会生活

社会文化从一元走向多元是园本课程开发背后深刻的文化动因,轰轰烈烈的学校课程实践,又将反推社会文化的发展与变迁。

(万伟)

米菲做客

（小班社会课程）

扫码观看视频

江苏省如东县掘港街道群力幼儿园　曹琳娟　朱慧慧

【题记】

幼儿期是人的社会性发展的关键期，他们对社会、对自然、对周围的一切还没有全面、系统的了解，但同时又有着浓厚兴趣，喜欢亲自去体验社会、感受社会，从而去适应社会。可见，孩子的社会性发展在幼儿期是至关重要的。

对于小班幼儿而言，他们如同刚刚绽放的花朵，对世界充满好奇，开始逐步走出自我，渴望与他人建立联系。然而，他们在人际交往方面还只是蹒跚学步的"小行者"，需要恰当的引导和有趣的情境来帮助他们学习。而社会课程——《米菲做客》正是这样一扇充满趣味和温暖的窗，引领小班的孩子们走入人际交往的最初天地。这一课程基于绘本内容的特点，让孩子在实践中学会沟通、学会理解他人、满足自我需要。

【课程叙事】

事件的发生

图书角的一本色彩丰富、画面简单的绘本引起了孩子们的兴趣。刘子悦说："小兔子去朋友家玩，他们还一起捉迷藏、滑冰了呢！""思思，你到我家来玩吧！"思思很开心地说："我回家就和妈妈说。"原来她们正在看《米菲做客》这本书，这本书以"米菲兔"为形象，讲述了米菲兔收到一份朋友邀请她去做客的信，她坐着公交车去朋友家做客的故事。书中简单的线条、较大的色块、符号化的形象，简单有趣的情节引起孩子们浓厚的兴趣。经过一学期的相处，孩子们拥有了自己的"朋友圈"，交往更加频繁、密切，经常可以听到孩子在离园前与小伙伴说要邀请他到自己家玩耍的愿望，还想邀请老师去做客，初步产生了"小主人"的意识。

为了拓展幼儿的社交空间，增进社交能力，促使幼儿在心理和情感上获得全面发展，我们结合小班幼儿年龄特点，以绘本为主线，以交友为铺垫，以"做客"为实践，生成了本学期的班本课程。

分析与思考：幼儿喜欢生动有趣的绘本故事，他们愿意主动想象和讲述与自己生活有关的故事情节。陈鹤琴先生"活教育"的思想中提出"凡是儿童自己能想的，让他们自己去想"。教师要做的就是观察和发现幼儿，把握合适的教育契机，释放幼儿天性。

看绘本，话做客

1. 你去做过客吗？（好朋友我来找）

"既然对绘本《米菲做客》这么感兴趣，那我们一起来了解一下吧！绘本中说到，米菲受到了朋友的邀请，朋友邀请米菲去她家做客，米菲是第一次单独去做客哦！你一个人去朋友家做过客吗？听一听小颖的介绍吧！原来，阳阳和小颖是好朋友，如果奶奶有事，就会将小颖送到阳阳家，让她和阳阳一起玩。"

"那大家有没有好朋友呢？"学生纷纷回答"有"。平时不爱说话的欣欣说："我和钥匙是好朋友。""那想邀请朋友来家里做客吗？"这个问题一出，大家欢呼雀跃，答案是肯定的。

2. 你想邀请谁呢？（邀请函我来画）

绘本中我们发现了一个做客的秘密：原来去别人家做客，要收到好朋友的邀请函才可以去哦！那我们的小主人想邀请谁到家里来做客？赶紧在漂亮的卡片上记录一下自己和想邀请的客人，想象和朋友在一起的场景。在欢快的音乐声中，我们迫不及待地

绘制邀请函

给好朋友送邀请函，有的甚至同时邀请了两三个好朋友。收到邀请函的孩子，别提有多高兴了。

分析与思考：《3—6岁儿童学习与发展指南》中指出："人际交往和社会适应是幼儿社会学习的主要内容，也是其社会性发展的基本途径。"在幼儿成长过程中，与同伴的交往起着非常重要的作用，能帮助幼儿学习合作、分享等社交技能。从绘制的邀请函中了解到幼儿之间的交往情况。交往能力越强，邀请的朋友越多，被邀请的次数也越多。相反，不爱说话，不愿意和伙伴一起玩的，被邀请的次数就较少。教师要做的就是为幼儿创造宽松、自由的环境，为他们交往提供条件，提高交往能力。

齐讨论，做准备

1. 互联系——好朋友的家在哪儿？

接受了好朋友的邀请，可紧接着问题又来了，好朋友的家在哪儿呀？于是，孩子们决定让爸爸妈妈来帮助。我们利用微信语音、视频一起商量，欢乐的气氛快要溢出屏幕了。爸爸妈妈们也多了许多朋友。虽然我不太清楚阿姨说的地方在哪里，好在有爸爸妈妈的协助。什么时候去做客比较合适呢？别担心，我们也商量好了，在大家都在家的时候是最合适不过了。这不，妈妈教会我在日历本上圈好相约的时间。

2. 备礼物——给朋友准备什么礼物？

瞧！米菲去做客的时候，手上还准备了一份礼物。我们也给好朋友准备一份吧！宁宁和爸爸妈妈到超市挑选了水果，欣欣妈妈亲自动手制作小点心，琪琪精心准备一个礼物盒，钥匙在区域游戏时动手制作了一张精美的卡片……大家都很认真、用心地准备着，期待着与朋友相聚的那天。

3. 选方式——怎么去好朋友的家？

米菲是坐公交车去朋友家的，那我们怎么去好朋友家呢？宁宁说："我和欣欣在一个小区，她就在我们前面，走过去就好了。"佑宝说："我去一一家，妈妈说骑电瓶车，看看旁边的房子。"熙熙说："我去钱毅家要经过一座大桥，我骑自行车去。"我们到底是走着去，爸爸妈妈开汽车去，还是坐电瓶车？投个票吧！看来大家都已经规划好了，就等待做客这一天的到来了。

4. 绘路线——好朋友的家有多远？

朋友家到底有多远呢？我们在爸爸妈妈的帮助下，绘制了一张路线图，到好朋友的家需要经过哪些地方，跟随着路线图很快就能找到了。我们还将路线图带到了幼儿园，和老师、小伙伴一起分享好朋友家的住址。琪琪的家住友谊东路，经过节制闸桥就到了幼儿园，再经过弹琴桥就到了叶子家了，感觉有点儿远，还要过两座桥呢！

5. 列计划——我和朋友一起玩什么？

米菲来到朋友家，她们一起玩了捉迷藏、抓坏蛋、滑旱冰、做手工的游戏。那朋友来家里玩，打算和好朋友玩什么游戏呢？一起看看我们的想法吧。佳颖说："我们可以一起看书。"真是个爱学习的小朋友。闹闹说："我们可以一起玩乐高。"徐艺宁说："我们可以看电视。"轩轩说："我们可以玩拼图的游戏。"……大家讨论得可开心了。我们还绘制了一张思维导图，计划着我们一起可以玩的游戏。虽然我们的画还比较稚嫩，但学着画思维导图就已经很了不起啦！

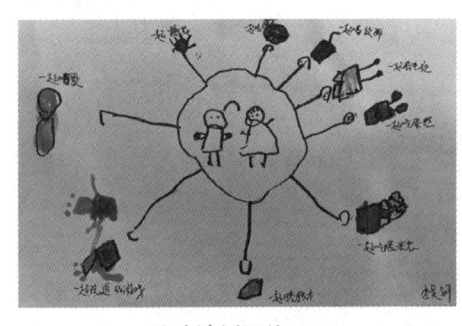

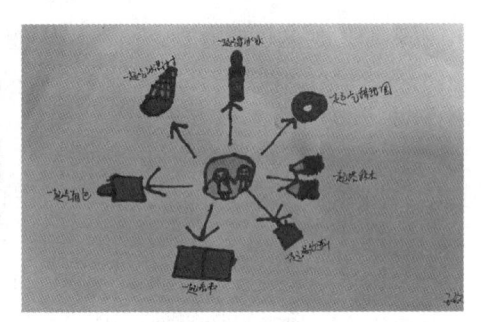

游戏计划网络图1　　　　游戏计划网络图2

分析与思考：做客前的计划由幼儿自己准备，寻找答案，并利用思维导图学会有计划性地主动参与活动、设计活动，促进思维能力的发展，提高独立、主动思考的能力，培养做事有计划，学会提前思考的良好学习习惯。教师要做的就是相信幼儿，虽然小班幼儿的画笔很稚嫩，却能体现他们真实的想法。

做客初体验——显现经验

1. 朋友，我来啦！（初做客）

盼望着，盼望着，终于到了日历本上圈好相约的这一天。这天早晨，我们好兴奋，早早的就起床了，小主人们忙着收拾屋子，整理玩具，将好吃的水果、零食摆出来，准备迎接客人。而小客人们在爸爸妈妈的带领下，按着路线图，来到朋友家。轻轻敲敲门，朋友欢迎我，来个拥抱，送上小礼物。接下来就属于我们的快乐时光了，我们不仅玩了米菲和朋友玩的游戏：捉迷藏、抓"坏蛋"等等，还将计划上的事情——搭乐高、品尝美食等统统玩了个遍。快乐的时光总是很短暂，到了说再见的时候，我们舍不得分开，并约好下次再做客。

绘本中的游戏 　　　　　　　　　　计划中的游戏

2. 朋友，真烦人！（显问题）

做客后，我们在幼儿园关系更亲近了，常常聚在一起玩。阳阳说："我和小颖玩得可高兴了！"叶子说："我太开心了，有好吃的、好玩的，还有好多人！"这时，不同的声音出现了，思思说："我有点不开心，朵朵在我家还闹脾气呢！"朵朵说："我想玩她的爱莎公主，她不给我玩。"一一说："可可在我家玩，吵得不得了，楼下的奶奶都来敲我家门了。"

3. 朋友，握握手！（订规则）

原来，在做客的过程中有开心，也有很多问题和小矛盾。我们该怎么解决呢？通过《客人来我家》活动，我们知道了待客礼仪，知道客人来前准备

167

些什么，客人来时如何招待客人，客人走时如何道别。作为客人，又该有哪些做客的礼仪？《熊猫的客人》让我们知道，没有礼貌的孩子谁都不欢迎。通过讨论，我们知道无论是客人还是主人，都要讲文明、有礼貌。我们将规则画了下来，下次去做客肯定按照规则来。

分析与思考：小班幼儿年龄小，规则意识差。同伴间交往会发生很多问题和矛盾，如果没有切实的活动规则来约束，矛盾和问题不可避免地会发生，以致不知如何解决。这时，教师适时地参与进来，与幼儿共同商讨，制定规则，以绘画的形式加以呈现，有图为证，大家遵守起来会更有说服力。

小主人

小客人

做客再体验——积累经验

1. 去哥哥姐姐班级做客。

一天早晨，李昊钥悄悄告诉我们："妈妈想邀请我们班小朋友去他们班做客。"小伙伴们听到这个消息很开心，大家都吵着要去哥哥姐姐班做客。那去别的班上做客，我们需要注意些什么呢？出发前，我们再次强调了做客礼仪。睿睿说："不能随便拿人家班上的东西。"九儿说："要有礼貌。"朵朵说："不能大声喊叫。"……于是，做完操我们就排着整齐的队伍，怀着激动的心情，在李昊钥小导游的带领下，去她妈妈班上做客了。我们需要经过大三班，然后下楼梯就到了。刚走到门口，就听到哥哥姐姐们热烈的掌声，我们主动向哥哥姐姐们问好，知道我们要来做客，他们还早早地为我们搬来了小椅子，可真贴心。小椅子实在不够的话，哥哥姐姐让我们坐在他们的腿上，好有爱。

接下来，是欣赏节目的时间了，姐姐为我们讲故事、唱歌。别看我们小，却也不胆怯，勇敢地在这么多人面前表演了一回。表演结束后，哥哥姐姐拿出了玩具和我们一起玩。上午的时间很快就过去了，要和哥哥姐姐们说再见了，我们依依不舍地道别，也真诚地邀请哥哥姐姐们下次到我们班来做客。

2. 去娃娃家做客。

在每次的娃娃家游戏时，我们都扮演着小主人和小客人的角色，玩得有模有样。当然，在游戏的过程中，问题还是频频出现的。有时，客人没有经过主人的同意就直接进入了娃娃家；有时，客人和主人都没有礼貌……

小班的我们出现这样的现象不奇怪，每次出现问题，老师都会和我们讨论。我们相信，经过多次的讨论，一定能成为合格的主人与客人。娃娃家成了我们请客做客的最佳选择。

分析与思考：利用角色游戏帮助幼儿学习做客的方法，从中发现问题，及时解决问题，幼儿能发挥自己的想象力，创造出属于他们的小故事。他们分工合作、互相帮助，小小天地也可以放松心情，尽情玩耍。教师可以扮演其中的一个角色参与到游戏当中，引导他们自己去试着解决问题，而不能包办代替，提高幼儿处理问题、解决问题的能力。

做客终体验——诠释经验

有了做客的经验，我们再次来到好朋友家，不吵也不闹。这次好朋友还留我们吃饭了呢！人家的饭就是香，爱挑食的我们也吃得津津有味。

米菲晚上在朋友家过得也很快活，她们一起洗澡、一起睡觉。好羡慕，我们也想尝试一下离开妈妈，和好朋友一起睡觉是什么感觉。夜里会不会想妈妈呢？到了晚上，果果来到了轩轩家，他们一起洗澡，妈妈要拍照片，果果有点害羞，还是穿着裤子吧。于是，大家看到了穿着裤子洗澡的果果。是不是特别搞笑！洗完澡，我们一起躺在床上聊天，不知什么时候就睡着了。第二天天亮了，我们一起刷牙、洗脸、吃早饭，真是难忘而美好的一天。

分析与思考：在实际的交往做客活动中，我们始终秉持着以幼儿为主体，教师站在幼儿背后，做活动的支持者。让幼儿自己发现做客交往中出现的问题，教师及时记录反馈，让幼儿自主思考、寻找、讨论并制定解决问题的方法。鼓励幼儿勇敢尝试自己不敢做的、没做过的事，比如第一次过夜，给幼儿留下宝贵的体验，这是他们受益匪浅的一次经历和感受。

听心声，说感受

1. 宝贝有话说。做客结束后，我们再一起来听听当小主人、小客人的感受吧！虽然有点害羞，但我们可以感受回味做客时的甜蜜。

2. 家长有话说。此次活动不光我们开心，爸爸妈妈也有很多的感受。有的爸爸妈妈发了朋友圈，感叹童年的美好；有的爸爸妈妈表达对我们老师开展此次活动的感谢；也有爸爸妈妈表达因为其他原因而没能去做客的遗憾……

3. 老师有话说。这次活动中，宝贝们的表现有了很大的进步，和朋友一起不吵也不闹，还很有礼貌。离开爸爸妈妈的陪伴，可以独自一人在朋友家，为你们的勇敢点个赞。

【课程反思】

绘本因其鲜明的色彩、趣味性的故事情节而受到小朋友们的喜爱。将绘本融入课程中开展，极大激发了孩子们的学习热情。我们在课程实施过程中，紧密结合幼儿的年龄特点和认识规律，深入挖掘绘本的教育价值，进而推进课程的有序开展。

一、积极主动的孩子

课程开始时，对于米菲做客的故事背景介绍，积极主动的孩子就展现出了浓厚的兴趣，迫不及待地想要了解后续情节，他们的热情为整个课程营造了良好的氛围。制作邀请函，准备小礼物，了解做客，最后到体验做客，这一连串的活动都是幼儿提出并自己解决的。在轻松、愉快的氛围里，他们通过亲身体验、多途径感知、实践运用等方式，不仅乐于与人交往，跟同伴的关系也更加亲密，还在做客体验中展现了主动问好、热情招待、学会征询他人意见等良好的行为，真正把做客礼仪和待客礼仪落到实处。

二、改变观念的家长

家长们原本可能认为小班孩子年龄尚小，对于社交礼仪等方面的学习还为时尚早。然而，通过这一课程，他们看到了孩子们在学习过程中展现出的惊人潜力和对社交知识的强烈兴趣。课程让家长意识到，早期的社会教育并非可有可无，而是为孩子未来的人际交往和社会适应能力打下了重要基础。孩子们在课程中对米菲做客的情节进行模仿和讨论，家长们惊喜地发现，小小的他们已经开始理解尊重他人、礼貌待人等基本社交原则。同时，这也促使家长反思自身在家庭中的教育方式。一些家长开始更加注重日常生活中的细节教育，如引导孩子主动打招呼、学会分享等。

三、感慨颇多的老师

整个活动中，我们深刻意识到课程来源于孩子，能看懂绘本内容对于孩子来说是一件特别"厉害"的事，孩子的兴趣点就此出发。孩子们对于社交礼仪和做客规则的理解程度，让我们既惊喜又意外。他们能够积极参与讨论，发表自己天真而又独特的见解，这让我明白，孩子们的思维远比我们想象的更加活跃和丰富。课程开展过程中，教师不仅要具备观察孩子的能力，还要根据孩子的需要开展相关活动，以激发孩子们主动学习的动机。老师通过多种渠道、多种形式，在多种不同的实际活动中对幼儿进行评价，如实反映每个幼儿的发展和成长的不同历程。同时，通过与家长的交流，我发现家庭环境对孩子社交能力的培养有着重要影响。这使我意识到，加强家园合作，共同为孩子营造良好的社交学习氛围是至关重要的。

课程的结束，并不代表活动的结束，我希望孩子们可以带着这份美好，这份热情，把"做客"的氛围一直延续下去……

【骨干教师点评】

该课程以《米菲做客》这一深受幼儿喜爱的绘本为主线，米菲形象可爱，故事情节简单易懂且充满童趣，符合小班幼儿的认知水平和审美偏好，极大地激发了幼儿的参与热情。教师敏锐地捕捉到这一幼儿兴趣点，将绘本情节融入到做客的生活情境中，使课程内容既具有吸引力，又贴近幼儿的生活经验。

课程在孩子们的问题中推进，围绕"如何做小主人""如何做小客人"展开讨论，这为他们提供了宝贵的社会交往实践机会。小班幼儿正处于从自我中心逐步向关注他人转变的阶段，课程中他们分享自己的想法，如"要给客人拿好吃的""做客时要礼貌"等，不仅表达了自己对社交规则的理解，还在倾听同伴观点的过程中，学会了尊重他人意见。对社交的理解从表面行为上升到内心感受，有助于他们建立健康、积极的人际关系观念。

小班幼儿能用思维导图的形式列出计划，展现出了很棒的学习能力，虽然年龄小，但他们已经有条理地将自己和朋友想玩的游戏用气泡图一个一个列出来，这是非常了不起的进步，从思维导图中也能看到孩子们有着丰富的生活经验及想象力。

"做客"活动是一个社会交往活动，也是一个实际意义上的真实版游戏。陈鹤琴先生曾说过："游戏可以给孩子快乐、学识、思想、健康。所以我们不得不注意游戏的环境，使小孩子得到充分活动。"活动中教师以幼儿为主，充分利用身边的教育资源，给予幼儿充分参与机会和表达空间，无论是故事讨论、情境模拟、角色扮演还是真实做客，幼儿在操作中亲身体验做客的流程和礼仪规范，再现了生活，学会了生活。

（点评人：南通市学科带头人、如东县掘港街道群力幼儿园　陈永红）

童眼看家乡

（中班社会课程）

江苏省如东县岔河镇岔河幼儿园　丁海燕　朱秀梅

【题记】

虞永平教授强调："课程内容需根植于儿童的日常生活与实践活动中。""课程设计应注重平等性原则，并融入地方文化元素。"对于幼儿而言，"家乡"一词既熟悉又陌生，它代表了他们自出生以来持续生活的场所；然而，当被问及家乡的具体内容时，幼儿往往难以清晰表达。《3—6岁儿童学习与发展指南》和《幼儿园教育指导纲要（试行）》均提出：要充分利用社会资源，和幼儿一起收集有关家乡的图片；能说出自己家所在的省、市、县（区）名称，知道当地有代表性的物产或景观，激发幼儿爱家乡的情感。课程链接《指南》要求，对接专家的理念指引，师幼具身体验家乡之大，地域之美……共同踏上研学家乡之旅。

【课程叙事】

"我是江苏的，江苏南通的……"，无论是晨间还是餐后散步时分，都能听到孩子们模仿抖音上的旋律，愉快地交谈。那么，孩子们究竟来自南通的哪个角落？又具体是如东的哪个地方呢？在随意的提问中，孩子们说不清楚，只能相视而笑。对于他们所生活的岔河小镇，孩子们真的了解吗？他们似乎更热衷于那些朗朗上口的节奏，而对于"家乡——岔河"的感知却显得模糊不清。考虑到孩子们的年龄特征，我们预设了班本课程《童眼看家乡》。谈话活动中，孩子们了解到家乡就是自己出生、生活的地方，而"岔河"就是孩子们的家乡。为了让孩子们初步了解家乡岔河，我们采用亲子调查的方式，鼓励家庭成员参与到课程中来，通过调查，孩子们知道了岔河的由来，知道岔河有美味的虾籽烧饼，有各种海鲜，有大会堂，还有如泰运河……

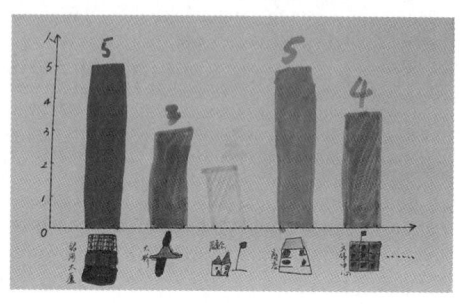

"最美家乡——岔河"调查表　　　　"最美家乡——岔河"调查统计表

"亲子研学"游家乡

调查表上标注的那些具体位置究竟在哪里？岔河地区有多少家超市、银行、蛋糕店、水果店、学校？岔河有多少条河流、几座桥梁？又有哪些公共设施？尽管孩子们每天都会经过岔河街，但他们通常只是匆匆而过，并未深入探究。由于疫情的反复无常，我们无法集体前往岔河街进行走访和参观，因此，"岔河亲子研学一日游"计划应运而生。

周末，孩子们在爸爸妈妈的陪伴下，首次真正地在岔河街的每一个角落停留、拍照、计数、聆听和记录。岔河镇文体中心、岔河镇镇政府、银行、新华书店、超市、农贸市场、糕饼店、医院、早餐店……这些地方都留下了孩子们的足迹。

表征岔河初印象1　　　　　　　　表征岔河初印象2

从家长提交的亲子研学游记录表中可以看出，本次亲子研学游活动得到了家长们的热烈响应，孩子们对岔河街的认识逐渐深入。有了丰富的初体验，孩子们在集体交流环节中表现得非常积极，不仅自信地介绍岔河街，还通过绘画的方式表达了他们对岔河街的初步印象。

"化整为零"探家乡

关于岔河大街，孩子们已经有所了解。一看到照片，他们便能迅速而熟练地指出地点的名称、功能和作用。然而，有一天，小玉米提出了这样的问题："老师，我家并不在街上，但我同样是岔河人，也属于岔河镇。"紧接着，雲儿也补充道："没错，我家也不在街上，我家在西边的银河。"孩子们的话语让我们意识到，家乡岔河的含义远不止于岔河大街。班上34名孩子来自岔河的各个角落，他们的居住地各不相同——有的在镇区，有的在农村，但他们都属于岔河镇。经过园领导的建议和年级组审议之后，我们启动了一项关于研究家乡岔河的分项目组活动！

一、划分项目组

如何有效地划分项目组？如何让家长积极参与到孩子的课程中来？在《指南》的社会领域部分，我们找到了这些问题的答案："4—5岁幼儿能说出自己家所在的省、市、县名称，知道当地有代表性的物产或景观。"通过分析班级孩子们的家庭住址，我们发现他们的家主要分布在银河村、交通路、金桥村、南桥村、新港和兴河村。利用百度地图 APP，我们成功绘制了

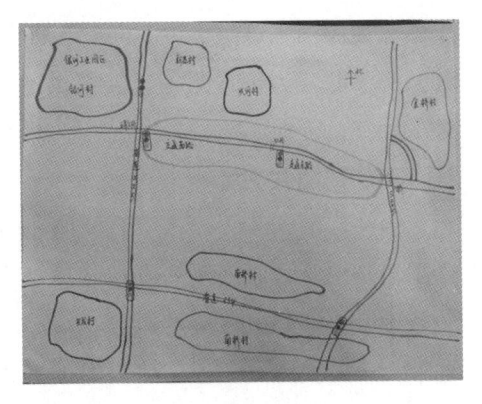

简化版岔河地图

一份简化的岔河地图，并用不同颜色对所有孩子的住址进行了区域划分。

带着"我家位于何处？地图上何处标记着我的家？"这两个简单的问题，孩子们在父母的引导和帮助下，准确地指出自己家所在的省份、城市、县区、乡镇乃至村庄，并能在简化版的岔河地图上定位自己家的具体位置，并作出

标记。因此，在地图上相同位置标有个人标记的孩子们便聚集成了一个项目组，相应的项目组群也随之形成。

二、实地访家乡

周末闲暇时光，家长们引领孩子们探索自家周边的环境，通过视频和照片记录下孩子们探索家乡的珍贵时刻，并在各自的项目组群中分享这些美好记忆。此活动不仅让家长和孩子们共同深入了解家乡的历史与文化，还极大地丰富了孩子们的阅历。例如，如泰运河桥和岔河大桥横跨交通要道，连接省道225的南北两端，它们那长长的桥身、高耸的桥墩和宽阔的桥面，成为连接两地的重要纽带；在银河工业园区，纺织业作为地方特色产业生意红火，经营棉纱的家长特别邀请孩子们参观自己的店铺，展示棉纱是如何从棉花加工而来，以及这些棉纱最终如何变成布料，进而制作成各式各样的衣物和床上用品；南桥村家长则带领孩子们参观了悦丽达服装厂，孩子们亲眼目睹了服装从设计到成品的整个制作过程……

孩子们的足迹延伸到了地标建筑：银河大厦、工业园区牌坊；地标单位：消防中队、岔河小学、党群服务中心；地标企业：百山汽修厂、悦丽达服装厂、金太阳油米厂……一时间，各项目组群里图片、视频不断，大手拉小手，家园齐参与，为班本课程开展提供了支持，为萌发孩子们热爱家乡的情感做好了铺垫。

三、回园共交流

周一回到幼儿园，孩子们急切地向我们分享周末的所见所闻："老师，我去了消防中队，原来消防员叔叔就在我们身边。""老师，我去了我们村党群服务中心，那是做核酸的地方。""老师，我去了华诚驾校，那里是学开车的地方……"因此，在各个项目组的交流分享环节，孩子们与同组的伙伴们畅所欲言，自信大方的表达自然流露。

四、表征家乡美

家乡的桥梁和高楼大厦，作为地标性建筑，孩子们已经不再感到陌生。因为曾亲自参观过这些地方，所以在建构区里，孩子们自发地开始搭建起来，银河大厦和高架桥梁的建构作品形态各异，各具特色，家乡的美在孩子们的巧手下闪耀着光芒。

再看走廊上的"岔河一条街"角色扮演游戏,俨然是岔河福地的缩影,孩子们在其中流连忘返。他们化身为"医生""病人",玩起了"岔河小医院"游戏;又或是"糕点师傅""顾客""收银员""店主",忙得不亦乐乎。瞧!"万千糕饼店""小健早餐店"生意兴隆,岔河的印象在孩子们眼中逐渐变得清晰。

"图"话家乡

孩子们对各自项目组的村居图景已经相当熟悉,但对 5 个项目组共同构成的岔河全貌又了解多少呢?他们能否绘制出一幅综合岔河资源的地图?幼儿园门厅的资源地图成为了孩子们的辅助蓝本。他们对资源地图能够将周围的建筑、道路、农田等元素生动地展现在墙面上感到惊奇,不仅能够清晰地看到这些元素,还能在地图上找到自己熟悉的地方。随着经验的积累,孩子们开始通过绘画、泥塑、手工制作等多种方式,将项目组中具有代表性的建筑和公共场所表现出来。在放大版的资源地图上,孩子们能够找到自己所在的项目组,并在相互讨论后确定每个标志性地点的位置。在项目组的共同努力下,岔河资源地图被成功地绘制出来。孩子们兴奋地在地图上寻找自己的家,发现所有的路径都是通的。

如何有效地利用资源地图呢?既然孩子们能够在地图上定位自己的家,那么我们可以将晨间签到与资源地图相结合。每天离园前,让孩子们在资源地图上放置自己的标记。第二天来园签到时,他们可以从地图上找到自己的标记,并分享自己来幼儿园的路线。孩子们对于熟悉的地方能够畅所欲言,而对于不熟悉的路段,会从其他项目组的孩子们分享中获得帮助,完成路线播报。在互动过程中,大家对岔河有了更深入的了解。

晨间签到墙融入岔河资源地图　　　　　　幼儿晨间签到

"表征倾听"爱家乡

本学期,"一对一倾听"活动正热烈进行中,孩子们积极分享他们对家乡的认知与情感。具有活力和创意的画作,充满情感和真诚的言语,道出了孩子们对家乡的深情厚谊和热爱。

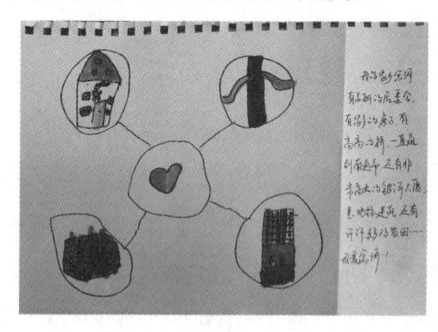

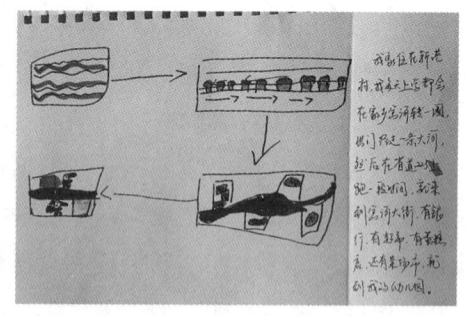

"我爱家乡"思维导图

珂璇说:我的家乡岔河有美丽的居委会,有很多房子,有高高的桥,一直通到南通市,还有非常高大的银河大厦,还有许许多多的农田,我爱岔河。

东东说:我家住在新港村,我每天上学都会在岔河转一圈,出门要经过一条大河,在省道225上跑一段时间就到岔河大街,然后经过银行、超市、蛋糕店、菜市场、岔河小学,最后就到了我们的幼儿园啦!

从孩子们的表征描述中,我们能够感受到孩子们对家乡的标志性建筑、自然环境、居住位置、社区资源、家乡物产、地域文化有了深入的理解。他们对家乡的热爱不仅表现在对家乡的赞美和怀念上,更是在他们日常生活的点点滴滴和行为举止中得到了生动的体现,并展现得淋漓尽致。

【课程反思】

对于幼儿园阶段的儿童而言,课程学习实际上就是生活本身。孩子们借助已积累的生活经验,通过自身的行为方式,与同伴、成人及环境中的其他元素互动,不断累积新的经验,促进身心的全面发展。

一、儿童是课程的学习者

自出生起,每个人便置身于特定的社会环境和社会关系之中,从家庭到幼儿园，再到家乡和祖国，儿童通过直接感知和体验群体生活，逐渐培养出归属感。在本课程的开展过程中，儿童通过观察、行动、表征和表达，深入地了解自己的家乡。通过亲子共同参与的研学旅行，他们对家乡有了初步的了解。借助亲子研学游的方式，儿童对自己的家乡形成了初步的认识。儿童是充满潜力的学习者，自发组建的项目组中，每个组员的发现与共享，将家乡岔河"化整为零去探索，由零到整做整合"。5个项目组分头探访家乡，绘制资源地图时又汇集各项目组的研究成果，呈现出一幅完整的家乡岔河图景。

二、资源是课程的支撑者

家乡的各类资源是当地的"灵魂"，一方水土养一方人，一方山水有一方情。课程借助了社区资源、家长资源、教师资源、地图资源，让孩子们在方位感知、地标印象中获得对家乡的认知。课程中挖掘了园内外多方资源的价值，为课程的开展提供了有力支撑。资源—课程—情感的有机连接，"家乡"的韵味更浓。相信孩子们提到自己土生土长的家乡时，肯定会如数家珍，对"家乡"一词的理解也会从狭义的"岔河"走向广义的"南通"，甚至"江苏"。

三、教师是课程的支持者

作为教育者，我们从孩子们的生活背景出发，关注他们的个体差异、家庭环境以及社区背景等多方面的现实因素，确保孩子们能够真正地参与并体验课程。"家乡"这一概念源自孩子们的日常生活，它让孩子们感到亲切、易于投入，教师应该支持并帮助他们建立起安全感、归属感、自我价值感和主体意识。

在课程实施过程中，我们确实遇到了一些挑战，但"追随孩子们的兴趣，为他们提供适合其年龄阶段的支持策略"这一核心理念始终贯穿其中。我们在实践中不断发现、总结、反思和完善，通过与孩子们共同生活和探索，增强了课程的在地性，使幼儿园的课程真正回归到孩子们身上，回归到他们的生活中。

在课程的推进中，孩子们的爱乡之情悄然萌芽，而我们也仿佛重新认识了那片熟悉的土地。对家乡的情感如同陈年佳酿，在岁月的沉淀中愈发醇厚，深植于心，激发出对家乡无限的眷恋与敬意。

【骨干教师点评】

"家乡"一词，顾名思义，指的是我们自幼成长和生活的地方。对成年人而言，家乡是童年的回忆；而对现今的孩子们来说，家乡可能既熟悉又陌生。作为土生土长的岔河人，了解和热爱家乡不仅是我们的责任，也是我们的荣幸。谁不爱自己的家乡呢？《幼儿园保育教育质量评估指南》中的品德启蒙指标强调了全面贯彻党的教育方针，落实立德树人的根本任务；强调注重幼儿良好品德和行为习惯的养成，将这些教育内容潜移默化地融入到日常生活和各项活动中……培养幼儿对父母、长辈、老师、同伴、集体、家乡、祖国的热爱之情。《童眼看家乡》课程正是基于这样的价值定位和落脚点，旨在对幼儿进行品德启蒙和培养他们对家乡的热爱情感。教师们敏锐地捕捉到这一社会性议题，在孩子们幼小的心灵中播下爱家乡的种子，使得课程的价值得到了充分的体现。

在课程中，孩子们运用敏锐的观察力去认识家乡的地标性建筑，通过实践活动去探索家乡的地理环境，用创作来表现家乡桥梁和大厦的宏伟，以及用绘制地图的方式勾勒出家乡的美丽风光。亲子共同参与的研学旅行、项目小组的划分……这些灵活多样的课程实施方式，充分体现了课程开展的科学性和幼儿学习的自主性。同时，教师的课程意识也逐渐得到提升。

化整为零去探索，由零到整做整合，分与合的巧妙利用充分体现了教师智慧的课程探究能力。孩子们在课程中通过步行测量家乡、亲手绘制家乡地图，这种亲身体验式的课程实践，与儿童通过直接感知、实际操作和亲身体验来获取知识的学习方式相契合。家长与孩子一同参与课程，通过亲子研学旅行、共同完成调查问卷、参与项目组交流等方式，家庭与幼儿园的协同合作有效促进了课程的实施。课程内容源于儿童的日常生活，并最终回归到他们的生活中去。可以相信，通过这样的课程实践和探究，孩子们对"家乡"的认识将更加深刻，家乡——岔河的印记将永远镌刻在孩子们的心中。

(点评人：南通市骨干教师、江苏省如东县锦绣幼儿园　顾娟)

如东火车站
（中班社会课程）

江苏省如东县苴镇街道新光幼儿园　陈林丽　曹雪倩　曹蓉

【题记】

《3—6岁儿童学习与发展指南》明确指出："幼儿园应充分利用自然和实际生活机会，引导幼儿通过直接感知、实际操作、亲身体验的方式，帮助幼儿不断积累经验，进而形成受益终生的学习方法与能力。"我园位于如东县火车站附近，依托这一独特的社会资源，我们通过线上参观的方式，帮助幼儿深入了解火车站的内部结构及运行流程，有效激发了幼儿建构火车站的浓厚兴趣。我们以亿童建构为媒介，引导孩子在建构过程中发现问题，并不断尝试新的搭建方法与技巧，进一步丰富幼儿对火车站建构的认知，提升了幼儿的空间认知、合作交流与规划能力。

【课程叙事】

五一假期结束，孩子们一见面就聊起了假期的旅游趣事，奕奕激动地和旁边的黄析默说："妈妈带我坐火车去扬州玩了，火车站好大好大呀！""我也坐过火车。""我家北边就是火车站。"……顿时周围的孩子神采飞扬地聊开了。如东火车站毗邻幼儿园，不少孩子就住在火车站附近。"火车站"的话题引发了孩子们热烈的讨论，我们决定抓住这一教育契机开展关于火车站的活动，丰富孩子们的经验。

线上参观，初识火车站

关于火车站，孩子们究竟了解多少呢？通过观看宣传视频，他们初步认识了火车站的规模与外观，并纷纷记录下自己对火车站的想象与疑问：火车站内的轨道是怎样的构造？火车站为什么要进行安检？候车室的具体模样又是怎样的？

目睹孩子们对火车站的浓厚兴趣，我们主动联系了如东火车站的工作人员，并在获得许可后，组织了一次线上参观活动，以解答孩子们心中的种种疑惑。在线上参观之后，孩子们对火车站有了更深的认知。一幅幅火车站分布图在孩子们的笔下诞生，每一个细节、每一条轨道、每一座站台，仿佛都在讲述着家乡的故事。乐乐说："我们的火车站很高，很漂亮。"田田说："每次火车到站，就会有很多人出来，我在火车站接爸爸。"孩子们逐渐明白，火车站不仅仅是一个交通节点，更是连接外面世界与家乡的桥梁。因此，爱护它、了解它，就是对家乡最好的献礼。这种情感不仅仅停留在纸上，更延伸到游戏中。虫虫提议："我们可以在建构区搭一搭呀！"虫虫的意见得到了大家的赞同，于是，我班的建构区里多了"火车站"搭建之旅。

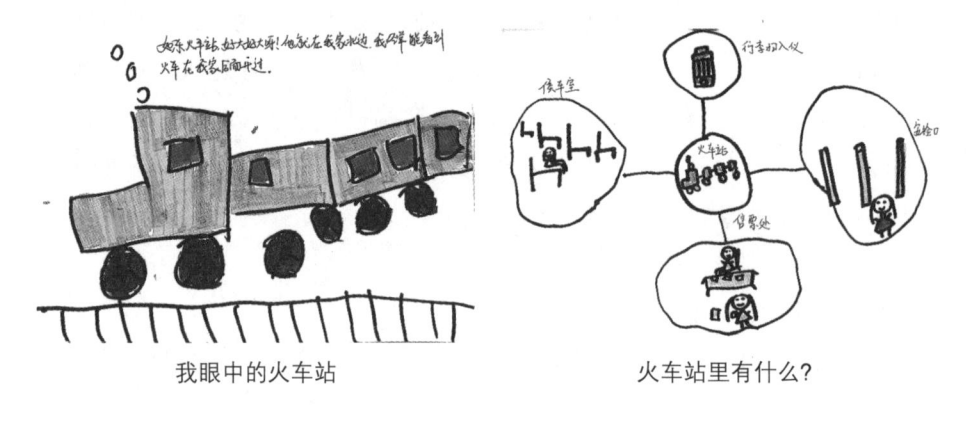

我眼中的火车站　　　　　　　火车站里有什么？

自选材料，搭建火车站

一开始，孩子们在区域内使用小型积木和各种辅助材料搭建火车站。然而，搭建完成后，宝宝大声抱怨道："建构区太小了，火车都没法坐人。"于是，我们顺应孩子们的意愿，将室内建构活动转移到室外进行。孩子们认为户外的积木数量更多，空间更宽敞，更适合搭建火车站。

一、从"无目的"到"有计划"

第一次来到户外搭建，虫虫、秦浩铭和土豆组成了建构小队。土豆提议先搭火车,而虫虫和秦浩铭则提议搭建车站围栏。于是,两人开始搬运积木桩头作为围栏材料。一旁的土豆见他们两人不理会自己,便独自一人搭起了火车。两人搬运积木砖头时笑得前仰后合,而土豆则无奈地看着那不成形的"火车"。

第一次搭建结束后,孩子们发现火车站并未成功搭建,更像是一盘散沙。有人提出:"火车轨道太小,搭不起车头。"还有人说道:"火车轨道搭好了,却没有火车来开。"羌景桐困惑地问道:"那我们不知道该搭什么,怎么办呢?"高黄钰提议:"我们可以按小组分工搭建,这样效率会更高。"于是,孩子们自主选择组队,并通过投票方式选出了火车站的五大建构图纸,分别是火车组、围栏(检票)组、售票组、安检组和候车厅组。

轨道上没有火车开　　　　　　　　　设计建构图纸

教师思考:未经计划的建构活动往往会出现"说归说,搭归搭"的现象,即尽管幼儿口头约定要搭建特定内容,但实际操作时却倾向于各自为政,或搭建与主题无关的物件。《3—6岁儿童学习与发展指南》明确指出,教师应积极支持和鼓励幼儿采用恰当的方法进行探究和问题解决。基于此,我引导幼儿针对这一现象展开讨论,帮助他们自行领悟到:无计划的搭建如同散沙一盘,而有计划的搭建则更具目的性和条理性。

二、从"随意搭建"到"分工合作"

问题一:车厢太小太窄,如何加长。

我们再次踏入搭建区,这一次孩子们与自己的组员仔细商讨材料的选择。他们时而低声细语地讨论,时而又在操场上四处寻找所需的搭建材料。瞧!

售票组搬来了桌椅，安检组找来了滚筒。经过一番投入的搭建，孩子们按组别陆续完成了作品。

他们向伙伴们展示并介绍自己的作品。轮到火车组介绍时，旁边的售票组插话道："你们搭的火车也太小了，我们这么多人，都不好坐上去。"孩子们纷纷提出建议，可以将车厢加长，座位增大，以便容纳更多人。

按照计划，这次的搭建针对之前火车太小的问题进行了改进，孩子们在火车头后面增加了几节车厢，迫不及待地坐上去体验。这次座位宽敞了许多，空间也大了许多，孩子们对火车的改进感到非常满意。

车厢要拼长一点 　　　　　　　　后面要拼座位

问题二：桩头围栏轻巧，如何加固。

恰巧此时吹来了一阵风，由于搭建围栏的黄色小桩头既轻又小，再加上地面部分区域凹凸不平，孩子们辛苦搭建的围栏瞬间被吹倒。孩子们纷纷议论道："桩头围栏不够坚固。""砖头也太小了。"显然，围栏的改造势在必行。高黄钰提议道："我们可以选择一种更重的材料来做围栏。"孩子们绞尽脑汁思考，高黄钰继续说道："我们幼儿园里有大轮胎。"大家一致赞同高黄钰的建议，于是纷纷加入运轮胎的行列，不一会儿便运来了许多轮胎。

孩子们开始一个接一个地摆放轮胎，但不久后发现轮胎数量不足。这该如何是好？虫虫提出："我们可以把轮胎摆得松一些，不要紧挨在一起。"具体摆多松、每隔多远放一个轮胎呢？细心的土豆注意到地面垫子上印有小格子和线条，便建议道："我们可以按照线条和格子来摆放，这样间距就能保持一致。"孩子们边摆放边调整。

最终，他们决定以地上的线条为参照，每两个格子摆放一个轮胎进行布置。不一会儿，轮胎便围成了一个宽敞的大围栏。

围栏倒塌　　　　　　　　　　　轮胎进行加固

问题三：进站口太窄小，如何拓宽进站口。

围栏搭建好了，孩子们都忙着往围栏里面运材料，一会儿围栏那儿就挤满了人，冯严晨连忙说道："我们可以搭一个进口的地方，这样大家就方便进入了。"那进口站可以搭在哪儿呢？

游戏分享环节，我把问题抛给孩子们，秦浩铭说："进口可以搭在售票口旁边。"说干就干，他们试图用小桩头在两边垒高搭建进站口，可是刚垒高一点就被别人碰倒了。"是不是桩头太轻？"孩子们重新更换了方形积木进行垒高，不一会儿进站口就搭建好了，可是又被别人碰倒了，孩子们发现原来是进站口搭建太小了、太窄了，走的时候容易碰倒。于是，这组的孩子又进行了调整，将进站口的距离扩大，这次终于搭建成功了。

教师思考：好奇与探究是幼儿的天性。在探索如何摆放轮胎的过程中，我们给予幼儿充分的自主权，让他们沉浸在游戏情境中，反复探寻轮胎摆放的规律。《3—6岁儿童学习与发展指南》明确指出，应鼓励幼儿在日常生活和游戏中感受数学的重要性，领略数学的趣味性，从而使幼儿真正成为学习的主人。

问题四：滚筒摇摇晃晃，如何固定牢固。

有了进站口的加入，孩子们的进入变得更加井然有序。调皮的小果一下子飞奔到安检口，钻进"扫人机器"的滚筒里不出来。冯严晨说："我刚刚进去时，手还不小心被压到了。"虫虫说："这滚筒竖着放太危险，而且不便通行，我们可以把它横过来当扫行李的工具。"羌景桐点头表示同意。

力气大的虫虫和秦浩铭两人一下就把滚筒翻过来了，但由于滚筒是圆柱体，会在地上滚来滚去。如何固定滚筒成了当前最大的难题。虫虫提议："我们可以找个重物把两边压住。"他们第一次找来平衡木的支撑架卡在滚筒两侧，但由于滚筒是圆形的，中间仍有缝隙，滚筒依旧摇摇晃晃。于是虫虫又在旁边加了个沉重的轮胎，但发现还是固定不住。

第二次，他们尝试找来六根蓝色拼插积木，拼成一个大大的长方体，长方体正好能放入滚筒。放上去后，滚筒两边被固定住了，但由于拼插的长方体和滚筒高度不一致，中间有一小部分未能衔接。宝宝灵机一动，找来四块黄色小砖头，卡在拼插积木的缝隙处，这下滚筒终于稳固了。以同样的方法，大家又成功固定了第二个滚筒。

问题五：滚筒之间有缝隙，如何衔接。

为了把滚筒固定住，用了好多的小桩头积木，导致两个滚筒没有连接上，行李根本运不过去。新问题出现了，怎么办呢？

宝宝说着："我们可以把中间铺平，和滚筒一样高。"于是找来了好多黄色圆柱体小棒，整整齐齐地铺在了上面，开始尝试运行李，可能行李太重的原因，一下子把黄色圆柱积木给弄乱了，行李无法通过。大家发现这个办法也不行，又尝试拿来了一个大的长方体积木，将积木卡在中间，可是积木太大太高了，将滚筒口都堵住了，这个办法还是不行。

这时候，秦浩铭和虫虫找来了矮的木板，又开始了尝试，发现找来的木板太短了，木板无法和滚筒衔接起来，虫虫提议："我们要找一个长长的、矮矮的木板。"于是他找来了幼儿园里最大的木板，轻轻地把木板从滚筒的这边塞进去，正好和另一个滚筒衔接起来，宝宝迫不及待地来试一试，行李最终顺利运过去了。

教师思考：在整个过程中，孩子们展现了出色的团队合作精神，互相支持、共同克服困难。每一次尝试都是成长的机会，每一个成功都是集体智慧的结晶。经过多次搭建与调整，孩子们解决了大部分问题，最终成功搭建出相似度较高的"如东火车站",并为其设计制作了提示牌。教师作为支持者、引导者和合作者,见证了孩子们不断进步的过程,也看到了他们对未来充满希望的笑容。

设计道具,玩转火车站

孩子们提议玩火车游戏,然而游戏过程中,大家挤作一团,于是他们产生了疑问:究竟应该如何正确乘坐火车呢?

为了解答这个问题,我们决定一起查阅相关资料。通过观看视频,我们了解到乘坐火车需要经过购票、安检、检票、候车、上车等一系列常规流程。掌握了这些流程后,孩子们随即开始了他们的第一次火车游戏体验。

游戏中发现大家都争抢着去开小火车,都想当小司机,这该怎么办呢?有人提议可以轮流当司机,这个办法真不错!那其余小朋友可以做什么呢?果果说:"可以当售票员。"桐桐说:"可以当服务员。"那火车站到底有哪些岗位呢?我们一起看视频找一找,原来火车站里除了小朋友说的司机、售票员、服务员,还有安检员、检票员和维持秩序的安保员。这么多岗位都需要人,少一个人火车站都无法正常运行,那怎么样才能确保每天都有人呢?土豆说:"我们可以做一个火车站每日安排表,就像我们的值日生表一样。"孩子们一致同意他的想法。有了安排表,孩子们玩起来就井然有序了。

火车站岗位表

岗位	星期一	星期二	星期三	星期四	星期五
	12	3	5	10	9
	10	19	9	3	16
	19	9	12	5	10
	16	2	19	9	3
	3	16	10	19	12

火车站值日生安排表

游戏分享环节,售票员陈嘉颖跑过来说:"我都没有火车票,那怎么办呢?"我将这个问题抛给孩子,马周涵说:"我们可以制作一张。"可是火车票是什么样子的呢?

187

大家一起观察真实的火车票，发现火车票上有汉字、有数字，还有不认识的图片。这些文字代表我们的出发点和目的地，数字代表出发时间以及座位号。易境说："我不会写字呀！""那我们可以画出来呀！"那我们这辆火车是从哪儿开到哪儿呢？经过商讨，大家一致决定写从幼儿园开往掘港公园。然后我们一起开始设计火车票，火车票上还标注了座位号。有了火车票，今天的游戏孩子们更加投入了。

火车游戏流程图　　　　　　　　　　设计火车票

视频连线，致敬工作人员

一次散步时，小班弟弟妹妹对我班的火车站表现出了浓厚的兴趣，停驻不前。这一现象激发了孩子们的热情和责任感，他们纷纷提议："我们邀请弟弟妹妹来坐小火车吧。"

在接下来的游戏中，孩子们扮演热情的工作人员，服务于弟弟妹妹。瞧！小班的弟弟神气地当上了小司机，脸上洋溢着自豪的笑容；而妹妹则开心地坐在火车上，笑容像盛开的花朵一样灿烂。这一刻，不仅充满了童真的欢乐，更体现了孩子们之间无私的关爱和分享精神。

实际的火车站工作人员们每天做什么呢？考虑到安全问题，我们用线上视频的方式了解火车站工作人员的职责与任务。售票员：负责出售车票，提供旅行信息咨询。安检员：防止危险物品进站上车……孩子们知道了每天辛勤工作的叔叔阿姨确保了每一趟列车的安全运行，让每一位乘客都能顺利到达目的地。通过视频对话和模拟体验，孩子们明白了每一个岗位的重要性，以及背后所承载的责任感和奉献精神。

受到启发的孩子们决定用行动表达感激之情。他们精心准备了感谢卡片，画上自己心中最美好的画面送给火车站的叔叔阿姨们，以此来感谢他们的辛苦劳动。同时，也种下了为家乡做贡献的愿望种子：希望有一天能像那些叔叔阿姨一样，用自己的双手建设更加美好的如东，为更多人带来便利和幸福。

这些美好的瞬间，将成为孩子们心中温暖的记忆，激励他们在未来继续传递爱与关怀，同时也懂得珍惜身边每一个人的努力成果，培养出感恩的心。

【课程反思】

本次如东"火车站"活动以孩子为中心，从孩子中来，到孩子中去。孩子们通过设计规划图、户外搭建火车站、火车游戏体验等一系列环节，获得了独特的游戏体验，丰富了多元的游戏经验。

一、挖掘幼儿兴趣，从"无计划"到"有目的"

活动伊始，教师敏锐地捕捉到了孩子们对火车站的兴趣点，并以此为契机展开了深入探究。线上参观、观看宣传视频等环节，让孩子们初步认识了火车站的规模与功能，激发了他们的好奇心和求知欲。而当孩子们提出搭建火车站的想法时，教师并未急于给予指导，而是尊重他们的意愿，允许他们在尝试中摸索前进。这一过程中，孩子们经历了从"无计划"的自由探索到"有目的"的团队合作，逐步学会了如何规划和实现自己的想法。这种转变不仅增强了孩子们的自信心和成就感，也为后续的实践活动打下了坚实的基础。

二、关注建构技能，从"无顺序"到"有规律"

在幼儿的搭建活动中，从"无序"逐渐过渡到"有序"的建构技能发展是一个充满探索与发现的过程。在这个过程中，孩子们遇到了各种各样的挑战，而教师则扮演了积极的支持者和引导者的角色，鼓励孩子们采用合适的方法去探究问题、解决问题，并充分放手让孩子们沉浸在游戏中。

通过反复尝试摆放轮胎，孩子们开始摸索并发现了其中的规律，这不仅促进了他们逻辑思维能力的发展，也让他们在生活和游戏中深刻体会到了数学的重要性及其趣味性。每一次成功的排列组合都是对孩子们耐心和创造力的肯定，每一个新发现都带来了欢笑和惊喜。

三、激发社会情感,从"不关注"到"蛮自豪"

活动之初,如东火车站仅是少数居住在其附近的幼儿所关注的对象。然而,随着建构与游戏的逐步深入,全体孩子对如东火车站的兴趣和认知迅速升温,最终达到了高度的关注和热爱。在这个过程中,孩子们不仅掌握了新的知识和技能,更重要的是,他们对家乡的感情得到了深刻的升华。当乐乐自豪地说出"我们的火车站很高,很漂亮"时,我们可以深切感受到孩子们内心深处那份真挚的自豪感。每一个孩子都在活动中找到了自己与家乡之间的联系,这种情感上的纽带让他们更加珍视这片生长的土地。在最后的游戏环节,孩子们自发地邀请小班的弟弟妹妹一同参与,展现了作为大哥哥大姐姐的责任感和关爱之心。这些美好的瞬间不仅是孩子们真情流露的表现,更是他们社会情感成长的重要标志。

【骨干教师点评】

当学习内容与孩子的日常生活紧密相连时,可以产生更为深远的影响。本次如东火车站主题活动选用周边资源,贴近孩子生活。不仅是一次充满趣味和探索的学习旅程,更是一场意义深远的社会情感教育实践。孩子们在搭建、游戏和互动中,逐渐认识到家乡的重要设施——火车站。这颗爱家乡的种子,在每一次实践中慢慢生根发芽,最终开花结果。

在这场特别的游戏进程中,教师充分尊重孩子,选择默默放手,在一旁细致观察,仅在孩子们真正需要的时候,适时提供必要的支持。这种给予孩子充分自由探索与尝试空间的态度,让一系列真实且富有挑战性的问题逐渐浮现。"车厢短小,如何变长?""进站口窄,怎样方便进出?"……这些问题,皆源自孩子们在实际操作中的思考与探索,是他们在实践过程中直面的真实难题。从"无计划"到"有目的"搭建,从"无规则"到"有规则"游戏,搭建经验在自主摸索中积累,社会规则体验中理解。经验的反刍,让孩子们在游戏中逐步解决遇到的五个关键问题,成功地完成了火车站工程的建设,在这一过程中他们锻炼了解决问题的能力,激发了无限的创造力与团队合作精神。

回顾整个火车之旅,孩子们在游戏中学习,在实践中成长,不仅锻炼了建构技能、解决问题的能力，更培养了他们对家乡的热爱、对他人的关怀以及团队合作的精神。相信这些宝贵的经历将成为孩子们心中永不磨灭的记忆，激励着他们在未来的人生道路上不断前行，为家乡的发展贡献自己的力量。

（点评人：南通市骨干教师、江苏省如东县锦绣幼儿园　顾娟）

值日二三事
（中班劳动课程）

扫码观看视频

江苏省如东县掘港幼儿园　曹淑菲　冒晨澄

【题记】

《幼儿园保育教育质量评估指南》中提到："指导幼儿进行餐前准备、餐后清洁、图画书与玩具整理等自我服务，引导幼儿养成劳动习惯，增强环保意识、集体责任感。"可见，值日生是幼儿园一日生活中不可缺少的一个角色。作为刚升中班的孩子，他们对值日生这一角色却有着不同的认识，甚至产生了"消极情绪"。老师带领孩子们了解值日生干些什么、怎么干……在讨论、实践、体验、反思、调整中改变孩子们的认识，丰富幼儿的劳动经验，收获为他人服务所带来的美好情感。

【课程叙事】

值日生故事之一：挑战情景现

升入中班以后，孩子们感受到自己的变化和成长，随着对"值日生"的初步认识，大家对成为"小小值日生"充满了向往。于是我们和孩子们一起讨论班里有哪些需要帮忙做的事，慢慢的班级中有了擦桌子、扫地、浇水、关灯、整理玩具等不同岗位的值日生。然而，没过多久，在轮流当值日生的过程中，孩子们产生了一些消极情绪，为了解孩子们的真实想法，我们围绕"值日生"开展了一次讨论：

讨论：你愿意当值日生吗？

可乐："我是愿意当的，我喜欢洗碟子，可以帮到大家，我觉得很开心。"

安吉："我愿意当值日生，什么事情都靠老师来做，老师也会累的。"

萱萱："我喜欢和好朋友一起劳动。"

表征：老师在辛苦地拖地　　　　　　　表征：我和好朋友一起整理水杯

当然也有这样的声音：

"我觉得当值日生会花费很多时间，这样就不能玩玩具了，所以我不想当。"

"当值日生有点难，特别是擦桌子，我觉得抹布总是会卷到一起。"

"这个拖把我用不起来。"

为了进一步了解其他孩子的"难点"是什么，我们再次和部分小朋友进行对话。用思维导图的方式，将孩子们的疑问一一罗列，可以更有针对性地去解决孩子的困惑，了解孩子的需求，再进行支持。

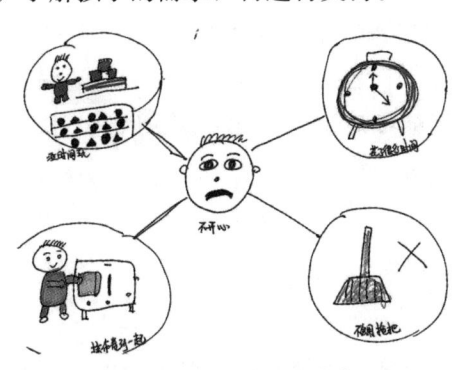

思维导图：值日的难点

原来不愿意当值日生的小朋友是因为在值日过程中遇到困难了呀！在进行了解后，我们将小朋友们遇到的困难进行了梳理分类：有的是因为劳动工具的不适宜，也有的是因为游戏与值日的矛盾冲突，还有的是因为打扫的方法问题、对值日生工作的不熟悉等，从而产生了消极情绪。

针对劳动工具不适宜的问题，糖果说："我家里有一个扫地的工具很好用，我可以拿过来。"

那该如何处理值日和游戏的时间冲突问题呢？果果也想到了一个好办法："可以让值日生先选好要玩的材料，再去打扫卫生。"

还有一些小朋友不会用拖把，不会劳动怎么办呢？首先，大家想到了岗前培训的方法。有人提议：跟着老师做，也有热心的小朋友愿意帮着好朋友一起做。

跟着老师做 　　　　　　　　　好朋友帮着做

除了上面基础版的解决策略，孩子们还一起讨论出了很多的"独家妙招"。比如"拖地时从前往后，拖地就不会脏脏的"，也有的小朋友说"先把垃圾扫到圆圈里，然后再一起扫到簸箕里"。这些可都是好办法！

教师的话：经过了初期讨论值日和游戏的时间分配、共同寻找适合的劳动工具、学习好的劳动方法和"岗前培训"，孩子们积累了粗浅的劳动经验。后期进阶版的"独家妙招"，让孩子进入到了劳动经验的最近发展区。孩子们的劳动经验有了明显的提升。劳动，显得没那么难了；劳动，让孩子更快乐了。

第一次的值日生危机顺利解决了，然而生活中总有那么多的小插曲……

值日生故事之二：分工有妙招

孩子们的一次争吵，班里又出现了新的问题：好像很多事情都在等着值日生做。针对这个问题，孩子们又会说些什么呢？一起去看看！

讨论：值日生是万能的吗？

"我感觉好像有了值日生之后，大家什么事情都让值日生去做，有的时候自己桌子上的饼干屑也不捡，都等值日生去擦桌子。""还有吃饭时掉在地上的米也不去捡。""我还发现天天他有一次忘记收拾擦桌子的毛巾。"

孩子们围绕出现的这些问题，开展了一次讨论："每个人都做好自己的事，就不用值日生了。""有些事是要自己做的，不是让值日生帮忙做的。"

值日生是万能的吗？还需要值日生吗？我们一起来听一听孩子的想法……

小小辩论会

最后结果，正方辩手略胜一筹。孩子们一致决定：班级里还是需要值日生的，但是自己的事情也要自己做，值日生不是万能的。

原本希望借助值日生活动来培养孩子们的责任意识，没想到会适得其反。有了值日生以后，反而让一些小朋友失去了劳动的机会，孩子们也因为分工有了争执。那么，值日生的工作该继续坚持，还是放弃？既然孩子们对值日生该不该存在产生了质疑，那不妨先尝试取消值日生，看看会发生什么事。

没有值日生孩子们像平常一样做好自己的事情，但是——

"如果每个人都只管自己，那教室会越来越脏的。""我刚刚踩到的地板，都是黏糊糊的，如果没有值日生马上扫掉，整个教室都会黏糊糊的。""我觉得有些小朋友没有做好自己的事，所以桌子上都是米饭，地上也是。"

做好自己的事情。

"掉在地上的米粒，自己主动去捡。""玩好的玩具，要摆好。"

我们发现，值日生工作并不等同于包办所有劳动。劳动教育，并非仅仅依靠值日生来实现。我们还得从孩子的真实需求出发。

经过分析，孩子们发现，每个人都做好自己的事情，也会有一些"意外"发生，如果没有一个"专人"来负责，那么教室还是会变得脏脏的。因此。每个人在做好自己事情的基础上，由专门的值日生来检查和完善劳动成果，这样我们的环境才会更整洁、更舒适。

扫地、擦桌子、整理玩具、挂衣服……在回忆一日生活中的劳动时也是一次经验的梳理，让我们能更加明确我们一共要做哪些事。

讨论：怎样更合理地安排值日生？

经过以上的梳理，大家已经对劳动的内容与分工有了自己初步的思考，我们将一日生活的劳动内容细分为3类：

需要值日生来负责的事：分发点心时摆放牛奶、午餐时摆餐碟、餐后擦桌子、洗勺子、扫地、摆床铺等。

大家随手可以做的事：关灯、擦镜子上的水珠、捡日常地上的小块垃圾等。

每个人都要做的事：整理自己的椅子、整理玩好的玩具、挂自己的衣服等。

思维导图：劳动内容分类

劳动内容的细分，让大家更加明确了自己的职责和值日生的职责，人人都是劳动者。并且，我们不再只关注孩子劳动的结果，更关注孩子在劳动中的体验与感受。孩子们的劳动情绪是非常重要的，每个人都应该是快乐的劳动者。

问题：如何安排值日生？

我们班里有 24 位小朋友，我们可以怎样安排值日生呢？

"可以邀请我的好朋友再值日一次。""我和小米每周可以轮流去其他组值日，这样每一组都有 5 个人啦！""我们可以做一个安排表，这样就可以知道每天是谁值日啦！"大家都同意了宸宸的这个好主意，于是就开始做安排表！

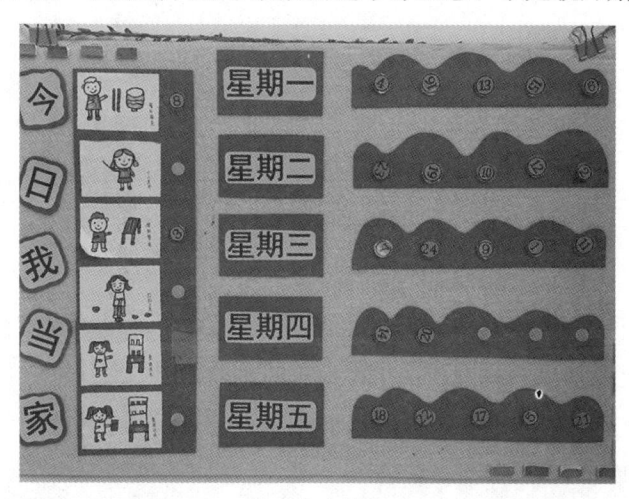

值日生安排表

问题：怎么知道谁是值日生？

孩子们知道自己是哪一天值日的，可是，怎么让别人知道每天的值日生是谁呢？经过讨论，大家一致决定设计值日生牌。瞧，值日生臂环因此而生！

值日生臂环 　　　　　　　　　　值日生在擦桌子

"今天我吃完饭就去扫地，果果对我竖大拇指了。"

"吃饭的时候，我会自己把掉落的米饭捡干净，这样值日生到我的座位边时会说：真干净，都不用扫了。"

每一次的夸奖，我们都会存留下来，一起分享。

"老师拍下了我整理的积木，还给全班小朋友看了，我好开心。"

"今天我看到别人的椅子有点乱，我帮忙摆了一下，老师夸我真细心。"

在记录的过程中，对于值日做得好的小朋友，我们用了"点赞贴画"的形式，它的出现让孩子的劳动积极性提高。

感谢别人的帮助：小米今天扫地很干净，我掉下来的饭粒也帮我扫干净了。

感谢别人的付出：今天多多吃完饭一直在拖地，都没有玩玩具。

夸夸别人的认真：我看到子扬今天玩好玩具以后把玩具整理得很整齐。

当然有的时候，我们也会夸夸自己。

夸夸自己的厉害：我做过很多次值日生，我觉得自己很厉害！

夸夸自己的认真：我上次拖了很大一块地板，地板很干净。

夸夸自己的热心：我上次吃完饭看到桌上的米饭没捡干净，我帮忙捡了。

镜头记录：认真摆放毛巾的值日生　　　　"点赞贴画"夸夸你

在一次次夸别人和夸自己的声音中，孩子们收获的不仅仅是夸奖还有自信。我们会在晨间谈话、餐前分享时，一起聊一聊自己的劳动新体验，听一听别人对自己的夸赞。我们欣喜地发现劳动变成了一件像吃饭一样自然的事，劳动好像变成了生活中的一种习惯。

值日生故事之三：家园总动员

那幼儿园里可以做的事情有哪些呢？我们一起来看一看。

每天的值日生工作有满足、有欣喜，当然也有辛苦。正是因为"辛苦"，小朋友才有了更多真实的感受，而一些新的"想法"也油然而生……

"有人在拖地的时候，我们不能去踩，拖地很辛苦的，否则就白拖了。"

"我觉得拔草很辛苦，怎么感觉拔不完呢？农民伯伯真的很辛苦。"

"操场好大，上次掉了很多的树叶，我们一起捡了好久，打扫的奶奶真辛苦。"

随着值日生活动的开展，孩子们在家里也制定了家庭劳动计划表。爸爸妈妈用心地用照片、视频的方式记录下孩子们的值日时刻，并进行了评价。让我们来看看现在的小朋友变得多能干吧！家长们纷纷反映，在孩子们的带领下，常把手机捧在手上的爸爸们也加入了劳动行列，家庭氛围可好了！

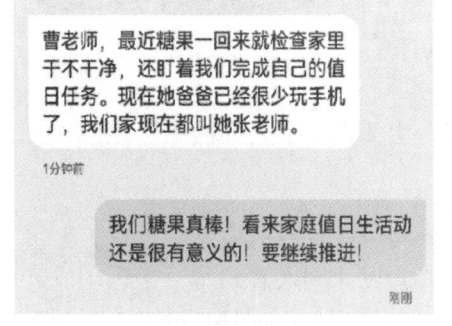

家长的反馈　　　　　　　　家庭值日记录

"值日生那么辛苦，如果有机器人来帮忙就好了。"

"上次去商场的时候，我看到了一个扫地机器车，如果用这个打扫操场肯定就不累了。"

"我家里也有扫地机器人，我们不在家的时候，它就出来干活了。"

体验到劳动的辛苦，孩子会更加珍惜劳动的成果，正是因为辛苦，才让孩子们产生了更多的"想法"，各种劳动机器人是孩子对现有劳动经验的拓展，生活在"智能时代"的孩子们，多多少少都会接触到一些智能家电，许多传统的劳动，逐渐被机器人取代。那么，幼儿园里的劳动，可以由哪些厉害的智能家电来帮忙呢？我们支持孩子们的畅想！

拉床机器人、自动浇花机器人、扫楼梯机器人、叠毛巾机器人……孩子们联系自己的劳动经历开始天马行空的想象。

享受一日生活中劳动的快乐也享受智能时代带给我们的便利，这两者并不冲突，我们尊重每一个孩子的奇思妙想。也许未来有一天，我们的生活会因为孩子们今天的奇思妙想而改变呢！

浇花机器人　　　　　　　　　　打扫机器人

孩子们在真实的生活中体验、学习、生活。每个人都能更好地照顾好自己、服务同伴。

劳动，让小伙伴的距离变得更近。听到同伴对自己的夸赞，孩子们变得更自信。劳动，让每个孩子变得闪闪发光，也让别人看到每一个闪闪发光的劳动者。因为劳动，我们享受到更美好的生活，也许这就是劳动的魅力和乐趣吧！向每一位辛苦劳动的人致敬！

【课程反思】

一、劳动选择，一日生活值日最近

陈鹤琴说过："凡是孩子自己能做的事，让他自己去做。"3—6岁是儿童生活自理能力快速发展的关键期，在这阶段，教师可以适当引导幼儿学习和掌握必要的生活自理技能，培养他们的劳动意识。中班幼儿的劳动意识正处于初步发展阶段，开始理解劳动的简单概念，知道劳动可以完成一些任务，但劳动自觉性有限，容易受兴趣影响。如何让幼儿的劳动兴趣稳定，自觉性提高，"值日生"是中班劳动教育的首选。在日复一日的值日生活动中，在"插曲"频发中，教师引导幼儿认识劳动、解决劳动中的问题，能够系统且有效地提升中班幼儿的劳动自觉性与兴趣的稳定性。

二、步步为营，循序渐进爱上劳动

我们深谙劳动习惯的养成不可能是一蹴而就的。课程从刚升入中班的幼儿讨论班级中需要帮忙做的事开始，激发幼儿劳动兴趣，到在轮流值日过程中，面对冲突产生消极情绪，而后成功解决问题，对劳动的兴趣得以延续；再到幼儿因值日生分工问题产生争吵，尝试取消值日生，在对比中发现班级卫生需要专人负责的责任意识强化，触动幼儿在日常生活中主动承担起值日生的劳动任务；接着我们通过"点赞贴画"的形式表扬幼儿，同时鼓励幼儿夸夸别人、夸夸自己，感受快乐与被认可，从而更有动力持续参与劳动；家庭"值日生"活动的开展，让幼儿劳动习惯的养成"无处遁逃"，形成自觉行为。可见在课程实施中，我们着力激发幼儿参与值日活动的兴趣—强化值日的责任意识—鼓励加持值日的劳动行为—家园同步形成值日习惯。在步步为营中，让幼儿逐步爱上做值日生，爱上劳动，循序渐进地养成良好的劳动习惯。

三、多元融合，劳动习惯得以巩固

作为一门劳动课程，我们做到劳动为主，其他领域有机融合为辅，主次有序，推动幼儿劳动习惯养成的同时，让幼儿其他能力得到发展。如逻辑思维能力、语言表达能力、为他人服务的意识培养、感恩之心的培养等等，特别是智能劳动工具的畅想，如拉床机器人、自动浇花机器人等。这一拓展延伸，反映出他们在劳动过程中的思考与创新，进一步拓展了劳动认知，丰富了劳动经验，有助于持续培养他们对劳动的兴趣与积极态度，使良好的劳动习惯得以稳固和深化，劳动课程全面开花。

【骨干教师点评】

一、明暗同行，实现劳动与幼儿全面发展的深层关联

该课程的值日劳动意在促进幼儿的全面发展。苏霍姆林斯基说："劳动，

只有劳动,是一个人全面发展的基础。"该课程,借助"值日生"这一劳动,很好地诠释了这一观点。在课程中,看似老师带领幼儿解决一个又一个问题,实则是直抵孩子的全面发展的"烟幕弹",细品,暗处别有洞天,可谓方法巧妙,独具匠心:在孩子们学会正确使用各种劳动工具的过程中,旨在"劳动中锻炼体魄、提升动作技能";当孩子们遇到值日难题,他们通过思考、讨论和实践去寻找解决办法,达到"劳动激发幼儿的认知兴趣,促进其思维发展"的目的;起初,部分孩子对值日存在消极情绪,但随着问题解决,他们逐渐在劳动中获得成就感与快乐,可见"劳动对幼儿的情感培养有着深远影响";值日生工作涉及分工与协作,合作经历让他们懂得团队合作的重要性,学会在集体中发挥自己的作用,提高了社会交往能力和集体责任感,可见"劳动为幼儿提供了丰富的社交场景,助力他们社会交往与合作能力的发展"。小小的劳动课程聚集着大大的能量,为孩子的全面发展奠定了良好的基础,成为成长路上一抹靓丽的底色。

二、"放大招儿",实现亮点与值日旧题重温的劳动认知

"值日生"是个最普通、平常不过的话题,找到适切点"放大招儿",对劳动产生新的认知又能体现"养成劳动习惯"的心意,是该劳动课程的又一大亮点。在这个课程中,孩子讨论的方式别出心裁——辩论。在各抒己见中,不仅幼儿的思维、表达能力得到锻炼,而且正确的观念得到更多幼儿的拥护,最后得到全体幼儿的认同:"班级里还是需要值日生的,但是自己的事情也要自己做,值日生不是万能的"。智能化产品的涉及劳动机器人的设计,让"未来已来"的意识在幼儿幼小的心灵里生根、发芽,有利于他们更好地去适应属于他们的"未来"。"夸夸别人"的过程,又将"立德树人"的根本任务巧妙融入其中,让劳动也是德育的一种方式变得水到渠成……在老师巧妙的"放大招儿"中,明晰劳动的重要性,养成劳动习惯,适应未来的劳动方式,让劳动深深刻进入孩子们的心灵,成为全面发展的重要阵地,产生一生的"缱绻缠绵"。

三、家园共育,实现当下与幼儿一生发展的深远价值

劳动习惯的养成不可能一蹴而就,需要不断地坚持与重复。幼儿园只能陪孩子走一段路,而家庭是陪孩子走一生的路。所以,家庭教育是幼儿园教

育的延伸与拓展，也是幼儿园教育的有力支持，家园携手，事半功倍，意在长远。在课程实施过程中，老师做到从幼儿全方位的发展需求出发，关注家庭"值日生"的开展情况，让"值日生"走进幼儿的"全"生活，让值日劳动成为一种习惯与自觉，实现 $5+2\geqslant7$ 的理想，为幼儿终生发展提供有意义的成长经历，奠定良好的生活习惯基础，进而更好地促进幼儿的全面发展。

(点评人：南通市骨干教师、江苏省如东县掘港幼儿园　于金莲)

玩转南菜市场

（大班社会课程）

江苏省如东县掘港街道群力幼儿园　陈永红　张鸿燕　王晓丹

【题记】

《幼儿园教育指导纲要（试行）》指出："充分利用社区环境资源，扩展幼儿的学习和生活空间。"群力幼儿园紧邻热闹非凡的县城南菜市场，这个弥漫着烟火气息的神秘乐园，是孩子们认识世界的独特窗口。各种蔬菜、水果、肉类等琳琅满目，人们的交流、交易也充满了生活的智慧。对于孩子们来说，这既是一个充满新奇和探索价值的地方，更能体味到生活的百般滋味。于是，我们以"南菜市场"为主题，开启一场别样的游戏之旅，让孩子们用童真的视角去探索、去体验、去创造。在这一方小小的"市场天地"里，编织出属于他们自己的成长故事。

【课程叙事】

进入大班后，孩子们总喜欢几个人聚在一起谈论着自己的所见所闻。欣欣说："我每天陪妈妈上市场去买好多好多的菜。""我也陪奶奶去买菜，买了我最喜欢的鸡翅呢！""我也去了，就在幼儿园旁边的菜市场。"孩子们对菜市场的关注引发了课程研究之旅。

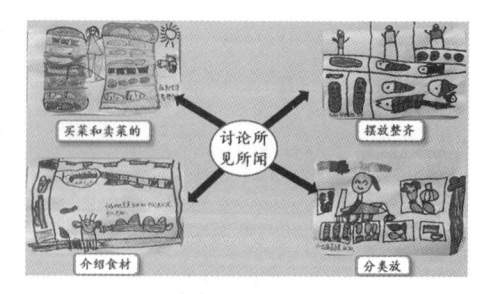

讨论所见所闻

菜市场开张之旅

1. 初见南菜市场。

（1）南菜市场，我来探。

菜市场里卖些什么呢？叔叔阿姨们是如何工作的？这些问题让孩子们感到疑惑。涛涛说："老师，我们去幼儿园旁边的菜市场看看吧。"确实！拥有如此便捷的资源，怎能不充分利用？于是，孩子们带着满心的好奇，一同走进了紧邻幼儿园的南菜市场。市场中，熙熙攘攘的人群、此起彼伏的叫卖声，以及琳琅满目的各类蔬菜、水产品和其他食物，让孩子们目不暇接，惊喜连连。他们仔细观察着各种蔬菜，甚至忍不住用小手去触摸这个、感受那个，边看边兴奋地分享着自己的发现。

（2）资源墙，我来筑。

参观归来，孩子们依旧沉浸在兴奋之中，纷纷畅谈着自己的所见所闻。浩浩激动地说："我看到了大螃蟹，真的非常大！"天天补充道："没错，尤其是它那两个硕大的钳子。"萱萱说："我还发现南菜市场里有许多摊位，还有一条长长的跑道呢！"孩子们你一言我一语，讨论得热火朝天。最后，孩子们突发奇想，竟然提出了一个大胆的创意——把南菜市场搬进教室！这该如何实现呢？不愧是大班的孩子，他们的点子层出不穷。"我们可以用盒子来做房子。""还可以用泡沫来制作摊位。"第二天，孩子们纷纷带来了各种废旧材料，聚在一起商讨策划。"我会用轻泥土捏出鱼来。""我会捏萝卜。""我来画顾客。"在孩子们的齐心协力下，南菜市场的资源墙终于顺利完工了！

对南菜市场的表征　　　　　　　资源墙

教师视角：通过参观菜市场，孩子们认识了各式各样的蔬菜，并了解了它们的颜色、形状、味道等特征。在制作资源墙的过程中，孩子们充分发挥想象力，将参观市场的所见所闻以绘画、手工等形式生动地呈现出来，展现了他们丰富的创造力。

2. 筹备菜市场。

"我们也来建一个菜市场吧。"小雨的提议得到大家的一致响应。"那菜市场建在哪里呢？"孩子们来到走廊，观察了走廊的宽度、长度等，纷纷当起了小小设计师。这儿卖蔬菜，那儿卖鱼……最后，经过讨论商量评选出最佳设计图。瞧！孩子们根据设计图开始行动啦！

菜市场的材料从哪里来呢？洋洋兴奋地说："我家有塑料的大白菜，还有黄瓜的玩具呢！"孩子们七嘴八舌地讨论起来，教室里一片欢声笑语。这时，婷婷高高地举起了小手，骄傲地说："我家有很多贝壳，海边捡来的，特别漂亮！"小雨也不甘示弱，站起来说："我家有小篮子，是奶奶编的，可以用来装菜。"孩子们的热情被点燃了，纷纷表示要回家找找看。

第二天早上，孩子们陆续从家里带来了各种宝贝。虽然材料不少，但想要开一个丰富的"菜市场"，还是显得有点捉襟见肘。

"怎么办？材料还是不够啊！"洋洋紧锁眉头。萱萱歪着小脑袋，思索片刻后提议道："我们可以用其他东西代替呀！"这个建议立刻得到了大家的赞同。孩子们纷纷开动脑筋，积极寻找解决材料不足问题的办法。只见孩子们忙得不亦乐乎：将方形积木小心翼翼地摆放在篮子里，模拟出香喷喷的"肉"；将绿色树叶剪成各种形状，制作出新鲜的"蔬菜"；将白色泡沫切成小块，仿制出嫩滑的"豆腐"；将鹅卵石洗净后放入盆中，充当圆滚滚的"土豆"……在孩子们的齐心协力下，菜市场的材料逐渐丰富起来，琳琅满目，应有尽有。

菜市场设计图　　　　　　　　以物代物

教师视角：望着自己亲手制作的"蔬菜"和"肉类"，孩子们脸上洋溢出自豪的笑容。他们仿佛真的置身于一个热闹非凡的菜市场，在这个充满创意与乐趣的环境中，孩子们不仅锻炼了动手能力，还激发了合作精神和解决问题的能力，更深刻体验到了劳动的快乐与成功的喜悦。

3. 向日葵菜市场。

在孩子们共同努力下，小小菜市场终于落成了。小宇说："幼儿园旁边的菜市场叫南菜市场，我们也来取个名字吧。""那给菜市场取个什么名字呢？""我取草莓菜市场。""我取太阳菜市场。""我认为叫向日葵菜市场。"面对这么多富有创意的名字，该用哪个好呢？经过一番激烈的投票和紧张的计票，结果终于揭晓了——向日葵菜市场以最高的票数脱颖而出，赢得了大家的青睐。

4. 宣传菜市场。

"老师，大一班的小朋友经过我们菜市场总要摸我们的蔬菜。"我说："看来，他们也想来玩你们的菜市场啊！怎么办呢？"婷婷眼睛一亮，兴奋地说："那就邀请他们来玩啊！""那你们怎样来介绍菜市场，让其他班的孩子也来玩呢？"我笑着问。孩子们七嘴八舌地议论开了。

于是，孩子们聚在一起，小手握着彩笔，开始认真地绘制着宣传单。"这里画一个西红柿，红红的，像个小太阳！"佳佳一边画一边说。一切准备就绪，孩子们的宣传小组开始行动了。

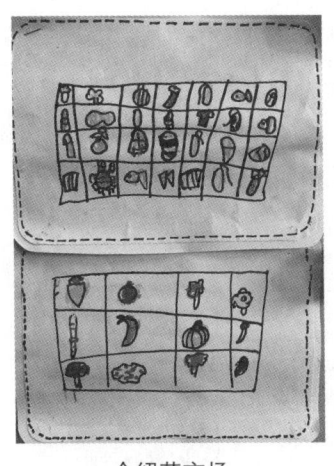

介绍菜市场　　　　　　　　宣传单

菜市场奇妙之旅

向日葵菜市场终于开业了,菜市场有摊主、顾客,每个人都忙得不亦乐乎。但每次游戏过程中,我们都会发现各种各样的问题。

我们的问题

问题一:角色分配。

悦悦早上一来便高高兴兴地来到了蔬菜区,开始了他的吆喝,准备做生意。这时,涛涛也来了,说:"你昨天当了老板,今天怎么又当呀?我也要当老板。""不行,我今天还要当老板。"

策略: 每次游戏时都会发生不同的纠纷,针对这一连串的问题,孩子们商量出菜市场进区的规则。

方法一: 幼儿分成 5 组,每天轮流玩,每组 8 人,其中 3 人当老板,5 人当顾客,这样每个孩子一个星期都能玩一次。

方法二: 明确角色意识,知道摊主应该怎么做,顾客应该怎么做。

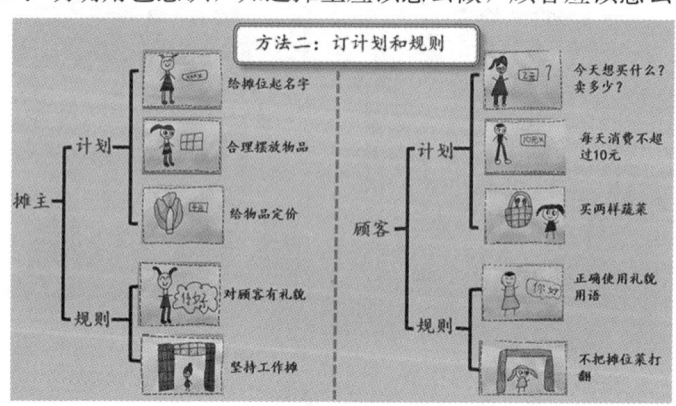

订计划和规则

后续：有了进区的规则后菜市场显得更加快乐和热闹了，每个人都能自觉有序地选择角色牌，不争不抢，显得井井有条，同时孩子们还巩固了8以内的加减法。

问题二：使用钱币。

在一次游戏评价时，涛涛说："今天悦悦来买菜时没有给钱就走了。"悦悦连忙说："可我没有钱呀，我不是假装给你了吗？"彤彤说："我妈妈去菜市场买菜都要给钱的。""我们也做一些钱不就好了？"

策略：制作钱币。

那我们用什么来做钱币呢？"我们从家里带钱来啊。""可以用彩色纸做啊！"大班幼儿有了一定的书写能力，他们商讨后决定自己制作钱币。他们分别在黄色纸上写上一元，蓝色纸上写上两元，粉色纸上写上五元，同时也把每一样菜品定好价格并贴上标签。

后续：孩子使用钱币后，学会了讨价还价，还能计划花更少的钱买更多的东西。在这期间，孩子们还习得了数学核心经验，掌握了10以内的加减运算。比如，带8元去市场买菜，买了4元的黄瓜，还剩4元。卖出6元的土豆，3元的青菜，赚了9元。

问题三：蔬菜太少。

"老师，我不想玩了。"听了浩浩的话，我很惊讶，连忙问："为什么呀？""我今天的蔬菜全卖完了，也没有顾客来了，一个人站着没有意思。"是啊，孩子们在前期的时候，只带来了一些材料，后来我们也就没有继续让孩子利用其他材料制作，然后就导致现在的这种状况了。

策略：菜蔬采集地。

为了确保孩子们能够持续参与游戏，充分体验其中的乐趣，我们将这一挑战性问题抛给了孩子们，让他们自主思考并寻求解决方案。孩子们积极发言，纷纷表达自己的见解。最终，大家经过共同商议，一致决定将美工区改造为蔬菜和食物加工坊。每天选择在美工区活动的孩子们，可以利用轻泥土及各类辅助材料，动手制作各种蔬菜和美食。

后续：有了采集地之后，孩子们都热衷于搓搓捏捏，同伴之间相互切磋，比拼谁捏得既多又逼真，美工区因此变得愈发活跃和热闹。当发现菜市场的菜品不足时，他们会互相加油鼓劲："快点做呀，菜市场快没菜了！"随即便将做好的菜品送往菜市场，菜市场的老板也因此喜笑颜开。随着源源不断的菜品送达，孩子们的玩耍兴致更加高涨。

菜市场蜕变之旅

孩子们的菜市场正如火如荼地进行着，虽然新问题不断出现，但孩子们解决问题的能力、同伴交往的水平却在一次次游戏改进中得以提升。

问题一：菜市场太乱了。

随着游戏一步步的开展，孩子们也发现一些新问题：1. 菜市场太脏，没有人打扫；2. 菜市场太乱，没有人维持秩序。

策略：添加工作人员。

针对这些问题，孩子们通过商量表决，又增添了以下工作岗位：市场管理员、市场清洁工等。孩子们从自己的需要出发，选择感兴趣的工作，然后通过自己的努力来赚钱，赚到的钱就可以进行消费。这样良好的循环经济体系建立起良好的游戏秩序，一切都变得井井有条。

教师视角： 面对菜市场出现的种种问题，孩子们自主思考、齐心协力解决，取得了显著成效。在菜市场秩序混乱之际，孩子们从实际需求出发，积极讨论解决方案，最终增设了市场管理员、清洁工等岗位。这一过程极大地激发了孩子们的主动性和创造性。他们不仅学会了针对问题提出合理对策，还深刻认识到不同岗位在维护市场秩序中的重要作用，从而显著增强了责任意识。

问题二：买卖花钱搞不懂。

"我买了好几样菜，一共用了多少钱？""我应该给你多少钱？"菜市场里买卖虽然热火朝天，但总有些小伙伴算不清账，为付多少钱发生争吵。怎样将数学经验融入游戏中呢？

策略：我有记账本啦。

陶行知曾言："唤起兴趣，学生有了兴趣，就肯用全副精神去做事情，所以学和乐是不可分离。"尽管数字本身显得枯燥，但游戏中的数字加减却极大地激发了孩子们的兴趣，产生了事半功倍的效果。在游戏中，孩子们灵活运用已掌握的数学知识，学会了计算蔬菜价格与手中纸币数量的差额，从而深刻理解并掌握了数字的实际意义。

于是，我们从购买单一物品逐步过渡到购买两三样物品，使孩子们在游戏中巧妙地学会了 10 以内的加减混合运算、连加连减以及统计等技能。例如，当小顾客去市场买菜，带着 10 元钱，购买了 3 元的花菜和 5 元的鱼时，他们能够熟练地计算出自己还剩 2 元。同样，小老板也清楚自己当天卖出了 2 元的青菜、4 元的茄子和 2 元的土豆，总计赚了 8 元。

此外，每次游戏结束时，孩子们都会认真地在记账本上记录当天所花费和所赚取的金额。通过这种方式，孩子们能够熟练地运用数学知识解决游戏中的各种问题。

教师视角：在解决买卖算账不清的问题时，孩子们引入了记账本。这一举措使他们在游戏中熟练掌握了连加连减的运算技巧。目睹孩子们认真记录每一笔收支，我深刻意识到，将数学知识融入真实情境的教学方法，极大地提升了他们运用数学解决实际问题的能力。

问题三：出货进货搞不清。

"我要采购萝卜、藕、青菜……呀，这么多，记不住啊！"菜蔬采集地的"工人"也发现了问题："我们到底卖掉多少货物啊？"

策略：清单来啦。

"我们可以制定购物清单和出货清单。"出货清单上需要包含哪些内容呢？"要有日期吧？""可以列出需要购买的菜品。""还需要标注价格。"孩子们展开了热烈的讨论，有的孩子甚至去请教有采购经验的爸爸妈妈。最终，大家

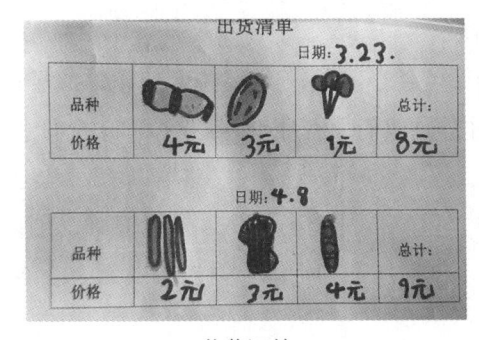

菜蔬订单　　　　　　　　　　　按订单制作

共同制定出了一份令人满意的清单。采购人员首先需制定购物清单，随后采集地人员根据每日订单来准备相应的材料。通过清单的制定，孩子们在做事时变得更加有计划性和条理性。

南菜市场还将继续，在这个充满烟火气的游戏天地里，孩子们持续探索、快乐成长，积攒面对未来挑战的勇气与智慧。

【课程反思】

在课程实践中，我们致力于让孩子们真正成为班级区域环境的主人。通过走进南菜市场、创设菜市场情境等一系列活动，孩子们不仅在游戏中收获了快乐，更在多通道感知中得到了全面的发展。

一、以兴趣为引，启幼儿探索之旅

在本次课程中，我深刻认识到敏锐捕捉幼儿兴趣点的关键性。孩子们对菜市场的运作充满好奇，提出了诸如"菜市场卖什么？""叔叔阿姨怎么工作？"等问题。当涛涛建议去幼儿园旁的菜市场参观时，我迅速响应并组织了这次活动。事实证明，这次实地探访极大地激发了孩子们的探索热情。在南菜市场，孩子们被熙熙攘攘的人群、热闹的叫卖声以及琳琅满目的商品深深吸引，他们积极观察、触摸各类物品，并不断分享自己的新发现。在后续的活动中，孩子们积极参与资源墙搭建、菜市场筹备等环节，展现出强烈的主动性。这让我深刻体会到，以幼儿兴趣为导向设计课程，能让他们更深入、更积极地参与其中，主动学习新知识与新技能。今后，我将继续关注幼儿的兴趣点，为课程的开展找准方向。

二、凭自主之力，促幼儿问题解决

面对游戏中出现的角色分配、钱币使用、材料不足等诸多问题，孩子们积极共同商讨解决方案。令人欣喜的是，他们不仅提出了切实可行的方法，如制定区域规则、自制钱币、设立菜蔬采集点等，还在这一过程中显著提升了多方面的能力。解决问题的过程中，孩子们的沟通协作、逻辑思维、创新创造能力均得到了显著锻炼。给予幼儿自主探索的空间，便能激发无限潜能，从而更全面地提升他们解决问题的能力。

三、借融合之力，助幼儿全面发展

此次课程并非孤立存在，而是融合了多领域知识。孩子们在搭建菜市场的过程中，锻炼了动手实践能力与空间规划能力；通过制作钱币、计算价格，巩固并提升了数学运算能力；在角色扮演中，提高了语言表达和社会交往能力。通过这一课程，我见证了融合教育对幼儿全面发展的积极影响。我将进一步挖掘课程中的融合点，让幼儿在丰富多元的活动中，实现综合素质的全面提升。

在这个小小的菜市场里，孩子们体验着生活的百态，收获着满满的快乐与自信。未来，相信这些宝贵的经历将如同明亮的种子，在孩子们心中生根发芽，伴随他们勇敢地探索更广阔的世界，迎接更多未知的挑战。

【骨干教师点评】

该课程独具匠心，充分借助紧邻南菜市场这一得天独厚的社区资源优势，将鲜活生动的生活场景巧妙融入日常活动，严格践行了《幼儿园教育指导纲要（试行）》中关于利用社区资源拓展幼儿学习与生活空间的要求。课程以幼儿对南菜市场的日常热议为切入点，敏锐捕捉到孩子们的兴趣所在。多次参观南菜市场的过程中，孩子们穿梭于熙熙攘攘的人群，聆听此起彼伏的叫卖声，目睹琳琅满目的商品，亲身感受热闹非凡的人际互动。这种沉浸式的直观体验，如同点燃了孩子们好奇心与探索欲的火焰，为后续课程的顺利推进筑牢了兴趣根基。

在课程实施阶段，孩子们的主动性和创造力令人惊喜。从场地挑选、材料收集到人员安排，每个环节都由孩子们自主掌控。他们用画笔勾勒出心中的菜市场，利用废旧材料精心搭建摊位，还用轻泥土捏出形态各异的蔬菜和肉类。这些实践活动，既锻炼了孩子们的动手能力，又通过交流与创意分享，充分激发了他们的想象力和创造力，语言表达能力也随之提升。

游戏环节中，孩子们面对难题时展现出的问题解决能力同样可圈可点。面对角色分配争抢、钱币使用困惑、蔬菜供应不足等难题，孩子们毫不畏惧，积极思考，热烈讨论，各抒己见，最终依靠团队智慧制定出可行方案。进区规则的制定让孩子们学会遵守秩序、公平竞争；自制钱币加深了他们对货币的理解，锻炼了动手和运算能力；设立菜蔬采集地则彰显了创新思维和解决实际问题的能力。在此过程中，孩子们的沟通协作能力大幅提升，逻辑思维更加缜密，创新能力不断升华。

此外，课程还巧妙实现了多领域知识融合。搭建菜市场锻炼了空间规划能力，制作钱币巩固了数学运算能力，角色扮演提升了语言表达和社会交往能力。孩子们在充满烟火气的课程中全方位体验生活，收获快乐与自信，实现了综合素质的全面发展。

（点评人：江苏省特级教师、正高级教师、江苏省如东县教师发展中心唐海燕）

毕业照的故事

（大班社会课程）

江苏省如东县爱民路幼儿园　邱许慧

【题记】

拍摄毕业照是大班儿童毕业前一项很有仪式感的活动，孩子们期待满满。如何从传统的根据教师规定的队形拍摄毕业照，走向让孩子自主规划拍摄照片，并不断解决拍摄过程中遇到的问题？教师充分挖掘拍照这一生活事件中重要的教育价值，努力追随孩子们的兴趣和感情需要，与孩子们一起经历、体验、回顾。当教师放手，孩子们真正成为拍毕业照的主人时，他们在社会交往、数学认知（空间方位、比较测量）、摄影美学、合作学习等方面带给我们诸多的惊喜。

【课程叙事】

情感驱动：为什么要拍毕业照

临近毕业，孩子留恋着熟悉的幼儿园生活，对即将到来的分离充满不舍。在日常的交谈中，孩子们萌发了拍毕业照的愿景。"我们就要毕业了，不上幼儿园，要换一个学校。""毕业就是要上小学了，小学比幼儿园更大。""我想把幼儿园和好朋友全部藏起来带到小学去。""那我们拍张毕业照吧，这样我想你们的时候，就能拿出来看一看。""那我要和依依、彤彤一起去小山坡拍。""我们要摆好看的姿势，穿漂亮的衣服，比如班服。""要一个人来当摄影师，要用到相机。就像我以前去影楼拍照一样，我们还可以拿一些道具。"

讨论中，孩子们生动解读了拍毕业照的意义和价值，自主选择了想要合影的伙伴与场地，以及拍照所需要的工具、服装，还能把日常生活中在影楼合影的经验迁移到本次毕业照拍摄中来。

社会交往：毕业照和谁一起拍

当确立了拍摄毕业照这个项目后，孩子们组织了一场集体晨会，他们自由选择想要合影的伙伴、确定场地与动作，并用生动的绘画表征出了自己的拍照计划。有的孩子邀请了日常游戏的好伙伴比划动作，有的孩子选择了以前共同生活过的老师一起拍照，有的孩子选择了与幼儿园里的小动物一起合影。有的孩子多次被邀请，备受欢迎；但也有几个孩子没有顺利完成计划。在深入了解孩子们的交往情况后，"我没有好朋友""没有人选我当好朋友"这些在群体中孤独的、被忽略的、被排斥的孩子引起我的重视。

什么情感对儿童学校生活最重要？被承认、被爱；可以无压抑地与教师、同伴交往的安全感；可以表达自己真诚的信任感；获得自尊、自信、有力感、胜任感的自我价值感。同伴作为孩子们生活中的重要他人，相互之间的交往很大程度上影响其社会性的发展。在生活情境中的自由选择与讨论，反映出不同孩子的同伴交往情况。我和班级教师通过同伴提名法、观察法和访谈法，发现班级内有2个孩子在自我意识中没有好朋友，有1个小朋友没有被他人接纳为朋友。

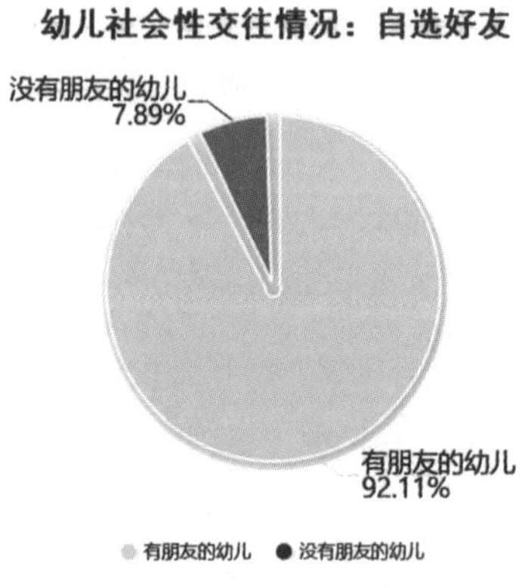

幼儿同伴交往调查情况（1） 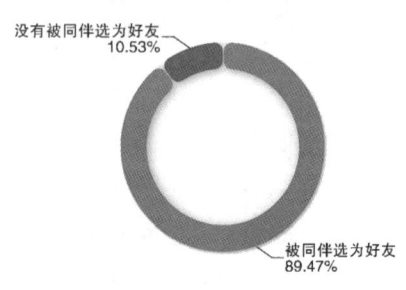　　　　幼儿同伴交往调查情况（2）

分析了解情况后，发现他们被拒绝、被忽略的主要问题在于转学未适应、行为方式、社会性交往障碍这三个方面。基于此，我们从给予更为热情和接纳的态度陪伴孩子成长，在遇到同伴冲突时提供合理解决问题的建议，更高频次地开展合作性游戏，鼓励胆怯内向的孩子勇敢迈出交往的第一步等方面进行个别指导。随着生活中与他们联结互动与正面情感交流次数的增多，孩子们的包容和接纳度拓宽了，学会了正确表达自己的情绪和想法，学会尊重差异，悦纳自己和他人，情感逐渐惬意舒展开来。

同伴学习：如何区分左右

顺利完成合影计划后，孩子们按照计划单上的顺序，找到自己的好朋友完成拍照。当计划与照片放在一起后，孩子们有了新的发现。"我发现了件怪事，明明我的左边是缪佳瑞，右边是胥艺娴，拍出来的照片却反了！"我加入了他们的讨论："这倒是一个有趣的发现，其他人也出现了这样的情况吗？"孩子们检查后发现："好多组也是这样的，只有陈甜心和陆承启两组拍出来是对的。"

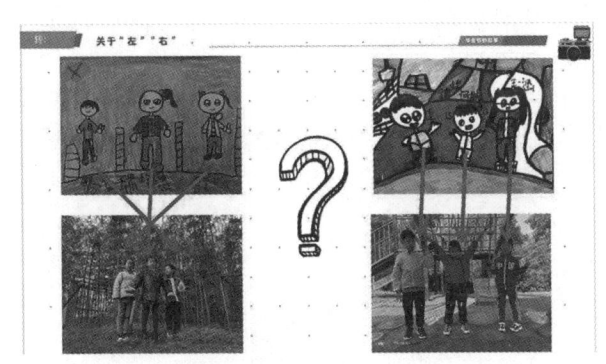

幼儿发现计划单与照片的冲突

一、发现左右的相对性

孩子们对于出现的不同结果十分好奇，询问正确匹配的秘诀，"你们是用什么方法让照片上的顺序和计划单上一样呢？""我们是站在画后面，然后看计划单的背面按照顺序一个个排好队的。""我们也是按从左到右的顺序排好的啊。""可是你们是面对面看设计图的，位置顺序和设计图上一样。那老师拍照片的时候，像我们照镜子一样，我们的左边就是镜头的右边，是相反的。""选择站在画的背面看设计图，可以帮助我们顺利完成计划单上拍照任务，还有其他的方法吗？""如果我们直接按照计划单上相反的方向站，是不

217

是也一样?""哇!你一下子就发现了秘诀!"讨论中,孩子们发现了以个体为中心区分左右和以客体为中心区分左右的不同之处,并寻找到了正确解决问题的方法。

二、生活中的左右

作为一名观察者,我也注意到有些孩子是因为一开始在拍照时并没有关注到计划单上的空间方位,还有一部分孩子还没有分清自己的左右,导致计划单与实际照片不相吻合。那对于孩子们来说,辨识空间方位、认识左右究竟有什么样的意义呢?我与孩子们一起讨论,厘清正确认识左右的作用。"如果不认识左右,我们就会迷路。去朋友家做客,还会敲错门。""要是我们能分清左右,以后去了小学,也不用担心找不到教室而迷路了。"

孩子们将学习的价值赋予实际的生活中,打破知识教育与实践教育间的阻隔,并将生活中的经验变成认识左右的方法。"吃饭用筷子的是右手。""拿笔的是右手,写字的时候是从左往右写。""下楼梯的时候靠右边走,就是沿着有扶手的一边。"

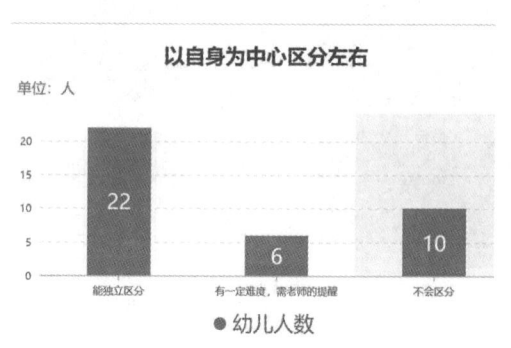

以自身为中心区分左右

单位:人

能独立区分	有一定难度,需老师的提醒	不会区分
22	6	10

● 幼儿人数

幼儿以自身为中心区分左右情况

三、"小先生"的出现

正如陶先生所说:"每个人,即使是只学习过几个月,只要学到一点,就应当把他学到的教给别人,甚至很小的孩子也可当'小先生'。"对于班级内还有部分孩子仍未能正确区分左右的情况,孩子们开展了师徒联盟活动,会的孩子教不会的人,将自己的经验在教学做合一的过程中不断巩固。

幼儿师徒结对区分左右

不一样的"小先生"在教学的时候方法各不相同,在"即知即传"过程中,往往会遇到许多意想不到的问题。一段时间后,孩子们发现"有的师父和徒弟面对面站着,按着自己的方向说左右,结果都反了。""这个问题和我们拍照片时遇到的问题是一样的,该怎么解决呢?""我用握手的方法,两个人面对面站,都会用左手握左手,用右手握右手,这样就很容易了。""我和徒弟站一排,然后再按照一样的方向说左右。"孩子们在当"小先生"相互指导学习的过程中,再次意识到以客体为中心区分左右的现实应用,主动想办法及时化解问题,从而培养了思维的敏捷性,激发了再学习的动机,形成学习的良性循环。

自我服务:当摄影师需要注意什么

随着"小先生制"的实施,孩子们能正确以自我为中心认识左右,还设计了合影人数更多的计划单,并尝试自己承担摄影师的职责,相互帮忙拍照片。"当摄影师需要注意什么呢?""摄影师要用照相机或手机拍照片。""我去影楼拍照片,摄影师还要提醒别人动作和表情呢!""可以多拍几张,不好看的可以删掉,让小朋友自己选想要的那张。"

当老师将手机移交给孩子后,按动快门时,幼儿园里的花花草草、好朋友、玩具都成了孩子们拍照探究的素材。作为摄影师的他们研究起了相机的不同功能,对比观察自己与同伴的摄影作品,同伴互评也自然而然地发生了。"我觉得你拍得比我好,我这张照片里小朋友都拍糊了,不清楚。""我拍的时候,先让模特摆好造型不动,手机拿稳了,这样拍出来会更好。""你这张照片拍的时候,人都没拍全,薛文昊的眼睛都闭着。""我发现除了可以走近走远控制拍照距离外,手机也能放大放小,手往外一捏就是放大,往里就是缩

219

小。""我还发现点一下屏幕,会出现小太阳的标记,那个可以把照片变亮变暗!"

实践丰富孩子的摄影经验,当孩子主动将经验迁移到记录家庭美好生活后,家人的建议让孩子经验得以进一步深化。"我发现趴着、蹲下来拍照片会把人拍得更好看一些。""我们搜集好多的摄影小秘籍,在家里和爸爸妈妈一起反复研究过的。""我们拍照的时候,要找好角度,还要提醒别人按照他们设计图上顺序站好。""提醒他们的左右顺序。"当摄影经验再次反刍到拍摄毕业照时,孩子们以摄影师的角色用实际行动检验认识左右的成果。

经验深化:如何来拍集体大合照

在积淀了小组照的经验后,孩子们开始酝酿拍摄集体大合照。"我们要先确定有多少人参加,我们班一共有 38 个小朋友,加上要邀请的老师、园长妈妈、保安叔叔、保健老师,最后一共有 48 个人。"面对较为庞大的群体,孩子们开始商量:"这么多人,我们到底排几排呢?每排多少人比较好?这个问题该怎么解决呢?"孩子们小组合作,有的拿着积木、石头、玩具摆一摆,有的人负责记录。借助实物,抽象的数概念和数运算变得可感知、可操作,最后得出的非标准化结果,让孩子们一起看到更多的可能性。

计划单		
( )排	每排( )	人
1	1排	48
2	第1排	24
	第2排	24
3	第1排	16
	第2排	16
	第3排	16
4	第1排	12
	第2排	12
	第3排	12
	第4排	12

幼儿审议毕业照队形   幼儿审议毕业照队形计划单

在孩子们的审议中，他们投票一致决定："我们认为还是排4排，每排12个人的方式比较好，这样队伍不会变得太长。矮的人站前面，高的人站后面。""这么多的小朋友，我们该怎么比高矮呢？"关于身高的比较和测量，不同的孩子有不同的方法："我们可以站在墙旁边，相互做身高记号。""可以用尺子测量，再记录数字。""还可以直接按从高到矮的顺序排队比一比。"最后，我们分为了矮的、高的、更高的、最高的四组，分别站第一排、第二排、第三排、第四排。孩子们利用各种物品、工具和不同的方法，自己解决了拍大合照的位置安排和身高测量的问题。教师通过问题拆解的方法，在孩子们的最近发展区内解决问题，让他们能一步步够得着，亲身体验数学在生活中的应用和有趣。

"我们向老师们发出邀请，告诉他们拍照的时间和地点，也让他们像我们一样在计划表上写上自己想要站的位置。""然后我们就自己分小组，讨论排队的位置是否和计划表上一样，还帮老师们检查了一下别的小组呢！"通过孩子们的检查与调整，最终大合照与计划表匹配一致，顺利地实现了毕业集体大合照的愿景。一张毕业合影，留下了孩子与老师灿烂的笑容，记录着孩子过程中的主动作为，也将让孩子在长大后回忆每一个瞬间。

【课程反思】
一、观察与思考，谋划课程框架

毕业照这件事几乎是每个大班的孩子都会经历的事儿，通常情况下，都由老师组织好孩子排好队，安排好位置，邀请摄影师拍下一张回忆的照片。在孩子们萌发了要拍毕业照的愿望后，我开始思考作为拍毕业照的主体，孩子们可以在其中发挥什么样的作用？事件中蕴含哪些学习的价值？课程的顶层设计与架构该走向何处？通过不断的课程审议与观察，我们渐进地明晰了课程的框架，教师从与孩子的互动中挖掘课程生长的不同可能性，丰盈课程体验。

二、放手与支持，做实课程实施

在拍摄毕业照的过程中，教师解放孩子们的头脑、双手、眼睛、嘴、空间和时间，支持回应孩子们的每一个想法和需求，关注孩子们在课程实施中遇到的问题，并以此作为课程向下扎根生长的契机。通过问题追问、适时引导等多种方式，鼓励孩子主动研究。教师的放手，成就了孩子的精彩实践。孩子们自己找伙伴、自己做计划、自己摄影、自己认左右、自己排位置、自己量身高，在生活与实践中汲取知识，自由自主地选择，积极主动地学习，创造性地开展自我服务。

三、经验与情感，完善课程评价

教育只有通过生活才能产生作用并真正成为教育。在课程中，教师珍视孩子真实的情感体验（对幼儿园及同伴的不舍、对集体及同伴关系的认同感），适宜介入引导，在不断解决问题的过程中，养成幼儿主动探究、勤于思考、善于合作等品质。源于生活，并回归于生活的毕业照，作为三年幼儿园生活的缩影，记录了孩子在幼儿园的学习历程，留下了与好朋友的美好回忆，孩子们在其中获得的自主学习的经验方法与积极的情感态度也将成为他们开启小学生活的钥匙。

【骨干教师点评】

生动而又真实的毕业照故事，打破了以往拍摄毕业照时教师高控主导的模式。在课程中，"自主"二字体验在故事的每一个瞬间，孩子们自己选伙伴、选场地，自己拍摄……当然，过程中经历了很多的问题，如：认识左右。可能传统意义上，面对这一问题，教师会选择绞尽脑汁地设计一节集体活动课或是反复强化等方式让孩子内化经验。但课程中，教师通过"小先生制"的方式，充分发挥了幼儿自主学习和同伴学习作用。孩子们在不同的生活场景中，亲身体验着主客体区分左右时的差异，知行合一地解决了区分左右的问题。二者的不同，是教师思想与观念转变后的蜕变，由此也带来了孩子在真实生活情境中的深度学习。

从故事中，我还看到了教师的课程意识。通过观察幼儿的生活，教师非常敏感地察觉到拍毕业照这件事当中可能蕴含的教育价值，鼓励孩子们将拍摄毕业照的想法落地实施，充分发挥了幼儿主体性与教师主导性的作用。从三人照到四人照再到大合照，课程由浅入深、循序渐进地解决了其中的认识左右、身高排序、位置安排、规划取景、同伴交往等诸多问题。孩子们发现问题、分析问题并尝试解决问题的过程，让课程由"静"变为"动"，也让课程"活"了起来。课程的"活"，"活"在孩子们直接感知、实际操作、亲身体验获取直接经验的当下，"活"在教师挖掘与运用潜在的、有意义的课程资源（同伴资源、空间资源、材料资源、家庭资源）支持孩子们深度学习的每一个瞬间，"活"在孩子们经验习得后未来的无限可能性。

（点评人：江苏省特级教师、正高级教师、如东县教师发展中心　唐海燕）

如东伢儿说童谣

（大班语言课程）

扫码观看视频

江苏省如东县马塘镇潮桥幼儿园　于佳伟

【题记】

方言，作为地域文化中璀璨夺目的瑰宝，承载着一方土地深厚的历史底蕴和独特的文化风情。幼儿园阶段，是语言学习的黄金启蒙期，传承方言对幼儿母语能力的培养、本土传统文化的认知，有着无可替代的重要意义。经过探索和发现，在方言传承的漫长道路上，"童谣"扮演着至关重要的角色，它以生动有趣的形式，激发幼儿对学习方言的热情，有效推动其语言技能的全面发展，为方言的传承打下坚实的基础。在传唱方言童谣的过程中，孩子们能够跨越时空，触摸到家乡历史的脉络，感受到先辈们的生活智慧，深入理解家乡的历史与传统，从而在心中种下热爱本土文化的种子，不断增强对本土文化的认同感和自豪感。

【课程叙事】

发现童谣的"趣"

1. 普通话推广周的发现。

每年9月的第三周，是意义非凡的"普通话推广周"。今年的活动如期举行，我们精心组织了形式丰富、各具特色的推广活动，致力于提升普通话的普及度与影响力。然而，在一次交流调研中，一个意外发现引起了我们的关注。在我们这所地处乡村的幼儿园里，一个班级总共20名孩子，其中能够熟练说如东方言的，竟只有8名。这个数据让我们意识到，方言传承的现状不容乐观。

《幼儿园教育指导纲要（试行）》明确指出，要让幼儿"会说本民族或本地区的语言"。作为教育工作者，我们不禁深思：一方水土养一方人，乡音承载着浓浓的乡土情与亲情，是连接家乡与游子的情感纽带。在大力推广普通话的同时，如东方言作为本土文化的重要载体，其传承同样刻不容缓，绝不能被忽视。

因此，我们对幼儿及其家长进行了一次关于如东话的调查。令人欣喜的是，经过对调查结果的仔细梳理与分析，我们发现幼儿所处的方言学习环境较为良好，孩子们对方言学习兴致盎然，与此同时，家长们也十分支持孩子们学习如东方言，这为如东方言在幼儿群体中的传承奠定了坚实基础。

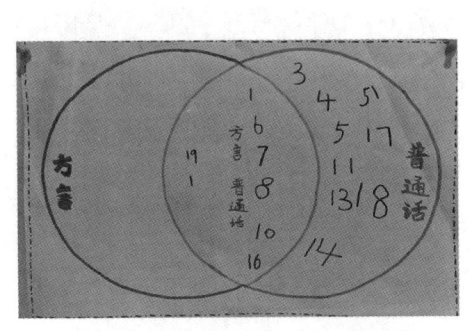

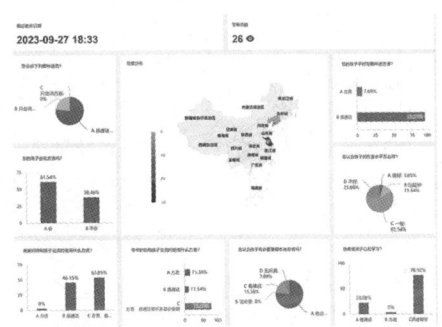

幼儿调查"我会说方言/普通话"　　　亲子调查"幼儿方言使用情况调查"

2. 初识如东童谣。

调查结束后，睿睿妈妈在班级群里分享了一段温馨有趣的视频。视频里，小朋友睿睿正和奶奶一起念着如东童谣："拉磨，带磨，吃着粑粑再来磨……"那奶声奶气的腔调，充满了浓浓的生活气息，一下子就引起幼儿极高的兴趣。看到这一幕，老师顺势说道："如东儿歌可多啦，而且还能用来画画呢！就像这句，从前有个老公公，问人家借了两个鸭蛋……"话音刚落，老师便拿起粉笔，一边轻声念着儿歌，一边在黑板上勾勒起来。不一会儿，一个栩栩如生的"老公公"画像便出现在黑板上。孩子们瞪大了眼睛，满是惊讶，没想到童谣还能以这样奇妙的方式，变成一幅幅生动的画。

孩子们的好奇心彻底被点燃了，他们回到家后开始了调查，而这一行为，无疑也勾起了家长们藏在心底的童年回忆。于是，一首首有趣的如东童谣被分享在群里。孩子们还用绘画的形式记录下来。"12345，上山打老虎""炒蚕豆，炒豌豆"……到课程结束时，大家一共收集到了各类童谣二十多首。

思维共享中，教师和孩子们一起对如东童谣进行了分类，分为民俗童谣、游戏童谣、调侃童谣三大类。活动中，孩子们学到了许多道理，例如民俗童谣"一螺（指纹）巧，二螺拙……"的《螺儿歌》让孩子们从指纹中了解了如东的民俗趣闻，游戏童谣《拉磨带磨》教会了孩子们传统民间游戏，调侃童谣《小气鬼》告诉孩子们做人要大方等等。由此可见，如东童谣就像一面镜子，生动而形象地反映出如东的风土人情和人文特色。它蕴含着先辈们的智慧与生活经验，只有当孩子们真正走近它、聆听它，才能发现其中的无尽魅力与智慧所在。

童谣《螺儿歌》　　　　　　　　童谣《12345》

教师的反思：孩子们大胆分享，表现了对童谣的浓厚兴趣。那如何增强他们对如东方言的了解和学习能力呢？经过课程审议，我们意识到，方言不仅是交流工具，更是地域族籍的标志。对幼儿而言，学习如东方言是探索如东文化的一把钥匙。当下，孩子们对如东童谣满怀好奇，这是绝佳的教育契机。于是，我们预设课程网络，鼓励孩子们通过画、唱、演、玩童谣，调动多种感官参与学习。在这个过程中，孩子们既能感受如东方言独特的魅力，又能提升语言表达能力，逐步实现从初识到掌握如东方言的跨越。

学说童谣的"音"

1. 不标准的如东话。

一天，在餐前活动时段，忻儿落落大方地展示童谣《老公公》。然而，她那半如东话半普通话的表达，瞬间在小伙伴中激起了热烈讨论。有的孩子大声说："不对不对，你说得不对，这听起来就是普通话呀。"还有孩子附和着：

"没错,她讲的是一半如东话,一半普通话。"孩子们争着抢着要展示自己心目当中最为标准的如东话,但是我们发现多数幼儿在表达时,还是方言中夹杂着普通话。看来,孩子们对如东话的掌握程度尚有欠缺,在日常表达中不能自然流畅地运用如东话,就连念起如东童谣,也都更接近普通话的腔调。

2. 一起学说如东话。

那怎样才能提升孩子们的如东话水平呢?"不会就要多练习,就像玩数学游戏一样。"乐乐一本正经地说道,大家也表示认同。于是,我们想了多种练习办法:区域游戏时,孩子们互相学习;餐前游戏时,师幼一起说童谣;回家后,和爸爸妈妈一起用如东话交流。值得一提的是,每周五是我们班特别设立的"方言日"。这一天,无论是在集体活动时间,还是在游戏时间,大家都用如东话交流。不管说得标准与否,五花八门的腔调,别提多有趣了。

绘画童谣《老公公》　　　　　统计表:谁的如东话更标准

理解童谣的"意"

1. 欢乐畅玩童谣。

"童谣只能用念的方式吗?""站着念童谣好无聊呀。"随着孩子们学会的童谣数量不断增加,单纯的朗诵已经无法满足他们的兴趣需求。那么,我们该如何增强学习童谣的趣味性呢?经过年级组和师生的共同审议,我们开始尝试用绘画、演奏、表演、游戏和创作等多种富有创意的童谣演绎方式。

在美工区,孩子们绘制童谣图谱,用缤纷图像传递对如东童谣的独特理解;在读写区,老师与孩子共同制作如东话字典,在合作中丰富词汇量;在音乐区，孩子们手持乐器，奏响欢快节奏，吟唱着如东童谣；阅读区里，孩子们则化身欢乐剧场，借助手偶道具，合作表演"拉磨、带磨"这类童谣游戏，更是趣味十足。开展诗歌《十二生肖》延伸活动时，孩子们大胆尝试用如东话复述，体验其中乐趣后，大家热情高涨，将更多儿歌、诗歌改编成如东话版本。

2. 童谣走进生活。

童谣的诞生不仅映射了时代的特征，也是对事物的精炼总结，每首童谣都适应于特定的环境和背景。这天某娃穿着棉鞋来上学，老师提醒她以后要穿运动鞋方便运动，"老师、老师，你别怪，我穿的茅草鞋跑不快，我妈妈忙着学大寨，我明天还穿茅草鞋来。"坐在我旁边的婷婷随口就说了一段大家都很陌生的童谣，原来是之前跟奶奶学的，这次正好想起来。这个有趣的事情被我发到朋友圈，经过一位老教师的解读，我们了解了这段童谣背后的故事——农业学大寨运动。

童谣还可以用在什么地方呢？乐高区里陌玉拿积木时不小心撞到了头，一旁的多米赶紧伸出手给他揉一揉，一边揉还一边说："揉啊揉，不长雷（包）……"下雪了也有对应的如东童谣："雪花飘飘，馒头烧烧，雪花扬扬，馒头尝尝。"在关工委退休老干部爷爷的帮助下，孩子们还用创编的童谣介绍了马塘镇走出的江海第一位共产党人吴亚鲁和他的兄弟吴亚苏。

环境创设：方言角 　　　　　　　方言说儿歌

教师的反思：《3—6岁儿童学习与发展指南》明确指出："幼儿的语言能力是在交流和运用的过程中发展起来的。"孩子们的表现完美印证了这一点，他们不再局限于单纯地背诵如东童谣，而是能够巧妙地将其融入日常生活的点滴之中，在游戏里增添童谣元素，在学习时借助童谣辅助理解。无论是小

伙伴聊天时蹦出一两句童谣，还是在自主游戏中依据童谣内容设计玩法，又或是在课堂讨论时引用童谣来阐述观点，这些都是孩子们对如东童谣理解不断加深的体现。与此同时，这更是他们方言语言能力显著提升的有力证明，标志着孩子们在如东方言的学习道路上迈出了坚实且自信的步伐。

传承童谣的"脉"

1. 创建童谣电视台。

"老师，我妈妈在抖音上看到了你发的视频，我们正在说《老公公》呢。"原来，我之前在抖音上分享的绘画童谣《老公公》已经获得了3000多次播放和网友的点赞，这让孩子们感到无比兴奋。"老师，你也把我们刚学的童谣上传到抖音吧。"为了激发孩子们的兴趣，我们成立了童谣电视台，录制并上传了更多童谣视频到抖音，这吸引了众多来自如东的老乡的关注和支持。

2. 开展童谣推广周。

受此启发，我们在幼儿园内启动了"如东童谣推广周"活动：设计并张贴了推广倡议的海报、举行了主题升旗仪式，并带着童谣走进各个班级向弟弟妹妹们展示，从而在全园范围内掀起了一股童谣热潮。

3. 元旦的精彩演出。

随着元旦的临近，幼儿园精心筹备了一场庆祝活动。全园师生和家长共同参与，我们决定利用这个机会，通过童谣串烧的表演来传承这份传统，让如东话的魅力得以展现。为了让表演更加精彩，我们特别加入了精心挑选的道具和乐器，并设计了轮流上台表演和拉歌对唱的环节。排练、商讨、调整……我们对节目进行了细致的打磨。我们满怀期待、翘首以盼，终于迎来了元旦庆典这一天。爸爸、妈妈、爷爷、奶奶、小朋友们纷纷到场，大家的积极参与和热情演出赢得了满堂彩。

老一辈的爷爷奶奶们动情地说："这正是我们如东人的文化之根啊！"年轻的爸爸妈妈们感慨万分："有些童谣我们都没听过，看来我们也需要不断学习。"最小的弟弟妹妹们则兴高采烈地跟着学唱："从前有个老公公……"整个庆典洋溢着温馨和欢乐的气氛，让人感到无比的安心和振奋。

环境创设：童谣电视台　　　　　　　　倡议海报

如东伢儿，爱如东，如东伢儿说童谣。未来，我们会坚定不移地付诸行动，持续推广如东童谣，让如东话传递到每一个角落，将大美如东的独特魅力展现给更多人。

【课程反思】
一、以童谣为载体，探索方言教育的价值

于幼儿教育广袤天地间，探寻方言教育价值意义之重大。《幼儿园教育指导纲要（试行）》明确指出，应充分利用社会资源，引导幼儿亲身体验祖国文化的丰富与卓越，感受家乡的变迁与发展，从而激发幼儿对家乡、对祖国的热爱之情。如东童谣，堪称地方文学的耀眼明珠，蕴含着丰富的历史文化信息，生动展现如东地域文化。从幼儿教育视角出发，本课程敏锐地捕捉到幼儿对方言童谣的浓厚兴趣，这一兴趣点与幼儿语言学习关键期完美契合。

借助童谣这一独特载体，课程巧妙地将方言传承融入幼儿教育日常。在轻松自然的游戏情境中，幼儿近距离接触如东方言，深切感受其独特魅力。每一首童谣的学习，都不只是语言的传递，更是文化内涵的传承。幼儿学习童谣时，如同开启探索之旅，逐步揭开本土文化的神秘面纱，深入理解其特色与精髓。这为他们日后形成强烈的文化认同感与传承意识筑牢根基。从教育本质而言，这凸显了教育对文化传递、个体文化理解与创造的重视。在如东童谣的世界里，幼儿迈出与本土文化对话的第一步，开启了意义非凡的文化探索征程。

二、依托多元活动法，促进幼儿全面发展

《3—6岁儿童学习与发展指南》强调，要珍视游戏和生活的独特价值，创设丰富的教育环境，最大限度地支持和满足幼儿通过直接感知、实际操作和亲身体验获取经验的需要。本课程的开展，正是紧紧围绕这一科学理念展开。通过综合运用绘画、讲述、歌唱、游戏、表演等多样化的探究形式，为幼儿打造出全方位、沉浸式的学习体验。在美工区，幼儿绘制童谣图谱，将童谣中的抽象意象转化为具体图像，锻炼了想象力与艺术表现力；在音乐区，边奏边说的活动让幼儿在节奏感知中增强语言节奏感；在阅读区，手偶表演培养了幼儿的合作与表演能力。这些活动充分考虑到幼儿的个体差异，满足了不同幼儿在认知、情感、动作技能等多方面的学习需求，有效促进了他们综合素养的提升，让每一个孩子都能在自己擅长的领域发光发热，从而实现全面发展。

三、借助课程活动，弘扬家乡文化传承

在如东童谣课程的实施进程中，其积极影响如涟漪般在亲子关系与文化传承的领域不断扩散。

家庭层面：作为幼儿成长的第一环境，家庭成员间的互动对孩子的发展意义深远。在本课程开展期间，家长踊跃投身于童谣分享活动，加强了亲子间的情感交流，增进了彼此之间的理解与信任，营造了良好的家庭文化氛围。

幼儿园层面：童谣电视台、推广周及元旦演出等活动的开展，构建了浓厚的文化传承环境。孩子们在浓厚的文化氛围中耳濡目染，深刻体会到方言童谣独特的魅力，进而在园内形成了积极传承文化的良好风气。

社会层面：幼儿园的文化传承活动不仅影响了园内的孩子，更引发了社会各界的广泛关注。它唤醒了大众内心深处对家乡传统文化的热爱，激发了人们传承文化的责任感。越来越多的人开始主动参与到如东地方文化的传承工作中，让如东文化在现代社会中绽放出炫丽的光彩。

【骨干教师点评】

在教育领域不断探索创新的当下，如东童谣课程宛如一颗璀璨明珠，以其独特魅力和显著成效，为地方文化传承与幼儿教育深度融合提供了绝佳范例。

一、匠心独运的课程架构与文化纽带作用

方言，作为地方文化的生动载体，承载着千年历史沉淀与鲜明地域特色，宛如一部鲜活的史书。而童谣，在其中扮演着关键的传承纽带角色。在本课程中，教育者凭借对传统文化资源的深刻洞察与精准把握，精心构建了一套围绕童谣趣味性、韵律美、意境及文化脉络的精妙课程架构。

教师独具慧眼，巧妙地以童谣为切入点，陪伴幼儿开启方言学习的奇妙之旅。在此过程中，幼儿仿佛置身于一个充满奇幻色彩的文化大观园，亲身感受童谣的独特魅力，沉浸于地方文化的浓厚氛围之中。这种教育方式如春风化雨，悄然滋润着幼儿的心田，有效增强了他们的文化认同感，使幼儿自幼便与本土文化紧密相连，为地方文化的传承与弘扬筑牢根基。

二、以幼儿为中心的发展与能力培养模式

课程实施期间，教师始终将幼儿的兴趣与需求置于首位，完美践行了以幼儿为中心的教育理念。当幼儿对童谣表现出浓厚兴趣时，教师敏锐捕捉这一契机，顺势而为，积极鼓励幼儿投身于童谣的搜集、整理与演绎活动。在这过程中，幼儿的方言词汇量不断扩充，语言表达能力显著提升，语言感知能力与语音意识也得到了良好培养。同时，多样化的课程活动形式，如创意表演、手工制作、趣味游戏等，犹如一把钥匙，开启了幼儿多元智能发展的大门。这些活动不仅锻炼了幼儿的动手能力与团队协作能力，更极大地激发了他们的创造力，助力幼儿实现综合素质的全面提升。

三、深远的文化传承意义与情感培育价值

此课程的深远意义，不仅在于实现了传统文化的有效传承，更在于在幼儿心中播下了热爱家乡的种子。通过深入学习童谣，幼儿仿佛穿越时空，与家乡的历史文化进行了一场深度对话，真切感受到家乡的独特魅力。这种深刻体验在幼儿内心深处催生了对家乡的深厚情感，而这种情感将如同一座明亮的灯塔，伴随他们成长的每一步。在未来的人生道路上，幼儿将带着这份对家乡的热爱，积极主动地传承和弘扬家乡文化，为地方文化的延续与发展贡献自己的力量，让家乡文化在新时代绽放出更加耀眼的光芒。

（点评人：南通市骨干教师，江苏省如东县锦绣幼儿园　顾娟）

来自蒙古族的你

(大班社会课程)

江苏省如东县栟茶镇栟茶幼儿园　倪晓露　吴婷婷

【题记】

孩子们在各种情境中，或多或少接触过少数民族的元素。但是深入了解少数民族的机会并不多。这一学期，班级来了一位蒙古族孩子，不同的生活习惯、不同的穿衣打扮、不同的语言交流，这些都让孩子好奇不已。近在眼前的课程资源成为教师眼中的"宝"，成为孩子们心目中的兴趣所在。于是，大家开启了探秘蒙古族的旅程。随着课程的逐渐展开，孩子们对新朋友逐渐熟悉并了解，同时因为双向奔赴，蒙古族小朋友亦因此逐渐适应新环境的生活。探秘是对中华民族文化丰富性的致敬，亦从另一层面诠释了民族一家亲的美好情谊。

【课程叙事】

一、缘起："来自蒙古族的你"引发关注

新学期班级来了一位特殊的新同学——张宁衿。他自我介绍："我来自内蒙古大草原，很高兴和大家成为好朋友。"听到"蒙古""大草原"，孩子们一下来了兴趣。

大家围着宁衿，脸上洋溢着期待和好奇，渴望了解这位来自遥远草原的新朋友。"蒙古族在哪里，蒙古族的人为什么会来我们这里上学呢？蒙古族和我们有什么不一样的地方？"大家提出许多关于蒙古风俗、语言和生活方式的问题，展现出对这个新朋友及其民族文化背景的浓厚兴趣。

蒙古族与我们汉族到底有什么不同？带着一系列的疑问与好奇，我们一起"走进"美丽的大草原……

二、追随兴趣，探秘内蒙

"老师，张宁衿和他妈妈生活的内蒙古在哪里啊？感觉离我们好远好远，我听阿姨说过，他们去内蒙古旅游，那里的风景可美了。"是啊，宁衿的家乡内蒙古在哪里呢？

大家找来一张中国地图，一起寻找内蒙古所在的位置。张宁衿就地做起了导游，他一下子就找到了家乡所在的位置："你们看，地图最上面黄色的区域就是我的家乡内蒙古，有这么一大片呢！"孩子们纷纷凑上前要看个究竟。

"这么大的地方都是草原吗？""我们喝的牛奶是你们那里的牛挤出来的吗？""你们的房子怎么像个帐篷？"……

孩子们心中满是疑惑，我们及时开展主题谈话活动，搜集小朋友的疑问和兴趣点，大家对于蒙古人的衣、食、住、行、姓氏等方面感兴趣。于是追随孩子的兴趣，我们展开了一场蒙汉文化的大碰撞。

对蒙古衣、食、住、行等引发讨论　　蒙汉之间的异同点

家园合力，搭建蒙汉桥梁。我们身边就有最便利的资源，老师结合孩子们的问题，通过微信联系加家访的方式，与宁衿家庭建立联系，深入了解蒙古民族。

热情的宁衿妈妈向我们介绍孩子外公外婆在草原的牧民生活，同时她还通过展示照片、视频，介绍了宁衿来如东之前的生活。得知班级的孩子对内蒙古充满了好

小小讲解员

奇，宁衿妈妈十分开心，特地带来了各式各样的蒙古刺绣作品、传统服饰、首饰、书籍，等等。细心的宁衿妈妈还给每样物品都做了标注，为孩子们提供了一扇直观了解蒙古文化的窗口。宁衿则自豪地成为了我们的小小讲解员，向同伴介绍他的家乡和那里的风俗习惯。

蒙字与汉字不同。读写区，宁衿拿出蒙语故事书认真翻阅，辰辰凑上前："这上面一竖条一竖条的字和我们的汉字不一样，是蒙古字吗？"辰辰将他的发现告诉了其他小朋友，他们拿着汉字书和蒙语书比对了起来，发现汉字书上的字都是方方正正的、一横排一横排书写的，而蒙语笔画却是一竖条一竖条的，老师告诉小朋友，蒙古字可是世界上唯一竖着写的文字。

这些字怎么读。孩子们可好奇了，他们拿出蒙语字母卡，跟宁衿学一学，说一说。宁衿满足了大家的要求，用蒙语做自我介绍、说蒙语诗歌、唱蒙语歌曲《吉祥三宝》，孩子们听了拍手鼓掌，羡慕不已。

每个孩子都如同小小的探索家，兴奋地探索着一个全新的世界。他们主动发现蒙字与汉字的区别，在尝试说说、写写蒙古字、学唱蒙语童谣的过程中，一步一步走进蒙古族文化。

当我们遇见蒙古包。宁衿介绍自己在内蒙古生活时，和外公外婆一起住在蒙古包里，门外是一眼望不到边的大草原，成群结队的牛羊，可把班级的孩子羡慕坏了。搭建蒙古包想法应运而生。

蒙古族人们住的是蒙古包，蒙古包是圆形尖顶，顶上和四周用一两层厚毡覆盖，蒙古包里有围壁、顶窗和门。认识了蒙古包的外形和结构，孩子们对蒙古包毛毡上对称的云纹产生了兴趣，开始尝试动手绘画、设计蒙古包。按照设计的图纸，大家选择不同的材料制作。于是，各种各样的蒙古包出炉了。墨墨提出，蒙古包应该

各种各样的蒙古包出炉

在大草原上，周围还要有吃草的牛羊。在他的建议下，一份草原上的蒙古包作品展现在大家面前，天苍苍，野茫茫，风吹草低见牛羊。

晨间区域时间，乐乐站在读写区的帐篷旁左看右看，又拉着宁衿似乎在筹谋一个新主意。到底在商量什么呢？乐乐说："老师，这个帐篷不太像，缺少装饰，我们一起做得更漂亮吧。"说干就干，乐乐喊上几个好朋友，量尺寸、设计云纹、剪、贴，忙活了一整天，终于完工了，几个小家伙看着自己的作品满意极了，很喜欢往蒙古包里钻。这个小帐篷在他们的想象中变成了远方草原上的家。

制作完蒙古包，孩子们不满足于此，他们提出想搭建大型的蒙古包。搭建蒙古包需要什么材料，怎么搭建？孩子们开始自发分组，小组协商分工，共同准备搭建材料。在制作、搭建蒙古包的过程中，大家逐渐深入了解这种独特的建筑，以及背后蕴含的民族文化象征。

各种各样的蒙古包

三、领略内蒙风情，多元感知

蒙古族，又称马背上的民族，他们有一望无际的大草原，绚丽多彩的服饰，各式各样的美食，传统活动"那达慕大会"……内蒙古的一切都令班级的孩子们着迷。那就让我们一起领略蒙古风情吧！

服装篇

大家对穿着也特别感兴趣，蒙古人的穿着和我们不一样，这可是个大家都感兴趣的话题。细细看，蒙古族服饰来自于大自然的颜色，再加上鲜艳又闪亮的"厂"字衣襟，袍裙的设计漂亮又帅气。透过这些特征，我们一眼就能认出是蒙古族的民族服饰。了解了这些，孩子们在美工区的创作专注而又繁忙，大家都像是服饰设计师，并且，我们设计的可是蒙古族服饰。

设计服装　　　　　　　　　　动手制作蒙古服

美食篇

　　内蒙古的特色美食数不胜数，有美味可口的烤全羊、香甜浓郁的奶茶、喷香的风味牛肉，还有各式各样的糕饼，都让小不点们垂涎三尺。这些美食远在内蒙古，大家品尝不到正宗的民族美食。没关系，宁衿妈妈介绍，蒙古人离不开奶茶，几乎每天都有饮奶茶的习惯，于是孩子们决定动手制作奶茶。在宁衿妈妈的指导下，宁衿和缪胤晨把配好比例的茶叶和白糖倒入锅中不停地搅拌，大家轮流尝试翻炒，炒到焦黄冒泡泡，再加上牛奶等待煮开。大家被阵阵香味馋得流口水，等到煮开，便迫不及待地拿上自己的小茶杯，倒上新鲜出炉的奶茶开始享用。他们举起茶杯："干杯。"一个个享受的小表情可爱极了，有的意犹未尽还要求续杯。

　　机灵的晨晨说："老师，要不送点给隔壁班的老师尝一尝，他们肯定闻到了香味，偷偷流口水呢！"几个小家伙端上奶茶就往隔壁班送，小眼神直勾勾地盯着老师喝完，迫切地想要得到好评。中班的弟弟妹妹经过教室时，也被香味吸引，乐乐像个推销员："这可是蒙古族的奶茶，特别香，要不要尝一尝，越喝越带劲。"弟弟妹妹们品尝后，也给我们竖起了大拇指。毛毛说："今天就像六一儿童节一样快乐。"

游戏篇

　　宁衿介绍，"那达慕"是蒙古族的传统盛会，这一天，蒙古人通常会举行骑马、射箭、摔跤活动，这三项被称为"男儿三技能"。班级的男孩子们听了兴奋不已，迫不及待也想来进行一场"那达慕"比赛。孩子们兴奋地体验骑马、射箭和摔跤，这些都是蒙古族的传统技能。他们的眼睛里闪烁着探险的光芒，每个动作都展现着对蒙古族勇敢和力量的钦佩。

礼仪篇

哈达是蒙古族人民和藏族人民的一种礼节符号。献哈达是表示纯洁、诚心、忠诚、尊敬的意思。宁衿自豪地向我们展示如何正确地献哈达，这是一种深深融入内蒙古文化的传统礼仪。他轻轻地将哈达献给每一个同伴，就像是在传递一份同胞的祝福。我们在这个简单而庄重的仪式中，感受到了对客人的尊重，也理解了文化传承的重要性。

宁衿的到来像一扇窗，让我们的视野从蒙古族拓展到了整个中国。孩子们在中国地图上寻找着各个少数民族的分布，努力了解他们的文化和风俗。在寻找和讨论中，大家知道了维吾尔族和哈萨克族大都居住在新疆维吾尔自治区，藏族多居住在西藏自治区，布依族和苗族多居住在贵州……大家对其他少数民族的探秘热情高涨，迫切地想了解这些少数民族的人穿着是不是和蒙古族一样。那就让我们一起动手在美工区把已了解的少数民族画出来吧！

一起动手捏一捏，瞧这是苗族的盛装，她们的头饰和项圈都是用银制作而成的，她们的上衣袖子窄、领口大；满族人爱穿旗袍，瞧她们的旗袍色彩多鲜艳；藏族多穿藏袍，藏袍外会绑一个邦典固定在腰间……一个个可爱的穿着民族服饰的小人儿，在孩子们的巧手中诞生了。

捏一捏少数民族人物特征　　　　　　　　作品展示

孩子们感受了不同民族的特色，特别想去各地领略属于他们的民族风味。宁衿提议："虽然我现在不能带你们去内蒙古大草原，但是我会唱蒙古歌，会跳蒙古舞，要不我带小朋友们一起感受吧！"孩子们立即行动，围着张宁衿一起跳起来自草原的蒙古舞，教室里一时热闹非凡。

元旦来临之际，幼儿园开展了新年音乐会，宁衿的《吉祥三宝》从班级唱到了幼儿园的大舞台，他的表演不仅展示了蒙古族丰富的文化遗产，也让其他孩子感受到了蒙古文化的魅力和美丽。

因为去不了内蒙古、看不了一望无际的大草原，瑞冰提议每个人都做一只羊，想象着自己就在辽阔的草原上自由自在地奔跑、玩耍。于是内蒙古大草原的壁画便应运而生了。孩子们用各种材料、画笔描绘出他们心中的草原景象。蓝天、绿地、自由奔跑的牛羊，还有那独特的蒙古包，处处都充满了孩子们对这片遥远土地的向往和爱。这幅壁画不仅是孩子们对内蒙古大草原的致敬，也是对多元文化的一种赞美。

一位蒙古族孩子的到来，带领着大家走进内蒙古，走进了这场民族大联欢中，孩子们用自己的方式探索、发现民族的多样性和差异性，用心感受着不同的民族风情，用行动体验着不同的民族魅力。相信在他们心中，这颗民族平等、民族团结的小种子已慢慢发芽，未来更会茁壮成长。

【课程反思】

《幼儿园教育指导纲要（试行）》指出：适当向幼儿介绍我国各民族和世界其他国家、民族的文化，使其感知人类文化的多样性和差异性，培养理解、尊重、平等的态度。幼儿时期是个体接受文化熏陶的启蒙时期，在这个时期获得的文化经验对幼儿有根基性的影响。因此，我们以"班上来了一位蒙古族小朋友"为契机，充分利用身边的资源，从探究蒙古族开始，走进奇妙的多民族文化碰撞之旅。孩子们在亲身体验、实际操作中感受中国多民族文化的特色差异，从而萌发出爱家乡、爱祖国的情感。

一、散发多元魅力，感受蒙汉文化碰撞

蒙古族孩子的到来，引发了"来自蒙古族的你"课程的开展。蒙古族小朋友张宁衿是一位文化使者，以此为桥梁，小朋友从衣、食、住、行等方面了解蒙古族与汉族文化的异同之处。在探索与求知的过程中，孩子们了解了蒙古族的文化，同时，也对自身民族有了更为具象的认知。

二、民族文化体验，领略蒙古特色风情

我们借助家园合作、资料查找、观看视频、亲身体验等方式加深了孩子们对蒙古族文化的认知和了解。做奶茶、比摔跤、献哈达、制作蒙古服饰都是他们感兴趣的内蒙古特色体验项目。在感知与体验中，孩子们逐步提升了动手能力和语言表达能力，在丰富经验的同时，也在潜移默化间感受着多民族文化的魅力。

三、展现民族风采，各族人民一家亲

中华民族文化生生不息，以蒙古族为载体，我们了解其他常见少数民族，在比较异同中进一步感知各民族的风采。五十六个民族五十六朵花，在孩子们心目中，中华民族文化丰富多样，中国的地域风采各具特色，所有这些感知，都会激发其对少数民族文化的热爱之情，产生强烈的文化自信和文化认同，油然而生对祖国的热爱和自豪。

【骨干教师点评】

资源的开发利用是课程改革的核心要素之一。"来自蒙古族的你"课程源于资源的有效运用，努力践行"儿童站在课程中央"的理念，师幼通过环环相扣的探究、体验，感受不同民族文化的丰富内涵。

资源意识催发课程：课程中，教师关注到幼儿对蒙古族文化展现出的浓厚兴趣。教师首先对蒙古族传统文化这一重要的课程资源进行深入了解、挖掘，这种资源意识使得课程内容的丰富有了更多可能。教师在课程实施过程中，有效地运用多种资源催发和丰富课程内容，如利用家长资源，通过照片、视频以及内蒙古的书籍、服饰等资源让幼儿直观感受蒙古族的风土人情。

儿童立场丰富课程：课程的设计紧密围绕儿童的兴趣点展开。在选择课程内容时，教师充分关注到孩子们对蒙古族文化的好奇心和探索欲，将蒙古族的传统服饰、美食、游戏、故事、音乐、礼仪等元素融入其中，鼓励儿童通过亲身体验感受蒙古族文化的魅力，如让幼儿试穿蒙古服饰、学说蒙古语、品尝蒙古族美食等。这些活动不仅让幼儿了解到蒙古族的历史、文化和生活方式，还增强了幼儿对不同民族文化、风俗的包容性。

文化认同提升课程：课程通过生动、具体的活动，帮助幼儿建立起对蒙

古族文化的初步认知框架。幼儿在亲身体验中感受蒙古族文化的独特魅力。这种体验式学习不仅加深了幼儿对蒙古族文化的理解，更重要的是，它让幼儿在情感上与蒙古族文化产生了共鸣，引导幼儿学会尊重和理解不同民族的文化传统，增强了民族自豪感和文化认同感。相信师幼在充分体验不同民族人民生活多姿多彩的同时，会更加热爱自己的家乡。

（点评人：江苏省特级教师、正高级教师、江苏省如东县实验幼儿园　王桂云）

回归传统文化

中华民族文化元素,应植入儿童的心灵,让他们依偎在母亲的怀里,吮吸母亲甜美的乳汁,从母亲微笑的脸庞汲取无穷的力量。久而久之,这些文化元素融入儿童的心灵,成为民族的基因,发育成民族文化的胚胎。

(成尚荣)

唐僧骑马咚那个咚
（小班健康课程）

江苏省如东县解放路幼儿园　施想　丛小燕

【题记】

早操是幼儿园一日生活的重要环节，传统早操更多以教师教授为主，教师教得辛苦，孩子学得痛苦，这对于刚刚入园的小班孩子来说，极不适宜，不利于缓解孩子的入园焦虑。本学期，我们尝试真正以课程的理念共探早操，将早操课程的实施落实到每一个月中，让难点后置，给幼儿、老师以缓坡，不以过难的任务加重幼儿与教师的焦虑，真正实现以一个阶段的课程逐渐实现周目标、月目标、学期目标。同时，把经典文化"西游记"资源融入小班孩子早操学习中，让早操学习的过程，不仅是孩子体能运动的过程，也是孩子自主学习与发展的过程，更是濡染经典音乐的过程。

【课程叙事】

序幕：缘起在你唱我和之间

"唐僧骑马咚那个咚，后面跟着个孙悟空……"这首一直印刻在我们成人脑海中的经典童谣，同样深受孩子们的喜欢。当听到孩子们跟着哼唱，随着音乐有节奏地摇摆的时候，我们不由琢磨本学期的早操主题可不可以是"他"呢？

当我们在周教研活动中把这个想法提出来时，有的老师提出了异议：《西游记》主题对小班的孩子来说，会不会太难了？早操仅仅只是模仿操吗？

确实，这些都是问题，但是看到孩子们的兴趣，看到中华传统文化刻在每一个孩子骨子里的爱，我们开始静下心来审议"西游"主题早操课程。我们相信没有难的课程，只有适合的课程，如何让早操课程适合孩子，适合小班刚入园不久的孩子？我们的审议从研究刚入园幼儿的初始经验入手。

小班的宝宝喜欢模仿、喜欢听具有韵律感的音乐、爱扮演角色进行游戏……似乎这些"西游"素材都能满足孩子的兴趣与需求。于是，我们开始尝试投放"西游"系列绘本，并在班级群发布班本课程主题，邀请家长们主动参与。爸爸妈妈们的童心被唤起，他们开始检索音乐，《白龙马》《猪八戒背媳妇》《猴哥》《通天大道宽又阔》……还有爸爸找到了《女儿情》。

经典永远是属于大家的。家长们的热情参与，孩子们的积极呼应，让我们的话题越来越聚焦，表演区里，孩子们随手一个模仿动作，古灵精怪；音乐区中，几个宝宝欢快地跳起模仿操；阅读区里，孩子们三三两两一边阅读，一边不时冒出一句："妖怪来啦。"活动室的氛围忽然就热闹起来，我们老师也深受感染，沉浸其间。

随着《西游记》主题音乐舞动　　　　　认识《西游记》人物

教师反思：苏联著名的教育家苏霍姆林斯基提出："儿童时代错过了的东西，到了少年时期就无法弥补，到了成年时期就更加无望了。这一规律涉及孩子精神生活的各个领域，特别是美育。"复盘在炽热的九月，我们执着于和孩子一起走进"西游"的世界，也许是对经典的热爱，也许是对孩子兴趣的呵护，也许是内心那颗永远葆有的童心的共情。适合的就是最好的，我们努力将难度降低，努力和孩子共同进入一场酣畅淋漓的"取经之路"。

第一回：九月戏目之你方唱罢我登场

提到孙悟空，孩子们最爱的就是金箍棒，还有那肥头大耳的猪八戒。爸爸妈妈看孩子们天天念叨西游，开始主动行动，他们给孩子买了金箍棒，心灵手巧的妈妈给孩子做了唐僧的头饰；当然，我们的爸爸也没有缺席，爸爸扮演猪八戒，和孩子玩起了角色扮演游戏。

　　小班的孩子喜爱模仿，特别喜欢角色扮演，"唐僧骑马咚那个咚，后面跟着个孙悟空……"音乐一响，孩子们自然跟着旋律扮演角色、做模仿动作，都情不自禁地跳起来，他们自发扮演角色。有的扮演孙悟空，时而抓耳挠腮，时而翻起筋斗云，时而玩起金箍棒。瞧那一边，肥头大耳的猪八戒来啦！他们有的捧着大肥肚子，有的扇着大耳朵。还有一直爱念阿弥陀佛的唐僧、挑着担子的沙和尚，当然，也少不了张牙舞爪的大妖怪。

　　于是，我们九月的晨操没有复杂的章节，只有简单有趣的模仿操，每天音乐一响，孩子们就结伴来到阳光下、微风里，尽情跟着旋律玩扮演游戏、做动作，和小伙伴自由互动。在这自由自主的氛围中，孩子们愉悦地感知音乐，释放自己，创造性地表达自己。

　　教师反思：我们没有拘泥于幼儿晨操的结构和段落，我们的初衷是让孩子充分运动起来、尽情玩起来。《西游记》里性格分明的角色，角色赋予的丰富多样的形象，经典童谣里诙谐有趣的唱词，以及充满韵律感的节奏让孩子们充分的自由自主。于是，在游戏的氛围中，我们既锻炼身心，又在经典的濡染中感受其蕴含的魅力。在游戏中，孩子们尽情徜徉，他们与爸爸妈妈分离的焦虑，以及初入园的适应焦虑缓解了许多。

第二回：十月戏目之妖怪来啦

　　"妖怪来也！""我是老妖婆！我来抓你们啦！"午餐后、散步时，总会见到孩子们扮演各种各样的妖怪，和小伙伴玩你躲我闪的游戏。对于孩子们来说，妖怪的形象角色分明，多变且神秘，每每聆听了西游记绘本故事，孩子们也许不记得具体情节，但对取经路上不断遇到妖怪、打败妖怪的情节却有着深刻的印象。妖怪有哪些呢？孩子们如数家珍：牛魔王、铁扇公主、红孩儿……妖怪是什么样子的？有孩子说妖怪叫起来嗷呜嗷呜的，有孩子说妖怪走起来很可怕，轰隆轰隆的。

孩子眼里的牛魔王　　　　　　孩子眼里的红孩儿

  于是，我们在音乐库里寻找音乐，哐、哐，当我播放这一段略带沉重的音乐时，孩子们自然跟着音乐张牙舞爪，步伐沉重，仿佛自己是力大无比的妖怪。

  随着孩子们的室内游戏逐渐丰富，我们将早操段落结构的情节冲突升高一个级别，加入"妖怪来也"的环节。大家先做模仿操，活动身体，玩着玩着，忽然，听到音乐变化。谁来啦？孩子们四散逃跑。谁来扮演妖怪？对于这一问题，我们采取渐进式，先由老师扮演，渐渐地，再由孩子们开始扮演。这样，我们的早操就有了多样的音乐、多样的角色、多样的情节。

  过了一段时间，有孩子在阅读故事的过程中，讨论感兴趣的妖怪还有蜘蛛精，她们都很坏，很狡猾的。那可以配什么音乐呢？我们和孩子一起在音乐素材库里听音乐，最后我们选了《助兴鹤仙舞》。孩子们听到《助兴鹤仙舞》，脚步变得特别特别轻，原来在孩子眼里，妖怪还是多变的。

  我们将音乐进行了串接，孩子们在倾听音乐的过程中转换角色，玩戏剧游戏。唐僧师徒西行路上取经，大家开始古灵精怪地做起模仿操；当沉重的音乐响起，孩子们开始四散逃跑；当狡猾的音乐响起，孩子们一溜烟地躲闪，有的还不忘回头做个鬼脸。当随机播放妖怪来了的 A 段和 B 段音乐时，孩子们总要凝神听一听，然后做出相应的动作。在一次次的早操游戏中，孩子们学会了如何根据音乐搭配动作。

  我们的早操课程内容渐渐丰富了起来，这就是我们小班戏剧早操之十月戏目，增添新角色，加入新音乐，孩子们玩得更尽兴了。

教师反思：我们充分运用经典西游的故事，加上经典音乐的陪伴，孩子们在"音事相融"（音乐和故事相融合）的氛围中通过具身体验，进行酣畅淋漓的游戏表达。每一天，孩子们都很期待音乐会有什么变化，期待可以玩出什么花样。我们创造可期待的环境，让孩子们在充满未知的氛围中尽情游戏，并且充分地表达，愉悦身心。

第三回：十一月戏目之我躲躲躲

妖精来了怎么办？有孩子说："我才不怕妖精呢，我要去打妖精！"也有孩子说："妖怪好吓人，我要躲起来！"瞧！孩子们讨论后还进行了投票。大部分孩子选择了躲，也有少部分孩子想勇敢地打妖怪，无论是多数人的意见或少数人的想法，都值得被肯定与尊重，值得去尝试。

妖怪来啦，我们要躲起来，躲在哪里呢！孩子们自然而然地想到了幼儿园操场上的各种游戏材料，有的躲在乌龟壳玩具里，有的躲在梯子底下，有的躲在大型玩具后面，机灵的孩子们在哪儿都能找到躲起来的地方。

一段时间后，意犹未尽的孩子们准备改造场地，于是，我们的操场上，各种器械不断组合、变化。我们从幼儿园的东操场玩到了西操场，只为孩子们说乌龟壳玩具更像火焰山，攀爬架更像花果山。有趣的是，在走进田野活动中，孩子们惊喜地发现田野里有个水泥洞，他们把这里当成了练兵场，纷纷躲到里面，玩起了躲妖怪的游戏。以天地为游戏场，以自然中的材料为道具，孩子们的戏剧游戏自然而生，趣味无穷。孩子们的想法丰富了我们的戏剧早操课程，他们敢于挑战、敢于冒险的游戏精神也赋予戏剧早操以不一样的涵义。

有一天，孩子们说："我们要玩打妖怪游戏。"于是，我们制作了妖怪墙，孩子们寻找各种武器，玩起了打妖怪的游戏。有的小朋友一击就中，也有反复尝试怎么也打不到妖怪的。游戏分享时间，我们一起讨论打不中妖怪的原因，"我们力气太小了！""多像孙悟空一样学本领，就可以打败妖怪了！"《3－6岁儿童学习与发展指南》指出：3－4岁幼儿能单手将沙包向前投掷2米左右。我们的孩子在"打妖怪"游戏中渐次达到这一指标，孩子们在玩中锻炼，在玩中体验不断挑战的成功感。

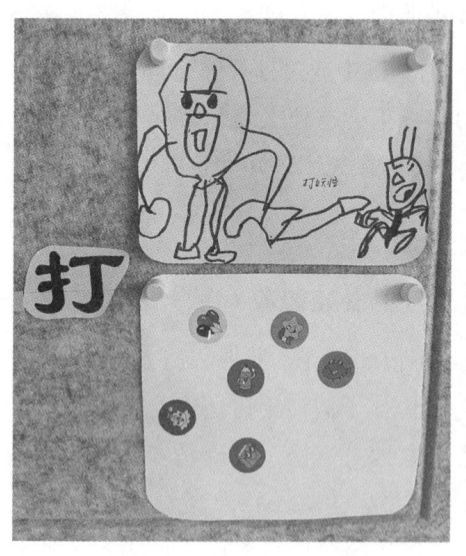

选择"打妖怪"的孩子 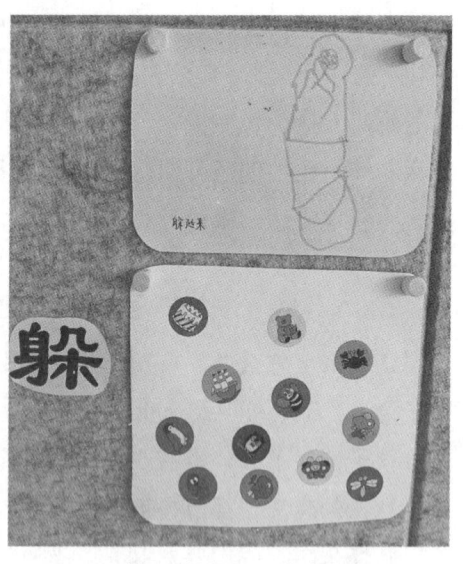　　　　　　　　选择"躲妖怪"的孩子

教师反思：幼儿晨操的元素有音乐、动作等，还应有对场地的充分运用，以及健康领域动作发展核心经验的达成。这一个月，我们的孩子自发将视角转向广阔的场地和丰富的锻炼材料，同时，我们通过戏剧化的情节设定，引导幼儿围绕走、跑、跳、爬、攀登、投掷等，实现核心经验的达成。在戏剧情境中，孩子们主动与材料互动，在有选择的环境中寻找适合自己锻炼的方式，他们是一群勤练本领的"孙悟空"，在练就本领的道路上找寻自己的宽阔大道。

第四回：十二月戏目之通天大道宽又阔

一个下雨天，我们在室内做早操，当音乐中表现妖怪的部分响起时，大部分孩子躲到桌子底下、橱柜后面，这时高沐宸一把抓过雨衣，大声呼喊着："快躲到这里来！"小朋友们仿佛发现了宝贝，一个个抢着要躲进去。

孩子们的新发现给了大家启示，是不是还有其他材料也可以用来帮助躲妖怪呢？孩子们在幼儿园里四散找了起来，彩虹伞、垫子、滚筒、桌布……孩子们发现了许多躲藏神器。

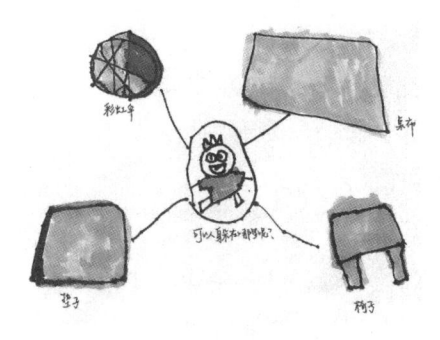

孩子找到的躲藏神器 　　　　　　　　可以躲藏的彩虹伞

在躲藏时，孩子们和这些变化的、软质的遮挡物互动，需要判断桌布、雨伞下面能藏几个人。看，夏天小朋友尽量调整自己的体位，缩小藏身体积，以便于小伙伴高沐宸也能藏进来。这正体现了《3—6岁儿童学习与发展指南》中社会领域的目标要求：喜欢和小朋友一起游戏，能关注别人的需要，并调整自己的行为。

早操课程每日都在开展，它是一日活动的其中一个环节，孩子们在愉悦的氛围中感受着快乐，也分享着快乐。每当孩子们有趣味玩法或小惊喜，我们都会分享给爸爸妈妈们，虽隔着屏幕，他们却深深感受到了孩子对经典西游的喜爱，以及对早操课程的投入。家长们也给予了大力的回应与支持，带来金箍棒、魔法帽、紧箍咒、自制的猪八戒头套，等等。有了家长的支持，西游戏剧早操更加有游戏味、戏剧味、童趣味了。

扮演孙悟空 　　　　　　　　　　　扮演妖怪

具有童趣的戏剧早操课程让早操越来越丰富，我们也看到了每一个孩子的进步。班里有一个孩子叫缪梓刘，在爸爸妈妈眼里，他害羞、胆小、内向。

确实，他的入园适应相比较而言要慢一点。这天户外游戏时，我们播放了孩子们特别喜欢的音乐《猴哥》，我假装拔了一根汗毛，吹了一下，对缪梓刘说："缪梓刘，今天我们都是勇敢的猴哥儿，我们一起来玩爬花果山的游戏。"一句平常的鼓励，孩子却带来不一样的表现。这一次，听着"猴哥"的音乐，缪梓刘勇敢去爬攀爬架了，虽然一开始爬不上去，脚步没有那么灵活，但这一天在《猴哥》音乐的激励下，缪梓刘练成了"武艺"，到达攀爬架顶端，从滑梯上滑下时，他自豪极了。有了一次尝试，缪梓刘越发勇敢，爬梯子、走独木桥都不在话下。

也许，每个孩子都有一个神奇的孙悟空梦，练就七十二般本领，带着一根金箍棒独自走天涯。

教师反思：一个课程就如一个项目，以特色鲜明的主题，贴近儿童生活经验的内容，吸引孩子的参与以及家长的主动投入。多主体呈现让课程更为立体饱满，也让孩子的表现更为个性化。我们关注每一位孩子"从毛孩子到取经有成的过程"，因为每一个过程都是重要的。我们希望每个孩子都是独一无二的，是属于自己的，同时，也希望家长和我们一起看到课程的力量，看到孩子努力的脚步，这个过程，我们希望每一个人都没有缺席。

【课程反思】

"唐僧骑马咚那个咚"，这首耳熟能详的歌曲唤起了很多人儿时的回忆。传统的亦是经典的，当我们与儿童共同沉浸于传统文化的氛围当中，传承的种子便悄然萌发。

一、早操课程可以是渐进的

我们遵循儿童发展的规律和学习的特点，让早操学习分段进行，而不是"囫囵吞枣""填鸭式学习"。每一个月，我们设定合理的内容，推动孩子寻找自己的最近发展区。比如从一开始的乐于参与游戏，到做情境模仿操，再到逐渐加入锻炼：走、跑、跳、钻爬、抛接等等。早操目标逐渐渗透，慢慢增加难度，孩子在游戏中玩，在玩中锻炼，在文化的濡染中自然生长。

二、儿童成长是可视的

《3—6岁儿童学习与发展指南》指出："幼儿应能在帮助下适应集体生

活。"我们珍视一日活动各环节的教育价值，让早操时间成为"每日的学习时间"，而不是传统意义上的简单重复。由易到难的渐进式过程，帮助幼儿逐渐适应集体生活。我们将自主权交给幼儿，孩子在感知音乐、与材料积极互动、沉浸式参与游戏的过程中努力锻炼，获得积极的情感体验。在这一过程中，孩子们的成长看得见。

三、文化传承可以是儿童的

文化是一条河流，滋养着人的成长，历经文化长河积淀的经典熠熠生辉。为了让儿童感知传统文化，我们挖掘生活中的教育契机，践行课程游戏化精神，以课程思维组织早操，并以此为推动，让文化的因子自然渗透于一日生活各环节。

【骨干教师点评】

孩子是天生的"音乐家"，他们浑身上下蕴含着音乐的旋律与感受。当孩子们对经典音乐感兴趣时，教师接住了孩子们抛来的这个彩球，为了让这个彩球翻滚出属于师幼共有的彩色足迹，师幼共同做出努力，教师努力顺应儿童的脚步，顺应他们的节奏，慢慢前行。

首先，经典属于每一个儿童。童年的审美奠定一生的审美，孩子们具有与生俱来的艺术欣赏能力，他们如饥似渴地爱好一切美好。因此，当孩子们对经典音乐、经典故事感兴趣时，教师是否关注，这决定了课程一开始的方向。所以教师要做的，是呵护孩子对经典的这份敏感性，创造条件打开一扇探索未知的窗户，成就一个个"小豆豆"。

其次，资源需要放大力量。"唐僧骑马咚那个咚"，当孩子们哼唱这首音乐，并且自然随音乐摆动时，学习就开始了。因为情境、音乐、经典故事的氛围渲染，孩子们在参与晨操活动中，情绪愉悦、参与积极性高，他们根据自己的能力选择锻炼的内容，每个人都在原有基础上不断发展。师幼充分利用幼儿园场地、设施等，在与空间、材料的互动中投入地参与锻炼。教师所要做的，是和孩子一起一头扎进中华经典文化这资源宝库里，一起感受，一起被感动。

再次，孩子是天生的学习者。当经典资源的沃土呈现在眼前，我们如何探究，这需要老师用专业性的视角，寻找适合孩子学习的通道。小班刚入园时，适应环境是首要，因此，教师敏锐寻找孩子的最近发展区，搭建缓坡。第一步，介绍经典音乐，让孩子在做模仿操中既得到锻炼，又初步感知经典；第二步，提供小型器械，鼓励孩子在情境中自由选择并参与锻炼；第三步，提供中小型器械的组合，让孩子参与循环式锻炼；第四步，在情境的推动下，鼓励孩子自由选择器械、自由组合进行主题式体育游戏。四步走给了孩子自由选择、充分体验、亲身活动的机会。

最后，多主体参与成就丰富性。家长的力量是无穷的，家长也有各种各样的最近发展区，教育从来不是我比划你来做，需要专业的引领，以及有策略的引导。课程实施过程中，教师通过多种形式的介绍以及具体的项目引领，和家长一起慢慢走进探究"西游"，探究孩子学习特点的历程。就这么慢慢走，感知经典，在当下创造性地表现经典。

（点评人：江苏省特级教师、正高级教师、江苏省如东县教师发展中心唐海燕）

我和提线木偶
（中班语言课程）

江苏省如东县鑫城幼儿园　姚瑶　陈雯冰

【题记】

提线木偶戏，是一种非物质文化遗产项目，古称悬丝傀儡，是中国古代一种重要的汉族戏剧形式。在幼儿的眼中，提线木偶被形象地称为"拉着绳子来表演的玩具"。那么，如何让幼儿在玩、赏、演中感知这一传统文化，进一步深度探究呢？我们基于本园"传经典"课程框架引领，在班级区域及日常活动中渗透与"提线木偶"相关的传统文化元素，逐步引领幼儿了解、认识并乐于探究提线木偶戏，感知家乡如东作为民间文化艺术之乡的文化特色，进一步培养他们热爱家乡、热爱传统文化的情感。

【课程叙事】

开学初，班级阅读区投放了绘本《我和提线木偶》，其内容成为了孩子们讨论的热门话题。"提线木偶是什么？""小人身上为什么有线？""这个有线的小人是在舞台上表演吗？"……面对新鲜的绘本画面、未知的新名词，他们特别激动，纷纷猜测。老师捕捉到孩子们的探究兴趣后，随即组织孩子展开讨论，并制定了与中班幼儿年龄特点相符的课程实施框架。

探寻·提线木偶的奥秘

课程初始，我们借助视频帮助幼儿了解"提线木偶"。"提线木偶真好玩。""我看到有人在上面拉线！""提线木偶的舞台小小的，它们怎么会说话呢？"……孩子们边看边说，有的还比划着手舞足蹈。看着他们如此激动的模样，我们当即提供"魔法棒"，组织了身体体验游戏"有趣的提线木偶"。孩子们根据口令一会儿抬手、一会儿抬脚，玩得不亦乐乎，不仅体验了提线木偶的肢体活动特征，更进一步激发起对提线木偶的探索欲望。那提线木偶可以怎么玩呢？孩子们天马行空地想象并表达着。通过了解，老师发现，孩子们知道提线木偶会动，但对"为什么会动、怎么动"却是一知半解。

游戏：有趣的提线木偶

家长是课程实施的重要资源，我们发放家长问卷调查，鼓励他们和孩子一起查阅资料，进一步了解提线木偶。在分享调查表时，辰辰说："提线木偶有四肢，身体叫笼腹。"多多说："提线木偶有点像踩高跷的娃娃，它还需要提线和勾牌。"淼淼分享道："用提线木偶可以表演《西游记》哦。"孩子们你一言我一语。我们知道，停留在视觉层面的图片和视频已经不能满足他们的探究欲望，他们想要有自己的提线木偶。那么，提线木偶需要哪些材料呢？我们再次将问题抛给了心灵手巧的家长，期待他们带领孩子探索出新奇创意的木偶。

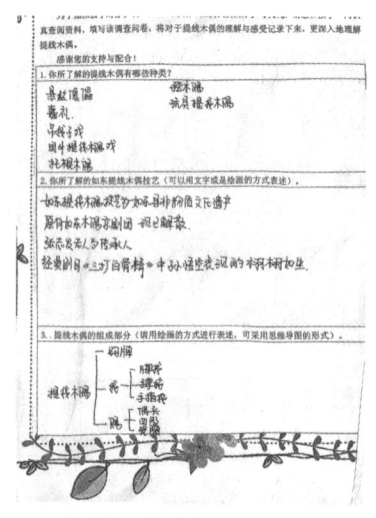

调查问卷

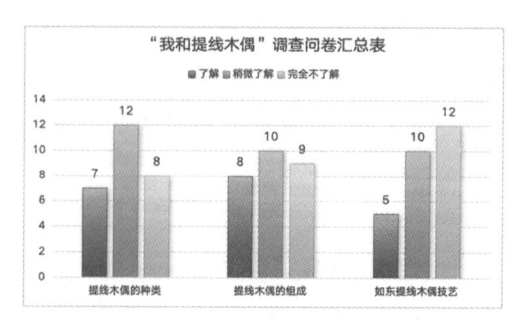

调查问卷汇总表

欣赏·非遗文化的再现

于是，一场亲子制作提线木偶的序幕徐徐拉开。家长带着孩子积极行动起来，寻找材料工具，商量制作方法，剪、贴、拉、扣……大人大显身手，孩子也不甘示弱，大家还纷纷在家长群里分享着亲子制作视频。而我们在第一时间跟孩子分享视频的同时，惊喜地发现，大家都很有创意，尤其是生活中的废旧材料也成了巧思创作的源泉，在本次亲子制作中发挥了很大作用。

接下来，孩子们把自己制作的提线木偶带到班级并进行分享，他们从木偶角色、所用材料、具体玩法做了简要介绍。"有的提线木偶是平的，有的是立体的。"聪明的辰辰有了新发现。"对，我用的是纸管，就很立体。""我用的是纸杯子。""卡纸做的就是平平的。"小朋友们七嘴八舌地讨论起来，在自由表达中，他们发现任何小动物或卡通人物都可以变成有趣的提线木偶，而笼腹材料的选择会决定木偶是平面还是立体的。

园长妈妈也参与了孩子们的讨论，并挑选了有代表性的木偶引导他们在看、摸、比中发现制作提线木偶的秘密。在探究过程中，元宝小朋友忍不住说："我的搞笑兔胳膊可以动，它的身上装了机关。""那是螺丝，只要一拉提线就能动。"乐乐赶忙接话。"我们的身体也可以动，那是因为有关节。""小百科"轩轩认真地说，"螺丝就像关节，把身体和四肢连起来了。"没想到，孩子们的发现竟然引发了深度学习，他们在自主讨论中找到提线木偶的胳膊和腿会动的缘由。

孩子们带来的木偶个个都独具特色，后来鉴于大家的兴趣高涨，我们决定投票选出最喜欢的提线木偶，最终，球球小朋友以 8 票获得第一名，成为了"木偶人气王"。

体验·指间绝技的奇妙

有了自己喜欢的木偶，接下来就要表演了。那木偶剧的内容从何而来？是否要和手中的木偶相关呢？针对这两个问题，我们和孩子进行了谈话活动，大家一致选择和好朋友一起表演木偶。于是，大家商讨后决定采用"分组"的方式进行，并让 5 个得票数最高的小朋友分别选择队友，绘制队标，各组也真正拥有了属于自己的行动徽章。

一、创编木偶新故事

组队完成后，孩子们开始分组讨论木偶新故事的角色和情节，他们畅所欲言、大胆想象。而作为教师，我们同步思考怎样有效地记录他们的故事。我们将这个问题带至年级组集体备课，经过老师们的热烈探讨，大家决定引导幼儿采用"绘制流程图"的方法记录故事框架和情节。说干就干，孩子们以"木偶小组"为单位，一人执笔，多人配合，讨论、记录各组创编的多角色有趣故事，他们在合作中不仅发展了语言表达能力，更在合作中与同伴积极交流，学会彼此尊重。

以小组为单位创编剧本　　　　小组创编出的"流程图"剧本

二、木偶分组小游戏

在"导图剧本"的加持下，孩子们迫不及待开始了木偶游戏，诸多惊喜也逐一呈现：

1. 木偶剧表演≠故事讲述。

经过多次观察，我们发现很多孩子演绎时只是将故事讲述出来，以叙事陈述性语言为主，与"会说话的木偶"有所差别。于是，我们和孩子再次讨论，通过欣赏视频的方式，引导他们发现"剧中对话"的特性。

孩子们对于"对话"也有自己的理解："动画片里的每个人都会讲话，我们的木偶也要说话。""木偶的话都是故事里的。"看来，他们对于"对话"的涵义已经初步掌握。

自由进行绘本剧演绎 1　　　　　　　　　　自由进行绘本剧演绎 2

2. 表演规则逐渐建立。

游戏过程中，孩子们的表现欲愈发强烈，他们拿着自己的木偶来回拨动，而随之而来的问题也出现了，如打断其他木偶表演、游离表演错过上场时机、木偶的提线相互缠绕等等，这一系列问题最终导致木偶表演缺乏连贯性、整体性，严重影响了木偶戏的表演效果。看来，拥有清晰的表演规则尤为关键。于是，我们和孩子进行了深度讨论。"木偶要跟着故事的变化上场，到谁了谁就上场。"元宝说。老师追问："那不表演的木偶应该做什么呢？"乐乐立马接话。"拿木偶的人要听，不能看别的地方。""说得真好。"看着大家都在思考，老师接着问，"提线绕在一起该怎么办呢？""我们的线都挺长，需要自己控制一下。"轩轩建议道。后来，也有小朋友建议把绳子弄短一些，小组间的木偶表演规则和注意点就这样建立了。

表演注意点表征 1　　　　　　　　　　表演注意点表征 2

三、木偶剧场我来创

各组木偶游戏如火如荼地进行着。第一个发现绘本中"大舞台"的球球跑来问："老师，我们可以表演了吗？"我不假思索地说："可以啊。"他接着说道："可是没有舞台啊。"对啊，怎么把重要的舞台忘记了。于是孩子们又一次翻开绘本仔细阅读细节，再从木偶剧视频里汲取经验，他们发现木偶剧舞台不用太大，但需要好看的背景。

那舞台应该设置在哪里呢？我们把问题抛给孩子，他们有的说搭在建构区，有的认为可以在阅读区里，大家意见并不统一。显然，课程实施又有了新的问题，教师及时介入和孩子一起审议，结合孩子们提出的建议以及木偶剧舞台的特征，最终选择了音乐区里的一张特别的橱柜，并调整到活动室中间位置。就这样，木偶剧舞台的位置确定了下来。

接下来，孩子们就为舞台的布置忙碌起来。舞台由哪些部分组成呢？细心的筱蕊认为需要草地和蓝天背景，因为每组表演都需要用到；悦悦小朋友则提出来，舞台要有幕布，绘本书里可是有的……就这样，孩子们群策群力，用心观察分析后合作绘制背景板，自发组队去园内"材料超市"寻找到合适的"幕帘"。至于舞台的呈现方式，则在园长妈妈的指导下，他们借用教师椅背巧妙架立在空中。孩子们看着自己创建的木偶剧场，不停地看着、讨论着，言语间满是自豪，大家开心不已。

四、创意演绎木偶剧

功夫不负有心人，木偶剧场终于完成。不过，由于幼儿表演意识薄弱、方位感不够强等新的问题，我们又进行了更深层次的引导。"怎么站才能让观众看到木偶表演呢？"我们的提问引发幼儿积极尝试，他们立马调整站位，站在了背景板的后面或旁边。"哎呀，老师，我们够不着！"受中班幼儿身高的限制，大家立即寻找材料解决问题，聪明的森森站上教师椅子，问题立即解决了。就这样，小观众就位，各组依次上场亮相。虽然"小木偶"之间有所差异，但都表现得棒棒的。孩子们从起初的"害羞不说话"到后来的"沉浸式表演"，点滴进步都被老师欣喜记录，孩子们也对自己的表演进行了客观评价。

传承·民间文化的记忆

亲子制作的提线木偶好玩有趣，孩子们可以自己动手制作吗？鉴于师生缺乏制作经验，商讨后一致推荐家长助教前来帮忙。经过家长志愿者一番讲解示范后，孩子们迫不及待地自己动手制作起来。看，他们合作画鸵鸟的腿，了解虚线与实线的裁剪方法，并主动向志愿者爸爸请教如何组装零件、怎样穿线等等。最终在教师及家长的耐心指导之下，小朋友们亲手制作的鸵鸟初见雏形，大家互相介绍，彼此欣赏，成就感满满。

家长助教活动结束后，我们和孩子进一步回顾梳理制作木偶的小诀窍。他们发现木偶的提线要粗，四肢能用吸管或纸做成弹簧的样子……如此丰富的经验积累触动着孩子们想要再次挑战。于是，他们决定在幼儿园搜集材料尝试再次自制木偶。看，孩子们闪现在"材料超市"的各个角落，边思考边搜寻，没想到还真找到了许多可用材料，班级美工区里的材料越发丰富起来。

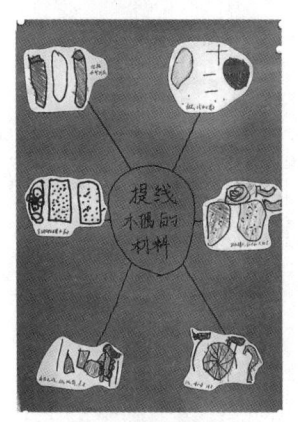

提线木偶的材料	寻找提线木偶材料

就这样，孩子们每天都在美工区里忙碌着。他们选择自己喜欢的材料，合作制作，遇到穿孔、打结、胶枪粘贴等工序还会主动邀请老师加入。看得出，大家对于木偶制作的步骤已经逐渐内化于心、外化于行。在演绎《我不知道我是谁》这个绘本时，孩子们不仅运用已有经验梳理故事情节，形成了条理清晰的"导图剧本"，还让自己在美工区制作的木偶——小兔达利B和黄鼠狼杰西D成了绘本中的主角。看，他们选择纸管做身体材料，利用纸条正

反对折、吸管穿线的方法完成角色四肢的创作，动作娴熟自然，充满自信。孩子们一切准备就绪，新一轮木偶表演又开始了。

【课程反思】

虞永平教授说：幼儿园课程是启蒙性、过程性、生活化的。本课程基于儿童兴趣，将提线木偶戏这一非物质文化遗产项目介绍给孩子们。课程实施过程中，教师、幼儿、家长一起感知、体验、学习、了解，在浓厚的文化氛围中感知非物质文化遗产的匠心与魅力。

一、回归传统，经典传承

本学期，我们将本地区的传统文化进行了梳理，在前期了解过程中，我们发现作为市级非遗文化，如东人民对"提线木偶"知之甚少，甚至出现了较为遗憾的情况——即将失传。幼儿园的孩子虽小，却也担负着民族复兴、文化传承的重任，因此，本次课程以"启蒙教育"为出发点，努力让幼儿认识、了解、走进木偶，甚至爱上木偶，为木偶文化的复兴点燃星星之火。

二、问题研讨，激发活力

儿童的语言能力是在运用的过程中发展起来的。本次课程，我们注重让幼儿自己观察、思考、分析，并尝试用完整的话说出自己的想法。一次次发现问题，一次次针对问题进行的研讨与实践、总结与思考的过程，既为幼儿语言表达提供了机会，又进一步激发了他们对于木偶的探究兴趣，让幼儿对提线木偶这一传统文化也有了更深的认识。

三、手脑并用，思维迸发

本次课程中，从绘本中引发幼儿对提线木偶的兴趣，到拿着木偶创编、表演故事，再到观察、归类、寻找材料制作提线木偶，教师始终尊重幼儿，大胆放手。值得一提的是，教师引导幼儿尝试运用思维导图进行故事梳理的做法，为后续小组游戏与表演奠定了经验基础。

【骨干教师点评】

提线木偶是一项逐渐淡出大众视野的传统艺术形式，本次"提线木偶"课程为孩子们提供了一次独特而富有意义的学习体验，成为连接传统与现代的桥梁。课程中，师幼通过多样的体验式活动，如观看视频、亲手制作和参与表演，使这一远离幼儿日常生活的元素变得生动起来。在活动中，中班的孩子们对木偶有了直观的认识，其语言能力显著提升。他们学会用丰富的词汇描述所见所闻，并通过创编故事等提高逻辑思维能力。站在舞台上表演自己的故事时，孩子们的表达能力和自信心得到了增强。

此外，课程还强调了文化传承的重要性。孩子们通过亲身体验提线木偶的制作与表演，对家乡的非物质文化遗产产生了深厚的情感联系。在观看专业木偶剧视频后，孩子们意识到木偶动作可以更加细腻生动，这不仅拓宽了他们的视野，也让他们理解优秀木偶表演这一传统艺术流传下来的精髓所在。教师们引导孩子们进行批判性思考和讨论，每一次讨论和实践，都推动了孩子们对本土文化的进一步认识和理解，传承传统文化、让传统文化焕发新生的种子悄然萌发。

总之，"提线木偶"课程不仅是对传统艺术形式的致敬，更为孩子们打开了一扇通往丰富多彩传统艺术世界的大门。它促进了孩子们语言技能的发展，增强了文化认同感，并培养了保护和传承非物质文化遗产的责任感。我们期待更多类似的教育尝试，让每一个孩子都能在这片充满智慧与温情的土地上茁壮成长，成为中华优秀传统文化的新一代传播者和保护者。

（点评人：南通市学科带头人、江苏省如东县鑫城幼儿园　石玲玲）

走进如东农民画
（中班艺术课程）

江苏省如东县锦绣幼儿园　周洲　潘姚姝

【题记】

农民画是如东一张亮丽的文化名片，濒长江、临黄海的地理环境和江苏江海文化的浸润，孕育出如东农民画这朵艺术之花。然而，当下了解并愿意尝试创作农民画的人寥寥无几。令人意想不到的是，我们班的孩子们偶然间看到农民画后，竟对这种风格独特的创作形式产生了浓厚兴趣。就这样，这群如东娃踏上了探索家乡文化符号的精彩旅程。在农民画丰富多彩的世界里，孩子们感受到家乡如东的自然风光、风土人情与生产生活的独特魅力，并以自己喜爱的方式，表达出对美好生活的理解与向往。

【课程叙事】

画秋记

秋天到了，小朋友结伴来到田野，想找一找儿歌里的"秋天的画报"。

孩子们发现了金灿灿的稻田，大家有模有样地学着农民伯伯收割。有小朋友看到一旁高大的收割机，拿出早已准备好的纸笔，开始记录自己的"秋游日记"。

教师日记：这一次的田野之旅，孩子们创作了许多精彩的写生画。秋天在孩子们的眼里，就如大自然的调色师，绚烂又和谐。在孩子们的画作中，我们看到了秋天的浓烈，也看到了家乡如东的斑斓。班级老师在如东文化馆看过画展，自然地想介绍如东农民画给孩子们，因为那是家乡特有的色彩。

邂逅画乡瑰宝：农民画初印象

1. 这就是农民画。

这天，我拿出我的绘画日记，让孩子们说说我画的是什么。有人说是在捕鱼，有人说是在带小宝宝，大家看图说话的兴趣高涨。

观察发现：看着看着，大家有疑问了："这些画看上去和平时看到的画不一样。"小爱小朋友说："每张画都是涂得满满的，有很多色彩，不像我们的画，有很多白色的地方。"调皮的团子说："画上好多人在干活，可是他们的样子是有一点奇怪的。"

小朋友是天生的艺术家，大家一边欣赏一边议论，有的说"好看"，有的说"不太好看，有点丑"。

2. 农民伯伯在干嘛？

孩子们看到画作上扎辫子、眉心点口红的小男生形象，一个个被这种腮红娃娃逗得哈哈笑。有人说画上的男孩儿抱着大鱼怪。

好奇心和新鲜感让孩子们看了还想看，我们又一起欣赏了几张相似风格的画，这下孩子们按捺不住了，他们用稚嫩的小手临摹出各种"滑稽"的腮红娃娃，活动室里传来阵阵笑声。孩子们围着我们问问题："老师，这叫什么画呀？""老师，你快告诉我们，这种画怎么画，我们想学，因为真好玩！"

3. 我知道的农民画。

孩子们对农民画这么感兴趣，我没有直接输出，而是故作神秘，让孩子们先到沙子和泥地里，就近找一找树枝之类，想画什么就画什么。孩子们不明所以，但是在沙地、泥地上画画是他们喜欢的，于是便三三两两开始在大地上"创作"。

在各自欣赏涂鸦之时，我才揭晓答案："过去农民伯伯干活累了，就像我们今天一样，在田里玩树枝、玩泥土、玩各种身边的东西，或者拿树枝、画笔画田里劳作的场面，慢慢地，大家都称这种创作方式为农民画。"同时，我们也告诉孩子们，中国很多地方都有属于自己的农民画，如东农民画就是其中一个种类。

听了故事，再次看我们带来的农民画，大家逐渐变得安静，一起专注地欣赏画作，仿佛在和画中的人物默默对话。

教师日记：孩子们第一次接触农民画，就能够发现并讲述农民画的特征和故事情境。我们发现，孩子们对艺术的敏感性很高，他们从典型的"娃娃"元素开始，感受农民画的夸张性、情境性和色彩冲击。我们知道，孩子们口中的"丑"，其实是直观感受到了农民画的夸张。在这一刻，传统艺术的情愫在孩子们中获得了共鸣。

妙笔初探绘韵：小试农民画风采

1. 讨论农民画。

问题一：用什么笔画？

了解了农民画的故事后，孩子们就迫不及待地来到美工区。可是第一个问题来了，农民画用什么笔涂色合适呢？符曹瑞不同意使用水彩笔，他说水彩笔涂背景底色耗时且难涂，用油画棒好涂。依依却说大面积使用油画棒，画面会脏，她坚持要刷颜料。

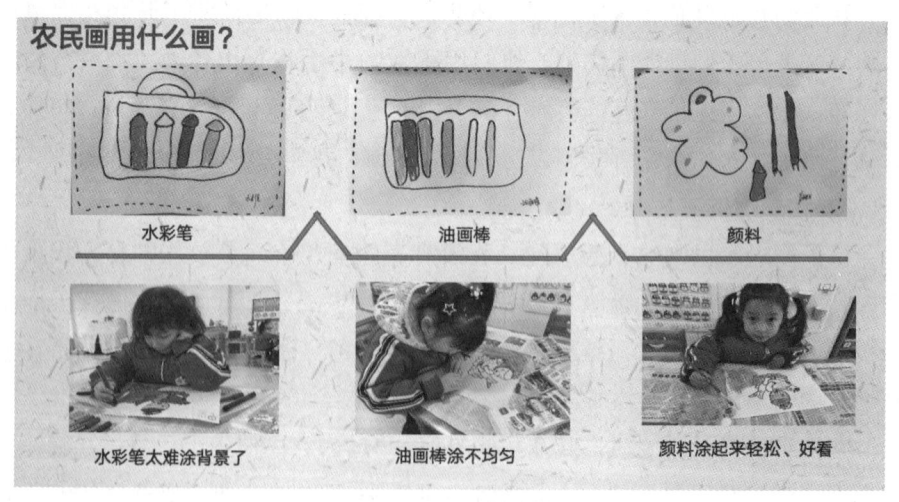

探究适合农民画的画笔

经验获得：在讨论中，大家决定用三种笔临摹那条抱鱼的娃娃。果然，要涂满整张纸的话，还是颜料省时省力，效果好。

问题二：先铺画纸底色还是先画人物主体？

新的问题来了，鹏鹏的一个提问再次引发大家的讨论："先把纸涂满颜色，等干了再画，还是先画里面的人呀？"

有了探究经验的孩子们，这次决定分成三组，先勾线后上色、先涂画纸背景色、排笔直接画。第二天，大家准备继续完善半成品的时候，发现各种问题出现了：先涂背景组的小朋友发现颜料无法在涂满黑色的纸上画，因为根本不显色；直接用排笔画的小朋友觉得自己画了好难看，轮廓一点也不清晰；勾线组画得不错，可是上颜料后，画面尽毁。

经验获得：三组小朋友遇到问题后没有着急，互相观摩后进行讨论，最后得出一个结论：还是先用勾线笔画出轮廓，再用小排笔细心涂色比较好。

问题三：画面如何布局？

大家按刚才讨论的方法尝试绘制了家乡"鱼"的主题画，画完之后，孩子们还是不满意。问题出在哪儿呢？农民画到底怎么画？大家带着问题求助专业的美术老师。

教师日记：孩子们喜欢听关于农民画的故事，他们表达出强烈的探究和创作欲望。在活动中，老师几乎全然放手，充分给出时间和空间让孩子试验、讨论、实践、调整。在遇到问题时，孩子们没有轻易打退堂鼓，而是投入更多的热情。班级成了艺术创作的海洋，每一位孩子都是大师，在色彩的王国里遨游、收获。

2. 美术老师进课堂。

专业老师的到来，为孩子们的农民画探索之旅注入了新的活力。专业老师先绘声绘色地介绍了农民画的故事，那些充满生活气息的创作背景和有趣的轶事吸引了孩子们，他们对农民画的兴趣愈发浓厚。随后，专业老师巧妙地结合班上小宝小朋友色彩鲜艳的花衣服，和大家讲解主题场景里应该包含的元素。她耐心地告诉孩子们，在创作时一定要突出人物主体，不能让背景色占据太大的空间。孩子们都聚精会神地听着，小脑袋里充满了对创作的憧憬。

我们和孩子一起去文具店添置了毛笔、笔山等工具。孩子们一起探究握笔姿势、工具使用、颜色调色等小知识，大家兴致盎然，对再一次绘制农民画充满期待。

3. 走进民绘坊。

这一天，酒窝小朋友说想邀请我们去县实验初中冒李国老师精心打造的"南黄海民绘坊"。

这下孩子们更来兴致了，大家说走就走。踏入民绘坊，仿佛走进了一个充满奇幻色彩的艺术世界，墙面、纸袋、雨伞、拖鞋、扇子……每一处角落、每一件物品都用独特的色彩和图案，静静讲述着一个个有意思的故事。当孩子们看到门口摆放着的拾文蛤神器——刮板、扁担、拉带、钩子时，更是好奇不已，他们像一群欢快的小鸟围拢在冒老师身边，叽叽喳喳地问个不停。

冒老师耐心地给小朋友们讲述如东那些有趣的故事，分享实用的画画技巧。冒老师还告诉孩子们，画画是一场充满欢乐的奇妙旅程，没有绝对的对错之分，只要是自己真心喜欢的作品，那就是最棒的。在冒老师的悉心引导下，孩子们的眼中闪烁着更加明亮的光芒，对绘画创作充满了新的期待。

参观"南黄海民绘坊"

教师日记：在绘画探索的征程中，孩子们对自己要求挺高，这正印证了"艺术追求没有止境"。在"南黄海民绘坊"这方艺术天地里，琳琅满目的如东特色工具和别具一格的艺术元素冲击着孩子们的心灵。透过孩子们的兴奋和专注，老师察觉到，并非所有孩子都对自己家乡的传统文化了若指掌。《3—6岁儿童学习与发展指南》明确指出，中班的孩子应当知晓当地具有代表性的物产或景观。这次游学经历，无疑成为孩子们了解家乡、亲近家乡文化的重要契机。

童心绘就新章：原创农民画诞生记

1. 孩子们的创作分享。

方法一：剪贴南黄海的鱼。

参观回园，孩子们热情高涨，一回到班级，大家便迫不及待地开启了自己的创作之旅。几个孩子担心自己在涂底色时会出现失误，果断地选择直接在色彩鲜艳的卡纸上进行创作，尝试用剪贴的方式来呈现我们家乡的特色——南黄海的鱼。只见他们小手忙碌，认真地挑选合适的卡纸，精心地裁剪形状，每一个动作都透露出专注。

经过一番努力，一幅幅充满童趣的"如东的港口"在他们手中诞生了。看着自己的作品，孩子们的脸上洋溢出满满的自豪与满足，眼睛里闪烁着喜悦的光芒。

方法二：捏塑如东勺嘴鹬。

另一组小朋友脑海里一直萦绕着冒老师讲述的如东勺嘴鹬，他们聚在一起，热烈地讨论着，一致决定选用黏土来塑造这种可爱的鸟儿。他们分工合作，有的专注地挑选不同颜色的黏土，有的小心翼翼地揉着黏土，将其塑造成合适的形状。经过一番努力，一只只栩栩如生的黏土勺嘴鹬在他们手中诞生了。

创作如东勺嘴鹬

方法三：勾勒大自然的诗。

孩子们的创意如同泉涌，他们不仅在洁白的画纸上尽情挥毫，还别出心裁地在蛋糕盘子上绘制起来。凭借着之前试验摸索出的方法，以及在"民绘坊"汲取的灵感，一幅幅充满童趣、妙趣横生的农民画在他们手中诞生。这些画作色彩斑斓，线条虽稚嫩却充满想象力，每一笔都倾注着孩子们对生活的热爱和对艺术的独特理解。

纸盘创作农民画　　　　　　　　班级作品区

更令人惊喜的是，孩子们不仅擅长用画笔表达，还能绘声绘色地讲述画作背后的故事。大家你一言我一语，气氛热闹极了。他们的每一幅画都像是一个小小的世界，承载着一段独特的故事。

2. 孩子们的困惑。

问题一：颜色不会搭配。

随着课程的实施，班级美工区里愈发热闹，创作材料也日益丰富。不过，经过一段时间的绘画后，孩子们心中又萌生出新的困惑，他们渴望了解更多颜色搭配的本领。老师们灵机一动，拿出几块大花布，结合小朋友随身穿的衣服以及如东农民画，带着孩子们一起摆放、观察，引导他们对比不同颜色组合的效果。

经验获得：聪明的孩子很快就发现，红色和绿色搭配在一起，充满了热闹的氛围，要是再加入黄色作为背景，画面更显活泼欢快。

了解了搭配技巧，孩子们展开想象的翅膀，贝壳、蒲扇、帆布包、纸袋都成了孩子们尽情创作的天地。

问题二：颜料如何保湿？

在绘画时，孩子们能够自己挤颜料、洗笔、收拾桌面，但是每次洗掉没用完的颜料太浪费，但是不洗也不行，因为第二天就干了，急得问该怎么办。

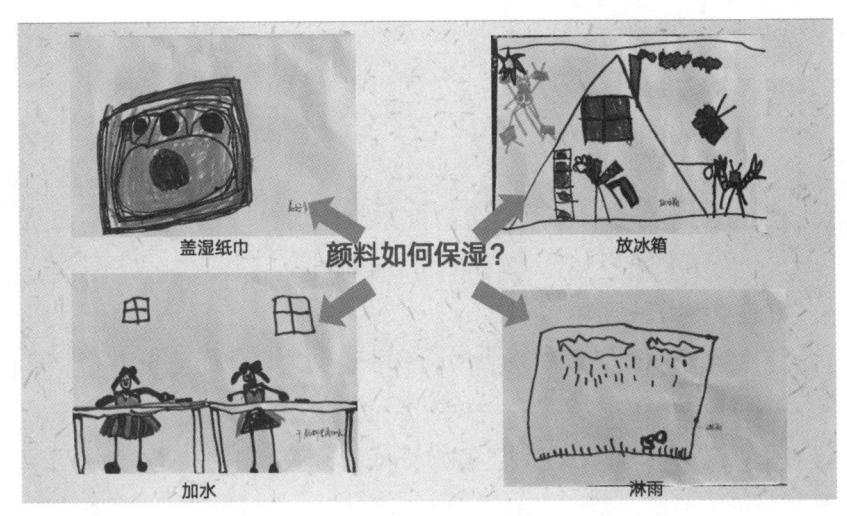

讨论：颜料如何保湿？

经验获得：大家围在一起出谋划策，有说把颜料放冰箱的、有说盖湿纸巾的、有说加水的……大家分组实验后证实，湿纸巾干得比颜料还快，冰箱起不了保湿作用，往颜料里加水会改变颜色的深浅，湿海绵覆盖是最好的保湿办法。

3. 非遗初了解。

在一次次的创作实践以及解决问题过程中，孩子们对农民画的热爱愈发深厚。然而，他们的小脑袋里也冒出了许多疑惑：为什么上次冒老师说真正的农民画正逐渐消失不见呢？看着这群如东娃那满含求知欲的眼神，我们决定给他们讲讲什么是非物质文化遗产："小朋友们，每个地方都有特色，就像大家都有特长。咱们如东农民画一直受大家喜爱，这就是非物质文化遗产。可现在学的人少了，要是没人传承，农民画很快就会消失。上次去过南黄海民绘坊，冒老师就是农民画的传承人。"

可别小瞧了这些孩子，听完后，他们都对保护传统文化有了自己的理解。回到家，孩子们迫不及待地和爸爸妈妈一起，深入了解更多如东的故事、如东的特色以及其他非物质文化遗产。他们对家乡文化的探索热情，正在逐渐蔓延。

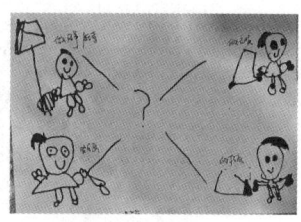

孩子们知道的非遗

4. 打造"锦绣民画廊"。

为了让更多小朋友了解如东农民画和非遗文化，他们萌生出一个充满创意的想法——布置展览。大家经过热烈的讨论，一致决定将展览布置在班级前的走廊里。说干就干，孩子们迅速行动起来，设计组的孩子发挥奇思妙想，精心规划展览的场地；搬运组的孩子齐心协力，一趟趟地搬运着展览所需的物品；搭灶台组的孩子认真细致，努力还原如东特色的灶台场景；布置组的孩子则将一幅幅作品小心翼翼地挂起，用心装饰每一个角落；创作组的孩子还在继续挥动画笔，为展览增添新的作品。

在大家的共同努力下，走廊迎来了大变身，变成了一个充满艺术氛围的小小展览厅。随着参观的人越来越多，孩子们自豪地当起了讲解员。他们用稚嫩而充满热情的声音，向大家介绍如东农民画的魅力、非遗文化的重要性，希望所有人都能了解并保护如东的特色文化。

教师日记：非物质文化遗产是中华大地上各族人民世代相传的优秀传统文化，是中华民族文化最核心的组成部分之一，见证了中华民族生生不息的发展。非遗文化走进幼儿园，不仅营造了浓厚的文化氛围，而且切实让优秀传统文化浸润儿童的心灵，让儿童在传承创新中焕发新生机、新活力。

【课程反思】

农民画没有山的高度，却有泥土的气息；没有国画的素雅，却有生活的烟火气。回顾此次《走进如东农民画》课程，我们和孩子们一起走进艺术的瑰宝，也看到了自身的成长。

幼儿成长看得见：《3—6岁儿童学习与发展指南》指出，中班孩子"在欣赏自然界和生活环境中美的事物时，关注其色彩、形态等特征"。此次课程中，孩子最初对农民画这一绘画形式喜欢但不了解，凭着最初的喜欢，他们一次次临摹农民画中的简单元素，在初步尝试中表达对艺术的喜爱。从"邀请专业老师走进来"，到"走出去参观画坊"，孩子们对农民画的理解逐渐深入。再次尝试创作，他们对绘画的内容有了自己的想法，那就是画出家乡独特的美。

教师成长看得见：《指南》指出，中班幼儿能运用绘画、手工制作等表现自己观察或想象的事物。针对孩子们喜欢农民画的现象，教师引导孩子细心观察大师画的细节，提供丰富的绘画材料。环境的支持、教师的陪伴给了孩子更多的空间。孩子是我们的老师，他们的问题与思考，让我们看到了其蕴含的大能量，更知道了在课程中如何追随儿童，如何陪伴孩子的成长。在此期间，我们也成了"非遗"传承的拥戴者和宣传员。

家长想法听得见：家长的声音，是此次课程的一抹温暖亮色。当孩子们接触并了解了非遗如东农民画后，他们满心欢喜，充满自豪地与爸爸妈妈分享在课程中的点点滴滴，绘声绘色地讲述农民画背后的故事。那些关于乡村生活、传统习俗、民间传说的画面仿佛就在眼前展开。家长们也逐渐认识到艺术教育对孩子成长的重要性。他们看到了孩子在艺术感知、表达和创造能力上的提升，因此对这个独具特色的艺术课程给予了高度的评价与充分的肯定。我们期待在未来的艺术教育中，能够与家长们携手，为孩子们创造更多感受美、表现美和创造美的机会。

【骨干教师点评】

农民画最可贵的价值是通过创造精神美达到创造生活美，它的画面场景有浓浓的生活气息，给人带来欢悦和希望。本次如东农民画课程具有多方面的亮点，就如浓烈的农民画，师幼共同打开艺术大门，在发现美、表达美的过程中不断用自己的方式诠释对美的追求。

一、课程内容：文化传承与艺术融合

传承本土文化，孕育家乡情怀。我们借助农民画这一艺术形式，让幼儿将目光投向以农民生活为素材的艺术画作。农民画丰富的色彩运用、独特的构图方式以及夸张的造型表现，为幼儿打开了一扇认识艺术多样性的大门。

幼儿通过接触农民画，不仅领略了如东的民俗风情和本土文化，还在潜移默化中培养了对不同艺术风格的感知和欣赏能力，同时也为幼儿的艺术启蒙奠定了坚实的基础。我们领略了如东的民俗风情，领略了本土文化，这对于如东农民画这一非物质文化遗产的传承与弘扬有着极为重要的意义。

二、幼儿参与：自由自主的艺术探索

正是因为孩子们对农民画始终不减的热情，让我们看到传统文化的独特价值。涂鸦、色彩、人物形象、故事表达，农民画的这些元素仿佛在孩子面前展开生活的画卷。这是不一样的生活，但又与我们的生活息息相关，原来，这就是艺术。在幼儿参与课程的过程中，农民画拥有的艺术色彩赋予幼儿充分的自由表达空间。《指南》强调要尊重幼儿自发的表现和创造。孩子们在面对农民画时，能够自由地发挥想象力，用自己的方式诠释对画面的理解，通过绘画、手工等多种形式进行创作。这种自由自主的艺术探索，不仅让孩子们乐在其间，更让他们在实践中提升了艺术表现力和创造力，深刻体现了艺术传承的真谛。

三、课程成果：情感培育与艺术素养提升

在课程实施过程中，我们看到情感培育在其间的悄然流淌。这种情感的滋养进一步激发了孩子们对艺术和文化的热爱。通过农民画创作的尝试，孩子们的艺术感知能力得到了培育，从而能够更加敏锐地捕捉到艺术作品中的情感和美感；在创作过程中，他们的艺术表达能力不断提高，学会运用不同的艺术手法来传达自己的想法和感受；同时，对农民画的探索也培养了他们的艺术审美能力，使他们能够从生活中发现美、欣赏美。这些艺术素养的提升，会给他们未来的成长留下深刻的印记，为他们的全面发展奠定良好的基础。

（点评人：南通市骨干教师、江苏省如东县锦绣幼儿园　顾娟）

跟着孩子过端午

（大班社会课程）

江苏省如东县苴镇街道新光幼儿园　冯晨晨　孙瑱　韩以楠

【题记】

端午节作为我国首个被列入世界"非物质文化遗产"的节日，拥有独特的风俗习惯和深厚的文化底蕴。《3—6岁儿童学习与发展指南》指出："利用传统节日，向幼儿介绍我国民族的文化，帮助幼儿感知文化的多样性。"我们关注到，孩子们对端午节的认知仅限于吃粽子，这样的认识浅显单一。因此，为了帮助孩子们更加全面地理解端午节的意义及其丰富的文化内涵，我们根据孩子的兴趣点将龙舟、香囊、粽子等端午元素有机串联起来，使孩子们能够在具体的活动中感受传统文化的魅力。孩子们在体验中开始学会用自己的方式诠释传统节日的意义，为古老的文化注入新的生命力。更重要的是，他们逐渐认识到传统文化的价值，并愿意主动参与到保护和传承的工作中去。

【课程叙事】

童言稚语话端午

在一次晨间谈话中，孩子们聊起了家中的日常生活。雯雯提到："奶奶昨天给我包粽子吃了。"琪琪补充道："我奶奶也包了红豆馅的粽子。"这引起了大家的兴趣，于是老师顺势提问："为什么最近大家都在吃粽子呢？"吉文迫不及待地回答："因为端午节快到了。"

这个话题立刻引发了孩子们的话匣子，"我也爱吃粽子""我要看赛龙舟"……大家热烈地讨论，对即将到来的端午节充满了期待。

共聊端午 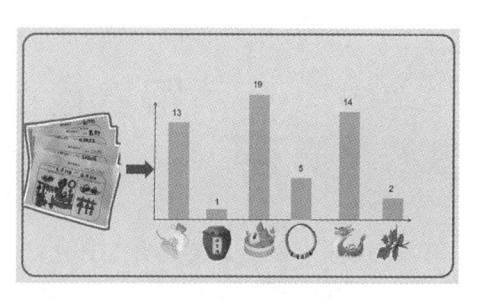　　　　　　　　端午节幼儿经验调查

围绕"端午"这一话题，我们利用"端午调查表"来了解孩子们已有的经验。通过分享交流，我们发现孩子们对端午节的一些传统习俗如吃粽子、佩戴香囊、划龙舟等有较为深刻的印象，但他们并不清楚这些习俗背后的来历。此外，对于端午节的历史背景和文化内涵，孩子们的了解也比较有限。

我们进行了课程前审议，结合幼儿现有的经验水平，回归民族传统文化的根基，立足于实践探索的原则，预设端午节课程目标。

端午节像一幅历史与文化交织的画卷，为了找到合适的切入点进行探索，我们选择了绘本这一资源，因为绘本里有宝藏，有关端午节的民间故事、传统美食、民俗文化都融合在生动有趣的插画中。我们一边看，一边梳理，绘制"端午我知道"思维导图。原来端午节有这么多习俗，孩子们边翻阅绘本，边感受传统文化的价值和魅力。

倾听孩子们对绘本交流的内容，发现他们交流的高频词是：粽子、赛龙舟、香包。于是，我们从孩子们的兴趣点和关注点出发，围绕"香囊、赛龙舟、粽子"三个节日元素，创设情境，让幼儿在亲身体验中参与到端午节的传统活动中来。

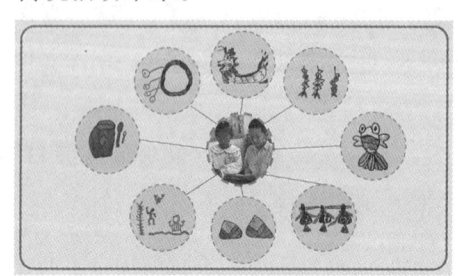

阅读绘本了解习俗 　　　　　　孩子阅读绘本记录

276

佩饰上的端午节

端午节小孩宜佩香囊，有辟邪驱瘟之意。小朋友说，香囊有圆形、爱心形、粽子形等等，最可爱了。睿睿说："我让妈妈给我买一个。"汐汐说："我让奶奶做一个。"这时橙橙提议："我们自己也来做一个吧。"

做香囊需要什么材料呢？涵涵说："我问过奶奶，我们要有装香囊的布，要好看的。"杨杨说："香囊里有装东西，很香的。"老师回答："是的，那是香料。"佳颖提议："我们在美工区染过布，我们可以用染的布做香囊袋。"于是，孩子们三三两两，根据自己的喜好玩起了染布的游戏。

布已染好，该寻找香料了，用什么香料呢？孩子们看视频时，发现可以用很多种香料。从自己最熟悉的和生活中常见的入手，孩子们从家里带来艾草，并从幼儿园的香草墙采摘了一些薄荷，把它们晒干做成香料。大家再找来珠子、坠子等做装饰物。

材料准备就绪，大家一起探索起了做香囊的方法：将方形花布平铺于桌面，将香料放在中间，把布四周往上竖起，用绳系紧，根据自己的爱好进行装饰。香囊做好了，大家都佩戴上了自己制作的香囊，闻一闻，香味扑鼻。

这时，亦杨跑过来问："我还能做一个送给妹妹吗？"佳颖听见了也说："对，我想送给弟弟。"老师打趣地问："你们为什么想到送给弟弟妹妹呢？"孩子们回答："佩戴香囊可以让我们身体健康。"原来，孩子在阅读绘本时了解到在中国传统文化中，香囊被视为一个吉祥物，可以给大家带来好运和幸福。于是，给弟弟妹妹、爷爷奶奶送香囊成了大家喜爱的活动。还有孩子发现班上近期有小朋友因生病未能到园，他们贴心地制作香囊，并委托住在附近的小朋友带给他们，以此表达我们的关心与祝福。

通过阅读传统文化绘本和亲身实践，孩子们在浓浓的文化氛围中感受香囊背后蕴含的文化内涵。以香囊为情感连接物，孩子们自发将自己制作的香囊赠送给身边的人，美好的情愫在幼儿园传递。这更好地诠释了端午节应有的意义，我们的孩子在触摸传统文化符号中，努力做传统文化的小小宣传员。这一过程，是对传统文化保护与传承的积极响应。

游戏中的端午节

1. 识龙舟。

在谈话活动中,孩子们纷纷表达自己对龙舟的认识和了解,昊昊说:"龙舟就像一条龙。"浩浩说:"龙舟是要划的,很多人一起划。"吉文说:"划龙舟会吓跑小鱼小虾,这样小动物就不会来抢屈原的食物了。"大家对端午龙舟有初步的了解,也有不少疑惑和好奇:龙舟是怎么造出来的,为什么要造得像龙一样呢?龙舟颜色为什么这么多?龙舟是怎么比赛的?

问题是行动的先导。对于"龙舟外形为什么像龙一样"这个问题,大家在绘本《龙的传说》中找到了答案。孩子们知道了龙在中国文化中占据着极其重要的地位,而划龙舟是端午节的重要习俗,大家将龙舟外形设计成龙的形象,能够更好地展现和传承龙的传统文化。彬彬说:"龙最威猛,所以龙舟就要造成龙的样子。"孩子们感受到龙这一形象的大气,我们作为龙的传人,备感自豪。

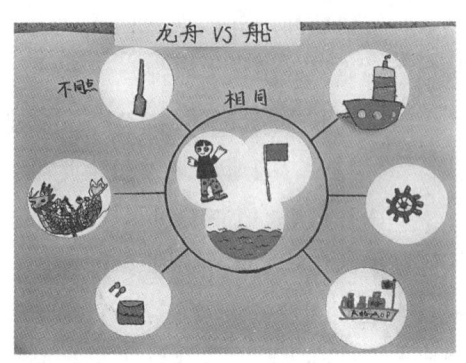

对龙舟的疑惑　　　　龙舟 VS 船

龙舟的外形有什么特点呢?孩子们进一步对龙舟的外形、结构进行了细致的观察和研究。皓杰说:"龙舟的尾巴像火焰一样。"琪琪说:"龙舟细细的、长长的,上面有鼓,还有红旗呢!"孩子们将自己的发现画下来。在分享中,大家进一步明确龙舟与船虽然都在水上行驶,但是外形和功能差异很大。

2. 制作龙舟。

关于赛龙舟,今年孩子们有了一个新的主意,他们想自己制作一艘龙舟来比赛。那问题又出现了，用什么做龙舟呢？于是，大家分成项目小组，有的设计龙舟主体，有的讨论制作龙舟需要的主材料，有的到班级材料超市寻找各组所需要的材料。

（1）第一次制作。

孩子们选用各种不同的材料来制作龙舟。宇硕组选择了积木，计划将它们组合并粘贴成一艘龙舟。他们请老师帮忙预热胶枪，并戴上手套准备开始工作。首先，他们把几块小三角形积木粘合起来，然后固定在长方形积木的两侧，形成了龙舟的底部。接下来，他们将积木向上叠加，构建船舱部分。

佳颖组则采用了木栅栏作为龙舟的主体，他们还用树桩和树枝粘出了独特的龙头和龙尾造型。

舒舒组选择了彩色塑料积木和碳化积木来拼装他们的龙舟。

其余两组则使用小木板作为龙舟的身体，并精心制作各自的龙头和龙尾。

孩子们热火朝天地制作，老师兴致勃勃地观察。大家发现了很有意思的现象，五组合作模式各不相同。第一组：两人在做，一人加油；第二组：一人主导，其余协助；第三组：两人思考、两人动手；第四组：齐心协力、共制龙舟；第五组：主心骨缺席，剩下的手足无措，结果可想而知，没有成功。

第一次制作龙舟　　　　　　　　不同款龙舟

游戏分享环节，我们帮助第五组寻找失败的原因。小宝说："他们没有用心合作。""那你们介绍一下自己的合作经验。"孩子们各抒己见，在帮助别人找原因的同时，也在积累解决问题的经验。

皓杰说："冯宇硕他们的龙舟不像龙舟，像船。"皓杰的一句话引起了大家对自制龙舟外形的关注，于是各组根据大家的意见进行调整。

小宝提出疑问："陈柯含他们组的龙舟用纸做的尾巴，可能不行。"为什么？"因为我们这次要制作能下水的龙舟啊，纸龙舟在水里要沉下去的。"大家来到水池边，尝试让龙舟下水，结果"现实很骨感"，大家手忙脚乱地"救助"龙舟。这次失败让大家知道发明创造可不是随意就能成功的。

纸质龙舟碰水湿透　　　　　　　　　　积木龙舟侧翻

孩子们印象中，龙舟都是木头制作的，所以他们选材时都以木片为主材料，但结果就是，制作的龙舟无法很好地漂浮起来。孩子们感到很疑惑，纷纷找原因。

游戏分享环节，我们一起观看视频，寻找原因，大家经过讨论，总结出几点：1. 龙舟头重尾轻，所以不稳当。2. 龙舟底部有缝隙，所以出现了渗水现象。3. 纸质材料碰水就会湿透。4. 龙舟底部遇水面积太小，龙舟主体重，就会侧翻。

（2）第二次制作。

孩子们总结了第一次制作失败的经验之后，开始了第二次制作的探索。首先重新寻找需要的材料，要求能在水里漂浮，而且不容易渗水。多次尝试后，孩子们选择泡沫盒子、塑料盒子来做底部。它们不仅能够帮助龙舟浮起来，而且遇水面积大。爱动脑筋的孩子还说："这些盒子有边沿，在前进过程中不会进水。"

孩子们自主选择材料进行浮力的探究，不同材料的材质、质量、形状带给幼儿不一样的体验感。在探索的过程中，孩子们最终找到了浮力大、适合做龙舟底的材料，这也是他们新经验的生长点。

确定好龙舟身体的材料，大家开始思考另一个问题，怎样才能像一艘龙舟呢？孩子们都觉得装饰很重要。吉文组选用纸箱做龙头，纸片做龙尾。"怎么避免头重尾轻的情况？""那就用天平秤称一称。"吴佳说道。好主意，大家找来天平秤试一试。其他组也找来做龙头龙尾的材料，分别进行称重，如果发现重量相差太多就不适宜，大家再重新寻找。

材料备好，孩子们分组开始制作。大家一边制作，一边调整，问题不断，思考不断，每一组的智慧都在合作中不断迸发。

各组龙舟制作好，加上一些装饰，摆上自制的划船人，插上小旗和船桨，我们的龙舟就蓄势待发了。

这场龙舟制作活动的主角是孩子们，教师通过倾听孩子的想法、了解心声，放手让孩子尝试，孩子们在充足的时间内尝试、调整。在这一过程中，教师摒弃了以往"齐步走"的制作模式，而是放手给足时间，提供材料，让各小组分头探索，从而去发现更多的可能性。

3. 赛龙舟。

热闹的赛龙舟就要开始了，比赛前大家共同商议比赛规则：一是要确定起点、终点；二是要在裁判发出信号后再出发，先到达的龙舟为胜。

但是水池上的水是不流动的，大家制作的龙舟不会自行向前，怎么办？孩子们想到用手拨动水面，产生动力，推动龙舟在水上行驶。

孩子们将自己制作的龙舟排好队，一声哨响，孩子们纷纷为自己的龙舟加油呼喊，并用力拨动水流，想让自己队的龙舟行驶得更快一些。连风婆婆都看着急了，缓缓吹来了一阵风，可是吹反了，所有的龙舟又回到了起点。没关系，再来一次，大家非常有耐心。最终，舒舒组的龙舟获得了胜利，所有的孩子都欢呼起来，为自己，也为伙伴。在激烈友好的氛围中，这一次龙舟比赛落下帷幕。

亲子中的端午节

端午节期间，我们邀请家长共庆传统佳节。大家欢聚一起，一起包粽子，小手尝试，大手辅助，不仅传递了技艺，更是进行文化的接力。"我的粽子包好了！"孩子们的欢声笑语此起彼伏，每一个粽子都承载着他们对传统文化初体验的喜悦与成就感。孩子们品粽子，看赛龙舟，挂香囊，晒艾草……和家人一起在活动中品味节日，感受这份浓浓的节日气氛和家的温馨。

端午节课程虽告一段落，但大家对传统节日的探索仍将继续。文化是根，根深才能叶茂。我们将继续追随儿童的生活经验，去发现、引导、支持他们了解中国的传统节日文化，感受传统文化的魅力和内涵，激发文化自信和民族自豪感。

【课程反思】

用一个节日唤醒仪式感。仪式感让传统节日更鲜活，我们结合绘本资源，理解儿童对端午节的已有经验和未知经验，通过系列实践活动让幼儿更深入地理解端午节的文化内涵。佩香囊、做龙舟、赛龙舟、包粽子等端午元素贴近儿童生活，可操作亦可体验。在与端午文化符号互动的过程中，孩子们不仅逐步揭开了端午节的神秘面纱，更在这个过程中学会了沟通、合作与分享。他们相互讨论香囊的装饰创意，共同协作完成龙舟的制作，在赛龙舟游戏中体验团队合作的乐趣，并在包粽子的过程中学会耐心与分享。这些宝贵的经历不仅加深了他们对端午节文化内涵的理解，更为他们建立良好的人际关系，以及提高社交技能奠定了坚实的基础。

用一场体验发现节日魅力。原来每一个节日都有不同的风俗和诠释，孩子们通过端午节，看到中华民族悠久历史的多样呈现。尽管孩子们可能还无法完全理解端午节背后复杂的历史故事和深厚的文化意义，但这次体验已经在他们心中埋下了文化的种子。这颗种子将在未来的日子里逐渐生根发芽，每当遇到端午节或其他传统节日时，他们都会回想起这次难忘的节日体验，从而更加珍视和热爱自己的民族文化。这样的体验不仅丰富了孩子们的文化认知，更激发了他们对传统文化的兴趣和探索欲。

用一次畅游走进文化殿堂，激发源动力，让传统节日得以传承。我们每一个人都在文化的拥抱中幸福成长。传统文化如何传承，孩子们给了我们很多启示。在活动中，孩子们面对困难毫不退缩，坚持自制龙舟，展现了他们对传统文化的执着和追求。同时，他们还亲手制作了香囊，并赠送给因故未能参与活动的小伙伴，这种稚嫩却真挚的表达方式，诠释了他们对节日活动的深刻理解和美好祝愿。我们应和孩子们一样，保持对传统文化的敬畏和热爱，用实际行动去传承和发展它。

【骨干教师点评】

"中国人的精神文化传统，往往就是依靠代代相传的一年一度的节日继承下来的。"作家冯骥才的一番话道出了中国人的文化情结。在幼儿园如何过一个丰富、有趣、鲜活的传统节日，新光幼儿园的师幼从触摸节日的具体元素开始，在一个个鲜活的活动中感受传统习俗的魅力，理解传统文化蕴含的意义。

一、文化启蒙，激发好奇

晨间谈话中，吃粽子的话题自然引发了孩子们对端午节的好奇心和探索欲。教师巧妙地利用这一契机，引导孩子们思考端午节的意义及其背后的习俗。通过端午调查表了解孩子们已有的认知水平，再结合绘本资源，探究端午节的历史背景及文化内涵。这种方式不仅满足了他们的求知需求，还为后续实践活动奠定了坚实的基础。孩子们在这个过程中学会主动提问、寻找答案，对传统文化的探究兴趣逐渐浓厚。

二、亲手制作，传递温情

香囊作为端午节的传统装饰品，承载着辟邪驱瘟的美好寓意。当孩子们动手参与香囊的制作时，他们体验到了创造的乐趣，以及给予他人关爱的情感交流。香囊制作的每一个步骤都是对孩子耐心、细心的锻炼。而当孩子们将自己精心制作的香囊送给家人或朋友，表达祝福与传递温暖时，这不仅是物质上的交换，更是心灵深处对亲情、友情的珍视与保护。

三、创新思维，挑战自我

赛龙舟活动尤为精彩。它不仅重现了端午节的重要民俗活动，还巧妙地融入了STEM教育理念。孩子们通过实际操作解决遇到的问题，尝试如何使自制的小船浮起来并稳定行驶，在实践中发展解决问题的能力和科学素养。此外，小组合作的形式促进了成员间的沟通交流，孩子在其间体会与他人合作带来的快乐。在遇到失败时，孩子们不畏困难，愿意反复尝试，这一过程不仅让孩子们离成功越来越近，而且让孩子们体会到勇于尝试新方法的重要性。

四、文化传承，时代新声

文化，并非看不见摸不着，她是浸润于国人血液中的基因所在，龙舟、香囊、粽子，这些也许是生活中的寻常，节日课程用文化的珠链将其串接，使得孩子们在感知节日元素、表达节日情感时为传统节日赋予当代表达。

（点评人：江苏省特级教师、正高级教师、如东县实验幼儿园　王桂云）

向往的生活，"灶"起来！

（大班社会课程）

江苏省如东县经济开发区中心幼儿园　盛丹妮　崔莹莹　曹海琴

【题记】

人间烟火气，最抚凡人心。作为乡土社会独有的文化符号，灶承载着老一辈对于农村传统生活的记忆。随着时代的发展，灶已逐渐隐迹，但孩子们提出的"户外真实烹饪"促使我们将灶文化重新拾起。于是，大家一起探究灶的搭建和使用，以游戏为载体，努力回归生活，在感知、体验传统灶台中感受人间烟火气，在沉浸式体验中了解乡土文化。活动中，孩子们通过体验生活的味道，提升对社会生活的认识。炊烟袅袅，意味着对乡土本色的传承，也意味着在时代发展中文明的不断进步。

【课程叙事】

一缕缕青烟，在冬日的寒风中飘散；火焰跳动，锅盖轻响，散发出诱人的香气；欢腾、热烈的火苗，隐隐熄灭，火种存而灶犹热……

金秋十月，孩子们来到小树林，延续着去年的探索故事。对于升入大班的他们来说，曾经创设的娃娃家游戏环境显得简单。永远爱折腾的孩子有了新的想法："树林可以变成厨房吗？""这个洞洞里可以生火吗？我想炒东西吃。""可是在树林里生火，万一发生火灾怎么办？"我国著名教育家陈鹤琴先生说过："小孩生来就是活泼好动的，是以游戏为生命的，游戏是幼儿的基本活动，对于孩子来说，游戏就是生命，生命就是游戏。"为了满足孩子们的奇思妙想，我们抓住大自然中现成的"活教材"，和他们一起寻找新的场地，最终将户外娃娃家设置在相对安全、更易于活动的青青农庄。于是孩子们便开始用劳动的小手生出冬日的烟火，在这方天地，人与火友好相处，更好地诠释了生活的样态和涵义。

幼儿野炊初设想 　　　　　　　　寻找建灶场地

识灶

对于灶，孩子们到底知道多少呢？"我在奶奶家看到过，还在灶洞口帮奶奶扇风呢！""我家只有开关的煤气灶，没见过土灶。"……看来孩子们对大灶台都不太熟悉。我们开展了亲子调查，幼儿与家长一起搜集图片，了解与灶相关的知识，积累经验。调查过程中，促进了家长对课程的了解，同时增进亲子感情。幼儿在与家长、伙伴交流的过程中，对土灶的结构有了初步的了解：土灶是由砖石和泥土制成的一种设备，由灶墙、灶面、灶膛、出烟口组成。

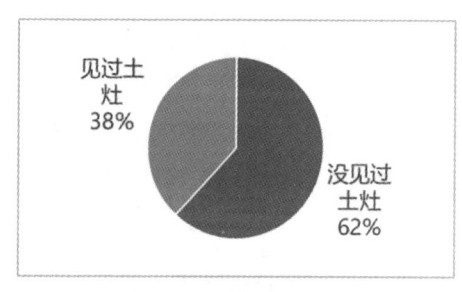

幼儿对土灶了解程度 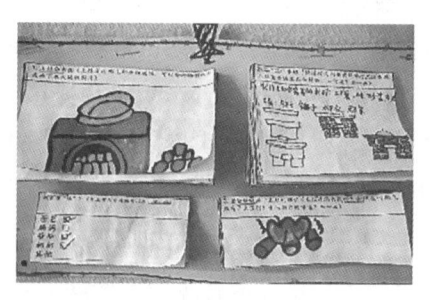　　　　　　幼儿认识土灶调查表

孩子们通过绘画、拍照等方法记录下灶的秘密，并积极与同伴分享："有的土灶是白白的灰搭成的，有的土灶外面有漂亮的瓷砖。"
"灶台的中间还有一个小洞，可以加热水。"

"有的灶口边上有个大箱子，拖动它可以使火更旺，奶奶说它叫风箱。"

"烟囱连接着灶，建在屋顶，这样烟就可以排出去……"

随着对土灶的深入了解，孩子们还主动对比了土灶和煤气灶的不同之处，哪一个更好呢？虽是简单的问题，他们却特别认真地对待。

"我家里没有土灶，妈妈会用烤箱做好吃的蛋糕。"

"土灶太大了，做完好吃的以后清洁起来很麻烦。"

"奶奶说用土灶的锅做一道菜可以给好多人吃，煤气灶上的锅太小了，只够几个人吃。"

"煤气灶点火只要转动按钮就行了，土灶点火的时候有很多烟，有些危险。"

问题不一定需要答案，重要的是思考、实证这个过程。孩子们用表征记录自己的疑惑、想法，在感知现代炊具更便利的同时，也明白了土灶为人类文明的发展做出了贡献，是人类重要的"家文化"印记。

建灶

初设灶型

有了丰富的前期经验，孩子们跃跃欲试想搭建土灶。于是他们分组设计图纸，先尝试用积木搭建，但搭出来的效果或是不立体，或是有缝隙，放不了烧菜的锅。在不断尝试、调整修改后，大家通过投票，一致确定采用圆宝组设计的有烤架的圆形灶。这是一个宏大的工程，孩子们想想就很美，为了尽快真实感知户外烹饪的乐趣，他们立马行动起来。

建灶设计稿　　　　　　　　　　室内建灶模型

1.0 版土灶

有了建灶模型的经验，1.0版灶台诞生，在第一次搭建后，孩子们发现了不少问题：首先，灶台整体不整齐、不稳固，易碰倒；其次，灶台砖头中间缝隙太大，易走烟。大家用模拟实验的办法找原因、找办法：用积木平放垒高比侧边垒高稳；应首先找到中心点，交错垒高比较稳固；可借助水泥填补缝隙，这样防止走烟。

2.0 版土灶

有了第一次搭建土灶经验，孩子们改变了搭建方式，除了平铺、垒高，又采用了架空、围合等技能完成了2.0版土灶。

这一次，小施工员们又有了新发现：搭建洞口时有点难，越往上搭，洞口就像阶梯一样越来越靠后，根本连接不起来。大家原本想搭圆形灶，搭着搭着却变成椭圆形了。灶台侧面有砖块凸出来了，看起来歪歪扭扭的，不太好看。

有的小施工员还找出了新问题：有的小朋友搭着搭着就离开了，只有一两个人在搭。

看来这次搭建的问题还真不少呢。经过小组讨论、再实践，孩子们找到了解决办法：首先，搭建洞口时，将砖头分成两半，采用正方形砖头垒高洞口；其次，搭圆形灶台时可以借助模型围砌；然后，搭建时注意每层积木都是有规律的，第一、第三层水平对齐，第二和第四层水平对齐，依次往上类推；最后，各小组要分工合作，每人有不同的任务，要坚持到底。

土灶2.0版　　　　　　　　　　　模拟演示问题

升级土灶 3.0、4.0 版

孩子们根据实践不断调整，分工合作，设计出了新版本。

土灶 3.0 版　　　　　　　　　　　　土灶 4.0 版

工人叔叔实地指导

孩子们对大土灶的创作欲望越来越强烈，园长妈妈也为大家请来了专业的工人叔叔指导砌灶。工人叔叔传授宝贵经验时，孩子们听得可认真了，他们认真记录方法，开始了又一轮的精心设计与施工，经过一次次讨论、一次次调整，再加上工人叔叔的耐心指导，幼儿园园史上第一个灶台竣工啦！

在整个活动中，从建造主题到建造合作方式、材料选择，都是幼儿结合学习、生活的经验，一步一步摸索出来的。他们能积极讨论、规划内容，与同伴共同商讨、绘制建造计划，并按计划搭建，用围合、叠放、错位等搭建技巧，并学会使用泥浆等辅助材料完善土灶。他们能完整讲述搭建的内容、过程、问题，这些都契合大班幼儿的关键经验。

开灶

开灶准备

传统风俗讲究吉日吉时，通过挑选黄道吉日，最终确定 2023 年 10 月 14 日下午 14 时 28 分开灶。

作为小主人，孩子们紧锣密鼓地准备着开灶几件大事：除尘打扫；画一日三餐守护神——灶王爷；写福字、贴对联；准备代表美好寓意的物品，扎上红绸带，排好，摆整齐；邀请园内宾客参加开灶剪彩仪式。

大家怀着期待的心情，坐等吉时！

准备开灶吉祥物 　　　　　开灶场地布置

生火准备

万事俱备，只待东风。大家在生火暖灶的过程中犯了难，他们发现点火器根本点不着这堆树枝。没关系，不气馁的孩子们再尝试用稻草来生火，这次虽然成功点燃了稻草，但一会儿就熄灭了。怎么办？崔老师来帮忙，她将枯草、枯枝放在废纸上，先点燃纸，枯草、树枝也燃烧起来，再慢慢地往里面塞木头，这次生火暖灶成功了。经过回顾总结，大家明白了生火的顺序：先用火点着最易燃的纸，然后慢慢加入枯树枝，让火持续燃烧。为了安全起见，在保安伯伯的提醒下，生火前我们还准备了足够的水和灭火器，防止发生火灾。

孩子们全园寻找哪些物品是易燃物，在寻找的过程中，大家自然地增强了消防意识。他们在生火的过程中不断尝试，不怕困难，这一过程，激发了孩子们科学探究的兴趣，初步感受火的"力量"，同时也体会到"生活中需要不断寻找方法、验证"的朴素道理。

幼儿安全意识表征

喜迎开灶

秋风渐起，祥瑞东来；新灶之喜，

四方来贺。只听锣鼓一声响，期待已久的开灶仪式开始啦！园长妈妈剪彩揭锅，用红彩带等元素寓意着红红火火、大吉大利。曹老师为大家讲解开锅涮洗工作，寓意着灶火不灭，财气旺盛。"哇，好大的烟雾呀！"针对孩子们的发现，周老师抓住这一契机进行了安全教育——火的隐患。

就这样，孩子们明确分工，第一次用土灶炒花生、烤红薯，在一顿烟熏火燎的忙碌中，第一次的烹制成品新鲜出灶。

这一次零距离的接触，让幼儿在亲身体验中获得了对"灶"的深刻认知，并了解到在中国的传统文化中，新灶开火是一个非常重要而且很有讲究的事情。整个过程中，幼儿自主投入、兴趣浓厚，他们在亲历中了解了乡土文化的意义所在。

用灶

第一次烧灶尝试后，孩子们纷纷回家向爸爸妈妈学习拿铲子炒菜的方法，渐渐地，他们的炒花生技能越来越娴熟了。幼儿园青青农庄里，香味扑鼻，引来了更多小朋友的加入。

孩子们在用土灶烹制美食的过程中，还总结了一些小经验：炒菜时，土灶的火力很大，要不停翻炒，不然食物就焦了；烧火时，要有人一直看火，及时添加木柴，不然容易熄灭；备菜时食材要洗干净，烧烤要用锡纸包起来，不能有缝隙；烧烤时，食物长时间压在炭火下，容易焦。

孩子们对灶的使用越来越熟悉，菜品越来越多，于是萌生了"开灶馆"的想法。大家向园长妈妈申请再建灶；大家自主搭建简易版小灶；制作食谱，准备就绪，"南瓜灶馆"即将开业！

三餐四季，温暖有趣。孩子们在尝试调整、搭新灶、开灶馆的过程中，对灶的使用已经颇有经验。他们在不断地实践、试错、反思、再实践，大家的劳动兴趣不断增加，劳动能力不断增强，同时也了解了古代劳动人民就是在这样的人间烟火中相互温暖、感恩生活。

忆灶

"生活即教育"。第一次生火，第一次开灶，第一次做菜，精彩的活动勾起了家长们的儿时记忆,他们和孩子一起回顾分享,给予了评价。家长们纷纷说:接地气的建灶活动让我们懂得了,原来孩子的学习就在生活里,希望适当增加这一类的社会活动,培养孩子劳动意识、动手能力。

《幼儿园教育指导纲要(试行)》中提出:教育要回归儿童的生活,密切贴近幼儿生活的世界。灶台,幼儿既熟悉又陌生,这一次零距离的接触,从了解灶—设计灶—使用灶—制作美食,他们在热烈讨论中不断碰撞出新想法,在实际操作中不断积累着新经验,在解决问题中不断探索着新方法。

生一炉烟火,围一方天地。随着时间的变迁,虽然柴火土灶已经在我们生活中逐渐消失了,但我们可以为孩子建灶生火,让他们在游戏中感受劳动的快乐,体验文化传承的美好力量。

大灶台,

是爷爷奶奶,温暖的日常;

是爸爸妈妈,童年的烟火;

是子子孙孙,传承的文化;

是乡土中国的印记,

是文明中华的火种,

让我们继续跟随孩子们的脚步,一起丰富记忆,唤起美好。

【课程反思】

《纲要》中提出:教育要回归儿童的生活,密切贴近幼儿生活的世界。劳动教育是幼小衔接中"生活准备"方面的内容之一,我们将其与中国传统灶文化相结合,最大限度地支持和满足幼儿亲身体验、获取经验的需要。借助幼儿对"灶"的兴趣,我们用网络图呈现不断生发的新问题和经验,从"了解灶—设计灶—使用灶—制作美食",教师全程追随孩子探究的脚步。这不仅是一次生活的体验、技能的了解,更是幼儿享受自主游戏、感受劳动快乐的开始。

一、灶文化传承,丰富幼儿社会经验

《3—6岁儿童学习与发展指南》指出:运用幼儿喜闻乐见和能够理解的方式激发幼儿爱家乡、爱祖国的情感。孩子们对不常见的"土灶"的认识和探究，是对文化的追寻。他们在充分感知、体验中理解"灶、火、食物"的关系，这是对人类数千年文明的初步触摸。整个过程中，他们自主、投入地了解到灶的结构、建灶技巧、生火技巧、开灶寓意等中国传统社会的文化知识，在充分合作交流、解决问题中深刻感知古代劳动者的聪明才智，从而激发幼儿的民族自豪感。

二、网络图呈现，推动幼儿自主探究

课程开展过程中，我们用网络图动态地呈现幼儿的探索进度和学习情况，从生发"真正户外生火"开始，到幼儿发现的建灶、用灶等问题，在一一呈现中，我们可以清晰地看出幼儿学习与思考的轨迹。他们通过试错、调整，找到搭建的正确方式；通过学习、实践，获得使用灶台的文化经验；通过反思、回顾，萌生再建灶、开灶馆等新想法。与此同时，幼儿还在这期间丰富了测量、数量、空间等数学核心经验，在实践操作与思考中合作完成了一件又一件了不起的事情，提高了幼儿自主探究能力。

三、沉浸式体验，增强幼儿劳动技能

大班幼儿阶段是学习生活技能的关键时期。我们通过让孩子体验户外娃娃家的真实生活场景，进行持续探究性的劳动活动，培养他们的动手能力和实践能力。他们积极自主参与劳动，在力所能及向大胆挑战这一转变的过程中体验成就感、愉悦感，不仅仅锻炼了孩子们的动手能力和生活自理能力，也使得他们对劳动产生深厚的情感，更意识到古代劳动人民的智慧及劳动成果的来之不易。

【骨干教师点评】

一、问题，让课程始于需要

作为观察者、陪伴者，教师能敏锐地捕捉孩子们"建一个灶"的需求，在与孩子们解决建灶问题的过程中，逐步形成了课程的框架。课程实施充分尊重儿童，让儿童在发现、探索、实践的过程中，充分体验、大胆发现。亲子调查、建灶行动、开灶体验等真实社会实践活动的展开，帮助幼儿深刻领略中国传统灶文化的魅力。

二、体验，让课程日渐丰盈

孩子们的参与、体验贯穿整个课程实施的过程，从"开灶"到"用灶"，从班级体验到全园投入，孩子们真正走到了课程的中央。故事里处处可见孩子快乐的游戏身影，沉浸式的体验让幼儿心生愉悦，这里不仅有情感的转变，还有生活经验的提升。在初探了解中，感知中国旧社会乡土文化；在合作交流中，丰富幼儿社会经验和情感；在日渐丰盈中，大家也被拉入快乐的童年回忆。

三、探究，让课程更具关联

整个课程脉络清晰，活动丰富，内容充实，体现出教师对幼儿的尊重与支持，他们以幼儿为主体，倾听孩子的声音，从幼儿自己发现的问题出发，鼓励幼儿分工合作，解决建灶问题，在交流探索中体验生活的美好。在满足社会领域目标的同时，实现科学、艺术、语言等多元化领域串联，让课程更具内在的关联性。

（点评人：江苏省特级教师、正高级教师、江苏省如东县教师发展中心唐海燕）

有趣的皮影戏

（大班艺术课程）

扫码观看视频

江苏省如东县县级机关幼儿园　管曼迪　何丽

【题记】

皮影戏流传于全国各省区，是国家级非物质文化遗产，它集手工、音乐、绘画、故事讲述、表演等多种形式于一体，具有深厚的艺术内涵和文化价值。之所以传统，是因为历经历史的沉淀；之所以艺术，是因为凝聚了人类的智慧；之所以传承，是因为其独特的文化底蕴。在儿童的世界里，制作、讲述、扮演是孩子们喜爱的艺术表达形式，他们在与传统接触的过程中，用自己的方式演绎着现代的故事。

【课程叙事】

表演区里，娜娜和小伙伴们玩着手影游戏，他们的手影变幻着，动作变换加上神气的解说，吸引了众多的目光。只见他们一会儿变成大雁在天上飞，一会儿变成鳄鱼在地上爬，一会儿又变成了小白兔蹦蹦跳跳，光影的世界好神奇。

区域分享时间，我们重点交流手影游戏。娜娜向大家介绍玩法，孩子们听了心动不已。好玩的影子游戏还有哪些呢？登登说："在饭店吃饭的时候，我看见有人表演皮影戏，皮影戏的影子是彩色的。"

孩子们对皮影戏都很感兴趣，但到底什么是皮影戏？这个问题引发了大家新一轮的探索。

邂逅皮影　了解调查

集体活动时，大家一起观看皮影戏视频，他们被幕布上角色形象的神奇变化、幕布后的种种演绎所吸引，他们的惊呼声也表达了对皮影戏的喜爱。观看结束，孩子们围绕皮影戏展开了讨论，提出了自己的疑问。带着这些问题，我们一起整理设计了调查表，孩子们通过询问家长、上网查阅资料、翻看绘本故事等方式获取更多的有关皮影戏经验。

关于皮影和皮影戏，孩子们了解到皮影戏表演要有幕布，影子是投在幕布上的。月亮说："要有灯光，我们需要准备手电筒。"小满说："我们需要一些道具，比如皮影戏里的人物。"杨杨说："小朋友需要举着木棍在舞台后面表演，我们手一动，动物也就动起来了。"孩子们结合已有经验，一一列举出了自己了解的皮影戏。

孩子们想要尝试自己表演皮影戏的欲望越来越浓厚，那我们表演什么皮影戏呢？孩子们将想要表演的皮影戏罗列出来，通过投票，大家选择了剧目《三打白骨精》，理由是"大家认为故事里的人物很有趣"。

聪明的孩子们想到计划先行，大家把演出需要做的事情都画了下来，形成了"演员表"。

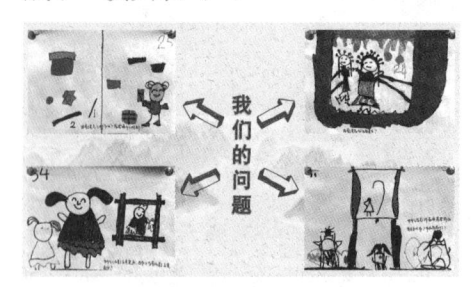

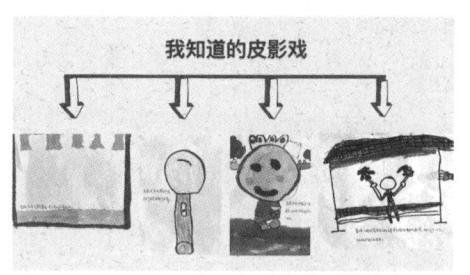

关于皮影戏的问题　　　　　　　调查：我知道的皮影戏

动手尝试　制作皮影

确定好角色后，孩子们开始探讨一个问题：皮影人偶如何制作？通过观看视频，大家大致了解皮影制作过程。原来，最传统的皮影制作程序要经过洗皮、制皮、画稿、过稿、镂刻、敷彩、发汗熨平、辍结合成等八道工序，手工雕刻3000余刀，是一个复杂奇妙的过程，而且步步都要极具耐心和细心，古人流传下来的智慧和技艺真是让人瞠目结舌，由衷赞叹。

1. 设计皮影人物形象。

观看视频后，孩子们跃跃欲试，想尝试自己设计制作皮影人物。孩子们再次观看视频，探讨皮影戏人物的特点。潼潼说："皮影身体是分开的，头和身体连在一起，胳膊、腿分成两节。"小可乐说："皮影小人都是侧脸。"看来，要制作好看有趣的皮影，并非那么简单。

2. 选择皮影制作材料。

真正的皮影是用牛皮等动物皮毛制作的，那我们用什么做呢，我们也可以制作简易皮影。"什么是简易皮影？"孩子们通过观察、讨论，商定要选择硬硬的、能够被支撑起来的、可上色的材料。

于是，孩子们分头寻找自己认为的合适材料。他们自由分组，依据猜想，尝试制作皮影的身体。在制作、验证后，再次分享小组探索成果。大家在实践中发现：用卡纸制作的皮影在光影中很模糊，看不清皮影的样子；用牛皮纸做皮影，影子不是彩色的；用素描纸做皮影，能清楚看见皮影的图案；用透明纸做皮影，比较牢固，能清晰看见皮影颜色、造型。结合实践经验，我们最后确定使用透明纸进行制作，大家还在多次尝试后发现，制作皮影身体的材料需要有一定厚度，这样才能透光且牢固。

3. 如何让皮影动起来。

选定好材料，大家兴致勃勃地制作皮影。孩子们发现自己制作的人物不会动，一点都不好玩。孩子们有点泄气，"如何让皮影动起来"，这成为迫在眉睫的任务。

老师带大家来到幼儿园科学馆，借助于科学馆内人体骨骼模型，大家找出人体的"动"。经过探究，孩子们发现了看得见的"动"。麟麟说："人的头、手、手肘、脚、膝盖这些地方都可以动，因为它们是分开的。"

老师说，人的身体能够做出各种不同的动作，是因为骨与骨连接的地方有关节。那在什么地方打洞呢？如何连接才能够让制作的皮影动起来幅度更大呢？孩子们在材料区选择麻绳、扭扭棒、金线、毛线等，可是想象很美好，真正实践起来，大家却纷纷遇到难题。涵涵说："毛线太软了，怎么都穿不过去，也不好打结。"费费说："扭扭棒太宽了，需要把洞口打大一点，也可以把扭扭棒捏细一点。"潇潇说："我用双脚钉固定很方便。"大家边尝试边讨论，失败一次再继续，最后孩子们有的用双面胶固定小棒，有的在老师帮助下用小钉戳洞、悬挂小棒。

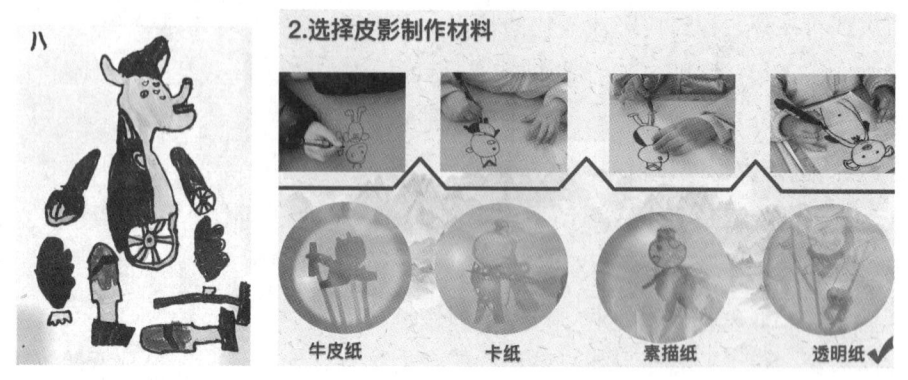

设计皮影人物形象

选择皮影制作材料

大家将自己制作的皮影小人放在一起比较，潇潇说："我觉得还是用有小铁环的小棒固定更合适！"于是，小伙伴们一致换上了带有铁环的小木棒。

尝试、讨论，每一次出现的问题都是向成功更进一步的契机。通过这个过程，孩子们更为深刻地理解，古代人制作精美皮影戏的过程，一定是经历了很多次失败才成功的。

搭建舞台　发现探索

探索一：选择合适的幕布材料。

在一次次的尝试中，孩子们制作的皮影不但能动，而且动得越来越灵活了。他们操作着皮影，在幕布前高兴地表演着。

——跑来反映问题："老师，皮影舞台太小了，我们都露馅了，我们需要一个大舞台。"制作皮影大舞台，这是个好主意。大家设想设计一个什么样的舞台，孩子们拿起画笔自己画。在幕布的选择上，经过一番激烈的讨论，孩子们在进行尝试后发现："素描纸虽然是白色的，但可能是太厚了，皮影的影子就变成黑色了。""纱巾、一次性桌布不像幕布，透过幕布看不见后面的人。""白色床单比较薄，有光的情况下，能显出透明的感觉。"在幕布选择、试验的过程中，孩子们对材料的透光性有了一定的认知。经过对比，他们最终选择了透光性比较好，又能产生影子的白色床单作为幕布。新的皮影大舞台完成后，孩子们欣喜不已。

探索二：小朋友的影子会留在幕布上。

孩子们拿出手电筒、操作制作的皮影人物，在搭好的舞台上表演起皮影戏。可这时小观众又发现了一个新问题。"呀，你们的影子都在幕布上啦，遮住皮影啦。"为什么会这样呢？孩子们根据自己的已有经验提出了猜测，"我们站在手电筒的前面，光会把我们的影子也投到幕布上。"这可怎么办呢，如果不站在幕布后面可没法表演。于是孩子们又开始调整手电筒的位置，以及投射的角度，并做了观察记录。孩子们经过几番实验，发现灯光从幕布的上方往下照，小朋友的影子就不会投射到幕布上。熙熙说："我觉得这个手电筒灯光不够亮，我家有一个能照很远的灯，我明天带来！"换上专业灯光设备，孩子们表演得更加得心应手。

选择合适材料做幕布

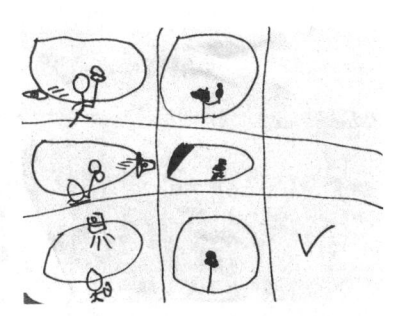

灯光投射角度观察记录

皮影表演 大戏开锣

1. 海报宣传。

随着皮影戏表演次数的增加和经验的积累，我们欣喜地发现孩子们在表演中越来越游刃有余。熙熙提议："要不我们邀请其他班小朋友来观看我们的皮影戏，让更多的小朋友喜欢上皮影戏。"熙熙的提议得到了大家的一致认可。

要邀请其他观众，依据以往的经验，海报宣传环节是必不可少的。制作海报需要合作完成，孩子们自由组合，一起商量海报如何设计。大家分工合作、配合默契，在共同的努力下，一幅醒目漂亮的宣传海报就完成了。根据孩子们的提议，我们将宣传海报贴在了教室门外的展板上，让更多的老师和小朋友都能看到。

2. 邀请观众。

孩子们都有日常去电影院观看电影的相关经验，大家开始思考如何制作戏票。可可说："我去电影院看过电影，电影票小小的，看电影的时候需要给检票员验票。"娜娜说："我们需要画上表演的皮影戏，不然小朋友不知道我们表演的是什么。"费费说："票上要写上几排几座，这样观众容易找到座位。"潇潇说："票上还有条形码呢！"小可乐说："戏票需要分成两半，一半是副票。"

大家一起讨论效率就是高，梳理出要点后，孩子们就开始了设计，有的在戏票上画出剧目中的人物，有的参照剧目中的精彩情节绘制。

我们邀请其他班小朋友走进大一班，潼潼、希希热情地向大家介绍了我们的皮影戏，并给每一个小朋友都递上了戏票，邀请大家一起来观看。

戏票画上剧中人物　　　　　　　　参照情节绘制戏票

3. 好戏开场。

第一次公演终于拉开帷幕，全班幼儿齐上阵，各有分工，互相协作。例如有布置演出会场的工作人员，将椅子排放整齐，在地上、椅背上贴上位置标记；有负责接待的礼仪小哥哥，在门口负责验票；有负责引导的工作人员，当小观众找不到座位时，及时帮忙引导入座。小演员们则在戏台后面准备演出。观看演出的小朋友们坐好了，一切准备就绪，演出就开始了。

首先是主持人夏天小朋友向大家介绍本次表演的节目名称，在一片热烈的掌声中，演出的帷幕拉开了。幕布后的小演员们拿起自制的皮影人，随着音乐的起承转合，全神贯注地操作着手中的木杆，在他们的牵引下，皮影"活"了起来，此时台上台下每个人都沉浸在皮影戏的魅力中……

皮影是灵动的艺术，是来自东方的"皮影魔法"，在唱、说、做、演中，孩子们共同感受其独有的光影魅力与文化，在传统艺术的世界，孩子们用现代的方式表达对传统艺术的喜爱和传承，沉浸艺术与自我表达的欲望得到极大的满足。

【课程反思】

光影交织，说唱演交融。皮影以其独特的表现形式，给人以视听觉充分的享受。当皮影进入孩子的眼帘，他们视若珍宝，因为这是他们喜爱的游戏，他们沉浸于经典，用自己的方式表达经典。

经典游戏：是与材料的互动。皮影是独特的艺术，孩子们选择、试验、对比、讨论，想要让自己的皮影成功表演，更为灵动，他们付出了努力。就如古代人类积聚了一代又一代人的智慧，留下传承至今的经典，孩子们在行动中无形感知传统艺术经久不衰的奥秘。

问题解决：发现智慧的力量。经典不是一蹴而就的，孩子们在探究过程中，发现问题，经历失败，收获惊喜，每一次循环往复的过程，对孩子们来说就如一场酣畅淋漓的探秘，探寻传统文化的魅力，激发自身智慧的潜能。

现代演绎：体验创造的快乐。孩子们用自己的方式演绎皮影，他们制作海报、创设剧场、投入表演。传统艺术穿越千年来到现今的舞台，而大家用自己的表达与千年之前的古人对话，这是一场心灵的相约。

【骨干教师点评】

一直以来，我园致力于传统文化氛围的营造，以及传统文化课程的实施，每年一次的班本剧表演带领师幼走进经典、传播经典。

课程《有趣的皮影戏》源于幼儿园戏剧月，教师围绕幼儿的兴趣点开展活动，从专注于如何演绎皮影戏跳出来，带领幼儿探究皮影制作的奥秘，这是充分彰显儿童观的呈现。

孩子们对皮影制作投入专注，他们乐此不疲地与材料互动，发现皮影制作的秘密。家长对本课程的开展投入极大的关注，呈现出对班级活动的支持和肯定，这也体现了家长朋友对传统文化的认同和喜爱。

习近平总书记指出，中华优秀传统文化教育抓早抓小、久久为功、潜移默化、耳濡目染，有利于夯实传承中华优秀传统文化的根基。如何引领3—6岁儿童感知、了解传统文化，我们一直在探索。我们认为，应挖掘传统文化背后蕴含的多重涵义，顺应儿童的兴趣和需要，让儿童以自己的方式了解、发现传统文化的多重密码。另外，我们希望通过课程的实施，邀请家长全情卷入，因为儿童的教育应是学校与家庭的紧密结合。让我们一起投入对中华优秀传统文化的关注和感知，共同在文化的滋养中获得成长。

（点评人：江苏省特级教师、正高级教师、如东县县级机关幼儿园　周云凤）

神奇的印刷术

（大班科学课程）

江苏省如东县县级机关幼儿园　薛婷彧　周顾蔓

【题记】

　　印刷术是中国古代四大发明之一，是劳动人民智慧的结晶。如今人类抚触的书页，其最神奇的密码可以追溯到千年以前。博物馆是了解历史和传统文化的最佳场所，课程从一位孩子博物馆之旅归来的谈话入手，师幼共同走进古老文明进行探秘。孩子们化身为小小印刷师，亲手体验传统印刷的奇妙过程，感受油墨与纸张碰撞的神奇瞬间；走进印章博物馆，探寻印章背后的故事，领略历史的厚重与文化的韵味；踏入3D打印的未来世界，见证科技如何让想象变为现实，创造出一个个不可思议的作品。这是一场与文明的对话，印刷术这一中华文化的独特创造化身为可触摸的文化符号，孩子们在体验中探索，探索中了解，了解中热爱。

【课程叙事】

小小印刷师

　　国庆假期后，大家兴致勃勃地分享着假期里的游玩趣事，热烈地讨论着自己的所见所闻。乐乐假期里去了扬州印刷博物馆，他带来了木活字印刷术材料。"这个木块上有字。""这是怎么玩的？"孩子们的好奇让老师们捕捉到教育的契机，经过多方审议之后，我们尝试从印刷术入手，和孩子们共同来一场探索文化符号的旅行。

　　1. 材料搜集。

　　为了了解孩子们的经验，我们进行了问卷调查：关于印刷术你知道什么？还想了解什么？"为什么要把字刻在木头上？""怎么才能把字印出来？"在搜集孩子们的问题之后，我们及时进行汇总整理。

自主游戏时间，果果小心翼翼地用刷子蘸上墨水、颜料，再铺上宣纸，用海绵按压后轻轻取下，木块上的字印在了纸上。"为什么有的字变成了一坨黑色，有的很清楚？""你刷的墨太多了，再试一下吧。"经过调整，孩子们印出的字逐渐清晰。

2. 活字印刷。

谈话活动中，大家聊起小班刚入园不久的弟弟妹妹，"我们和弟弟妹妹一起玩印刷吧。"浩浩的提议让大家眼前一亮，小小印刷师们带上工具、材料来到小四班，和弟弟妹妹一起玩印刷。经过一番操作，文字跃然纸上，这神奇的一幕就像在弟弟妹妹面前上演了一场精彩绝伦的魔术，大班哥哥姐姐认真、有爱的模样真是可爱极了。

"以前的字都是刻在木头上的吗？"通过阅读，孩子们知道了印刷的发展历程，石刻、雕版、胶泥活字、木活字、铜活字，直到现在的数字印刷，千年文明在人类智慧中一步步走向现代。孩子们看到水墨绘本《印刷术》，发现以前要想做成一本书真是太难了，如果不小心刻坏一个字，那么整块雕版就作废。聪明的工匠毕昇想到一个用印章替换错字的补救方法，从此活字印刷被发明创造出来。"原来毕昇是从印章得到灵感发明活字印刷术的。""我在奖状上见过印章。""美术馆的水墨画上也有。"孩子们你一言我一语，产生了制作印章的兴趣。

印刷术的探索之旅中，孩子们由千年文明链接到生活，他们的好奇心、想象力、创造力不断激发。

秋天，当树叶一片片从树上飘落，孩子们尝试用各种方法留下树叶的颜色、形状、纹路，通过独特的拓印方式将秋天留住，留住自然的精灵，留下生命的美。孩子们在多样的拓印体验中，获得丰富的拓印经验，享受与自然亲密接触的快乐。

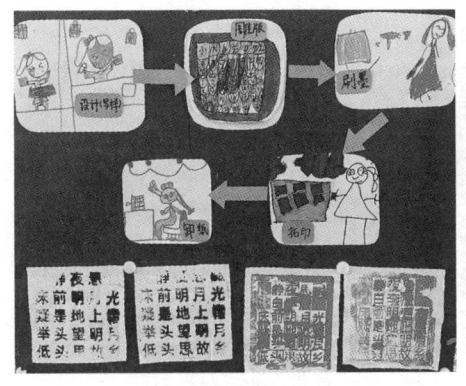

印刷的步骤　　　　　　　　　用树叶拓印"留住"秋天

印章博物馆

生活中的印章是什么样的呢？孩子们对此充满好奇。周老师的爸爸和爷爷是如东有名的印章传承人，通过视频连接的方式，爷爷向我们详细介绍了印章发展的历史以及印章的种类。原来印章有按印泥、印油的，还有自动出印油的。"电视里的皇帝也有印章，我爸爸说那个叫玉玺。""印章里还藏着这么多的秘密。"灿灿不禁感叹。

在看了许许多多的印章后，孩子们想设计一个专属印章的想法愈演愈烈。"我也想做一个能代表我自己的印章。""我们都想试试。"于是我们便开启了"私人定制"活动……

1. 私人定制。

第一次，孩子们选择了纸板，欣欣画好字和图案后犯难了，硬硬的纸板用什么来刻呢？选来选去，美工区里的刮画笔正合适。欣欣根据自己画的内容，在纸板上戳上小洞，密密麻麻的洞连成了完整的图案。"跟我画的图案不太一样。""有点看不清楚。"果果提出用黏土来做印章，熙熙将黏土压成方块，再用刮画笔刻一刻。浩浩的方法和别人不一样，等黏土印章干了以后再捏出图案，黏土做出了两种印章。图案没有颜色、背景有颜色的就是印章爷爷说的阴刻；图案有颜色、背景没有颜色的就是阳刻。"可是，黏土干了要等好久，我都等不及了。"于是大家又开始寻找新的材料。

反刻正印的秘密　　　　　　　　　　在集体活动中解决问题

2. 反刻正印。

孩子们收集了各种各样印章以及制作材料，为了满足他们的探索兴趣，我们共同创设了印章博物馆。走进博物馆，孩子们欣赏了大师的印章作品，自选材料制作印章。在利用吹塑板制作印章的时候，孩子们发现有的图案印出来和设计图一样，有的不一样，这是怎么一回事呢？原来大家的设计图案有左右对称的，有不对称的。问题是产生新探索的契机，在陪伴游戏中，我们反复思考："我看到了什么？""我看懂了什么？""我该做什么？"由问题出发，我们生成了集体活动"小小印章师"，旨在帮助孩子们解决遇到的问题，获得新的学习经验。孩子们通过观察、操作、讨论、探究，发现反刻正印的奥秘。

中国优秀的传统文化不应只是停留在几行陌生的名录中，而应鲜活地存在于孩子们的一日生活中。我和孩子们从印刷、印章出发，追溯古老的拓印，一张张拓印作品在孩子们手中诞生了，孩子们成就感满满，更是复刻了一段穿越百年历史的美好记忆。在与鱼拓、瓦当拓等多种非遗文化的亲密接触中，我们似乎在完成跨越时空的"匠心"传承。我们还和爸爸妈妈一起体验世界非遗水拓画，感受色彩的生命与张力，让想象在现实中绽放。冬天，孩子们印刷版画，将最美好的祝福送给身边的人，让温暖蔓延整个冬天。

古老的瓦当拓　　　　　　　　　绚丽的非遗水拓画

系列非遗拓印活动的开展，不仅使孩子们的注意力和观察力得到提升，还给他们带来了不一样的艺术体验，让孩子们在亲身体验和操作中感受中国传统文化的魅力，让文化自信深入内心，他们争做优秀传统文化的小小传承人。

哇！3D 打印

孩子们在活动中感受到印刷、印章、拓印等中国传统文化的艺术魅力，同时大家对现代印刷也充满了好奇。科学馆里，沙沙和好朋友玩起了 3D 手模。"快看，我能打印真正的手。"沙沙直接用手印出了立体的模型。"我用脸来印一印。"小伙伴们争先恐后想来试一试。

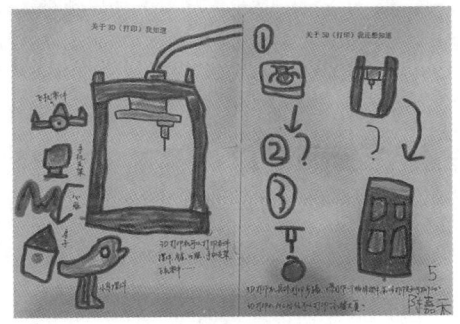

3D 打印调查表 1　　　　　　　　3D 打印调查表 2

游戏分享环节中，孩子们聊起了 3D 打印："我爸爸说 3D 还能打印汽车、房子呢!""真的假的?"孩子们讨论开来,于是,我们一起上网搜索,查找答案。原来,3D打印技术是一种通过逐层累加的方式来制造复杂物体的技术,目前,已经应用在交通运输、航空航天、工业装备、电子产品、医疗五大领域。

1. 走进3D打印。

"3D打印真神奇。""我也想来3D打印。"为了满足孩子们的愿望,我们搜集资料,还真找到了一支神奇的笔——3D打印笔。在阅读绘本故事《神笔马良》时,孩子们惊叹于这支神奇的笔,纷纷画下了自己最想要变出来的物品。第二天,熙熙带来了3D打印笔,小伙伴们立刻围了上来,"有灯亮起来了。""这个长长的线是做什么用的?""打印笔里还有咕噜咕噜的声音呢!"经过熙熙的演示,孩子们发现3D打印笔预热后,将耗材插进笔的圆孔里就能进行制作了。但在实际的操作中,还是遇到了各种各样的问题,孩子们不断总结需要注意的地方,打印平面图案对他们来说不再是一件难事。

3D打印橘子灯　　　　　　3D打印作品展览

2. 未来打印。

那怎样才能打印出立体的图案呢?"像搭积木一样,搭好再连在一起。"晨晨的想法会成功吗?试一试就知道了,将翅膀粘在身体上蝴蝶就会飞了,小花放在圈圈上变成了可爱的戒指,孩子们的奇思妙想一步步成为了现实,大家别提有多开心了。家长们也感受到孩子们的热情,熙熙妈妈带上材料来到班级进行助教。"哇,橘子也能用来3D打印。"在与熙熙妈妈的互动中,孩子们进一步感受到3D打印的神奇。"我以后想要发明食物打印,想吃什么就打印什么。""大脑和电脑连接起来，打印我的想法。""我的玩具坏了，拍个照片就能打印出新的来。"兴趣是课程的基石，3D打印让孩子们感受到现代科技的魅力，也许在未来，孩子们的种种想象有朝一日终能变为现实。

未来打印 1　　　　　　　　　　　未来打印 2

教育是无痕的，它源于生活、渗透于生活，教育是有痕的，它记载着孩子们的足迹和成长。当传统印刷"乘风"而来时，我们和孩子们一起停下脚步，穿越时光隧道，一起手握墨香，触摸古法技艺的神奇，感受印刷的温情与魅力。在科技创新高速发展的未来，我们相信，数字印刷、立体打印在给人们生活带来便利的同时，也会如孩子们所愿所想，让传统与科技交互融合，创意与想象自由飞翔。

【课程反思】
一、科学视角下的传统文化渗透

1. 生活即科学探索场。在一日生活中融入传统文化，实则为孩子们营造了一个天然的科学探索环境。当孩子们分享假期经历，开启印刷术这一传统文化探究时，他们尝试从生活现象中捕捉值得深入挖掘的问题。在日常的谈话、阅读、散步等环节，孩子们搜集材料、分享经验，教师抓住这些契机，将其转化为课程的关键转折点，助力孩子们逐步形成科学探究的思维习惯，同时在多样体验中领略印刷术这一传统文化的奥秘。

2. 科学思维初养成。在搜集材料过程中，孩子们需要观察不同材质的特点，分享经验时，他们尝试归纳总结。这种在生活中对传统文化的渗透，使孩子们在不知不觉中踏上科学探索之路，不仅增强了对传统文化的感知，更在潜移默化中培养了科学思维。

二、深度学习中的科学与文化碰撞

1. 科学方法的运用实践。在印章制作环节，孩子们发现设计图案与印出图案的异同，教师给予充足时间与支持，引导孩子们通过与材料的互动探寻奥秘。孩子们在这个过程中，学会了提出问题、设计实验、观察结果，从而掌握科学研究的基本方法，提升逻辑思维能力。

2. 文化内涵的科学解读。通过科学探究的方式深入了解传统文化，让孩子们对印刷术这一古老技艺有了更为深刻的认识。他们不再仅仅停留在对印刷术表面现象的观察，而是能够透过科学的视角，探究其背后的原理与文化价值。

三、积极体验中科学助力文化传承

1. 科技拓展文化视野。3D打印技术的引入，为孩子们打开了现代科技与传统文化融合的大门，拓宽了他们的科学视野，直观地看到现代科技如何赋予传统文化新的生命力，理解科技与文化之间相互促进、相辅相成的关系。

2. 传承与创新的科学启蒙。孩子们通过全方位的沉浸式体验，不仅领略到传统文化的独特魅力，更在心中种下了传承与创新的种子。

【骨干教师点评】

中华五千年文明留下瑰宝无数，印刷术则是其中一颗璀璨的明珠。当我们翻开书页，仿佛看见千年之前，北宋发明家毕昇手握一枚胶泥活字时，那智慧的眼眸。传统文化的魅力无可估量，她是宝藏，等待着我们去探密，去发扬，去传承。而作为教育人，一定是走在前列的。

教师即课程资源。我们看到，教师在课程实施过程中，迸发出不可忽视的能量，他们善于发现孩子们对于传统文化的兴趣与关注；他们及时与孩子们对话；他们提供相关可支持幼儿探究与发现的材料；他们与孩子们共同沉浸于传统文化的魅力当中。所以说，想要孩子们爱上传统文化，教师一定是先行者。

儿童即课程专家。孩子的兴趣即课程实施的源动力，也许我们想当然地认为传统文化距离孩子较远，事实上，孩子最有发言权。当他们凝眸传统文化的符号，那层神秘的面纱便会悄然揭开。孩子是专家，他们用自己的方式表达对传统文化、对经典的喜爱。这也从另一层面印证了传统文化的魅力。

家长是课程同行者。中华传统文化为每一个中国人提供了深厚的情感归属与精神寄托。作为课程的同行者，家长在陪伴孩子探索传统文化的过程中，自然地将自身对传统文化的理解和喜爱与孩子分享，同时和孩子共同投入探索文化的过程中。从活字印刷到3D打印，不仅仅是孩子在感受传统到现代的历史演变，家长们也通过沉浸式参与，增强了对自身文化的认同感和自豪感。

（点评人：江苏省特级教师、正高级教师、江苏省如东县教师发展中心唐海燕）

清明上河图
（大班艺术课程）

江苏省如东县县级机关幼儿园　钱晶　吴海燕

【题记】

《清明上河图》是中国十大传世名画之一，属于国宝级文物，作品以长卷形式，生动记录了中国12世纪北宋都城汴梁的城市面貌，以及当时社会各阶层人民的生活状况。以往，我们画展看名画，总是仰起头来"看艺术"，而当名画以沉淀的烟火气透过画面展现在儿童面前时，我们发现名画反映的是我们熟悉的生活。古代人们的生活与我们现在一样又不一样，孩子们在欣赏、对比中感知历史的厚重。五米长的画卷展开的是艺术，也是生活。这是一次寻根之旅，亦是一次与文化的美好对话。

【课程叙事】

开学初，朵朵小朋友带来一本可以点读的绘本《清明上河图》，会自己讲故事的绘本实在太有趣了，点一点，听一听，再看一看，渐渐的，这本绘本有了更多的读者，孩子们开始对《清明上河图》这幅名画有了进一步了解和探索的兴趣。

初见：探秘清明上河图

回眸两宋文明，品味文化精髓。史学大师陈寅恪先生说："华夏民族之文化，历数千载之演进，造极于赵宋之世。"要想了解千年前人们的生活场景，最好的方式莫过于观赏张择端的名画《清明上河图》，那如何借助这幅千古名画，引导孩子在欣赏、阅图中品读中华文明和传统文化呢？带着这样的疑问，老师们尝试将1∶1比例复刻的名画《清明上河图》带入班级。

在孩子们一声声惊叹中，画卷徐徐展开。面对这幅名画，孩子们的问题层出不穷,"骆驼原本生活在沙漠里,怎么会到陆地上呢?""古代人和我们穿的衣服不一样呀。""古代人住的房子好特别!""为什么《清明上河图》这么长?"问题直观,涵盖了衣、食、住、行各个方面。

问题是学习的动力,孩子们行动起来,通过阅读书籍、观看视频、亲子探究等方式初步了解名画,并合作绘制,对比呈现了宋代与现代衣食住行的区别。

孩子们在研究名画的过程中,发现画作中有许多印章,而且还有不同的样子。浩浩说:"有的印章是正方形的,有的是圆形的。"桐桐说:"有的字是白色的,有的字是红色的。"正当大家讨论得热火朝天的时候,我们班的"小文人"青玉说:"我也有印章,上面刻了我的名字。"青玉的一番话,让一旁的孩子们羡慕不已。

于是,大三班悄悄兴起了一阵"自制印章热潮",瓶盖、土豆……在孩子们眼里,所有的材料都可以拿来使用,经过他们的巧手制作,一个个简单的材料就变成了专属于他们的姓名章。孩子们还创意地将印章融入每天的晨间签到中,玩起艺术接龙的游戏,一人一笔,一人盖一章,再将作品编成有趣的故事,绘画与故事的碰撞让孩子们乐在其中。

在研究《清明上河图》的过程中,孩子们对各种特色的宋代建筑也特别感兴趣,城楼、彩楼欢门、虹桥、孙羊正店……无不让孩子们欣喜与好奇。他们尤其喜欢汴水河旁的那座弯弯的虹桥,于是,孩子们尝试用各种材料建构虹桥,科学区里的木头虹桥,建构馆里的纸砖虹桥、拼插积木虹桥,沙池里的虹桥……孩子们通过自己的方式多样演绎心目中的虹桥。

宋代和现代的"衣食住行"对比图　　　　妍妍记录搭建纸砖虹桥过程

一天，吉祥小朋友带来了一本关于《清明上河图》的立体书，孩子们在这本书中发现了虹桥，他们像发现了新大陆，也想自己制作一个虹桥的场景。通过绘制气泡图，他们发现一个虹桥的场景里除了虹桥，还可以有人、有河流、有船、有房子。用什么材料做呢？孩子们自有办法，他们从幼儿园生态园里捡回很多的树叶和树枝，从美工区搜集黏土、珠子、玉米粒等材料，这些都成为了孩子们制作"虹桥"场景的工具。

　　孩子们的想法总是新奇的、独特的，瞧，宽宽正在做憨态可掬的树枝小人，溪溪和子涵用树叶制作舞蹈的小人，朵朵和毛豆做了虹桥和船，孩子们的创造与设计让每一个材料都焕发了生机，它们组合在一起就变成了船、人、虹桥……大家还将自己创作的作品组合在一起，讲述关于虹桥的故事。

细品：有趣的店铺与职业

　　这天，妍妍带来了一本绘本《清明上河图十三郎》，她兴奋地和其他孩子分享："你们知道吗，宋朝就有外卖员，宋朝还有很多饭店。"老师和孩子们一起网络搜索，知道了宋朝京城汴梁是当时世界的中心，所以有最繁华的"百货千商"。这些发现让孩子们非常兴奋，于是新一轮的调查行动又开始了。通过调查，孩子们发现宋朝就有算命铺、酒楼、旅店、中药馆、裁缝铺、修车店，还有帮人刮胡子的修面店，宋朝的职业更是多姿多彩，有宋代外卖小哥——喽唤、有古代汽车喇叭——人力喇叭、有走街串巷的流动商贩——货郎……

　　通过调查、观察，孩子们还发现《清明上河图》中有一处地方围了好多人，大家围观的场景令孩子们好奇。琦琦问对书画颇有了解的爷爷，爷爷告诉大家，这是古代的说书人在说书。孩子们的问题随之而来，什么是说书人呢？玥玥说："说书人是我们中国才有的讲故事的人。"毛豆说："说书人在说书的时候，下面会有很多听众在听。"沐沐说："说书人在说书前会敲一下醒木。"安然说："说书人需要用到折扇、醒木和手帕。"

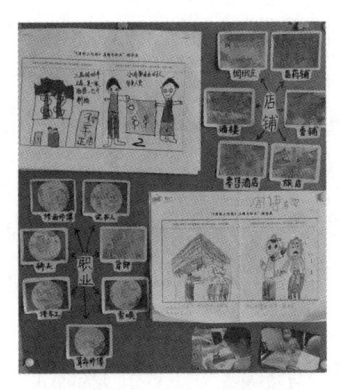

宋代职业和店铺思维导图　　　　　毛豆画什么是说书

　　大家对说书人这个职业有一定了解后，都想挑战说书人。于是，准备好道具，打开折扇，醒木拍桌，孩子们成功变身为了说书人。

　　恰逢幼儿园的大班戏剧日，老师告诉孩子们班级需要排演一幕班本剧，本学期的剧目从哪里来呢？孩子们有主意，他们说就从说书中来吧！把说书变成班本剧，真是个好主意！通过投票，奕临的《一园青菜成了精》当选为我们班的班本剧剧目，于是，孩子们忙活开来，积极排练、制作道具、设计海报……终于到了开演时间，孩子们的精彩演出赢得了老师和小朋友们的热烈掌声。在演出的最后，孩子们还借机会宣传这个即将消失的职业——说书人，他们希望未来能有更多的人喜爱、保护并传承这一非物质文化遗产。

孩子们投票选择班本剧剧目　　　　奕临说书《一园青菜成了精》

班本剧帷幕已落，但说书人仍在继续。这天溪溪小朋友因为疫情原因意外隔离了一个星期，她在隔离时画了自己的隔离日记，隔离结束后她以说书的形式讲给其他孩子听。自此大三班又迎来了新一轮的"自编故事潮"。正巧11月8日晚全国人民迎来了月全食，孩子们自然也发现了这个天文奇观，第二天便纷纷讨论开来，于是我们便以"月全食"为主题，孩子们自由创作故事，并以说书的方式讲给大家听，通过孩子们的演绎，一个个创意十足的故事呈现在大家面前。

在"自编故事潮"中，孩子们探究《清明上河图》中店铺与职业的热情继续高涨，孩子们变身"宋代规划师"，大三班在孩子们的探索中逐渐有了《清明上河图》的模样。角色区变成了王家罗明匹帛铺——裁缝铺，孩子们化身"小小裁缝"，巧手做衣裳。植物角变成了赵太丞家——中药馆，孩子们寻草药、种草药、晒草药、制作中药，化身为一个个现代"神农"。阅读区则变成了说书摊，每天都有孩子邀请三五好友，醒木一拍，挥动折扇，给大家说上一段书。

班本剧表演 　　　　　　小小说书人

铺展：美丽的如东掘港镇

走入画中，感受古城的文化魅力，走出画卷，感受家乡的绮炫美丽。在探究时，孩子们发现千年前汴梁的许多店铺，现在的家乡——如东掘港镇仍然存在，于是孩子们走进这些身边的店铺，绘制出双气泡图，比较千年前与现在店铺的相同与不同。时代在发展，店铺种类更为丰富与复杂，职业的种

类也更为多样。于是孩子们带上调查表，走街串巷寻找、调查如东掘港的店铺与职业，同时运用了多种材料制作了店铺模型与职业小人，并分工合作制作出了如东掘港镇的街景模型。当年的张择端是手持画笔与画纸，以足为尺丈量绘制出千古名画《清明上河图》，现在有了科技，人们可以足不出户领略家乡的大好风光。

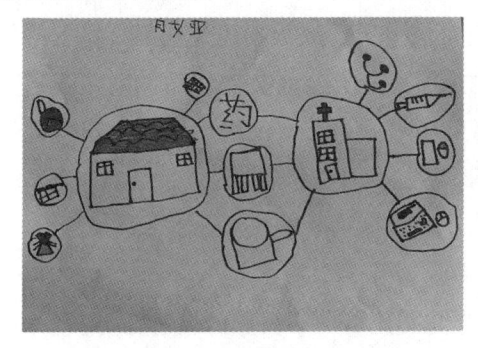

娅娅画中医馆和医院的相同与不同　　如东县掘港镇的街景模型

延伸：我们是小小艺术家

在调查《清明上河图》的过程中，孩子们意外发现除了张择端画的汴梁《清明上河图》之外，还有两幅有名的《清明上河图》，一幅是明朝仇英画的苏州版《清明上河图》，一幅是清代宫廷画家创作的清朝人生活的《清明上河图》，名字相同，画法相似，不同的是，每个作者记录的是当时自己所经历的生活。

孩子们前期已经有了临摹清明上河图的经验，所以他们也想尝试用长卷的方式记录自己在机关幼儿园的快乐生活。孩子们想记录些什么呢？辰辰说："我想把我们演班本剧的故事画下来。"朵朵说："我想画我们升国旗。"溪溪说："我想画我最喜欢的海盗船。"于是孩子们也学着张择端前辈，拿着画纸和画笔在幼儿园的各个地方进行写生，最后一起合作画出了《机幼生活图》长卷，一笔一画之下，满满都是幼儿园里的爱与温暖，在他们的画笔下，幼儿园的生活像极了万花筒、色彩斑斓、幸福快乐。

2021年中共中央办公厅、国务院办公厅印发了《关于全面加强和改进新时代学校美育工作的意见》，追溯中华五千年文明，美育思想流淌在中华五千年的文化血液之中。孩子们从好奇心出发,将古画中观察到的诸多细节设置为锚点,解读、发散,美育的可贵,就在润物细无声之中。

大三班孩子们的美育之旅缘起于一幅古画,它让孩子们走进了千年古城,当孩子们的关注点从画中走入画外时,又意外发现,其实这幅古画存在于我们身边的许多地方,书店的招牌、饭店的吊灯、家里的花盆、扇子……于是大三班又掀起了一阵"寻画潮",无论是墙壁上的壁画,还是艺术展览上的挂画……孩子们已经学会欣赏、解读,并且喜爱上这些艺术作品。鑫鑫发现其实我们身边也有一种记录如东人生活的画——如东农民画,这个发现再度激发起孩子们的探究热情,于是我们的探究之旅仍在继续……

【课程反思】

习近平总书记指出:"中华优秀传统文化是中华民族的精神命脉。"儿童阶段是人生的"拔节孕穗期",引导广大儿童与优秀传统文化"双向奔赴",才能将民族精神根植于心。本课程以中国十大传世名画之一的《清明上河图》为载体,引领儿童在与名画的近距离接触中感知传统文化的内蕴。

教师:解读文化的密码。教师不仅是知识的传播者,还是文化的传承者和爱的传递者。《3—6岁儿童学习与发展指南》指出:"成人应对幼儿的艺术表现给予充分的理解和尊重。"当孩子们对《清明上河图》产生兴趣,教师首先需要蹲下身来。了解才是深入学习的开始,通过多方面学习,老师对《清明上河图》、宋代建筑、说书人等有了进一步了解,从而为课程的顺利开展奠定了基础。

儿童:感知名画的宏大。每个幼儿心里都有一颗美的种子。整个课程探索过程中,孩子们对《清明上河图》表现出较强的好奇心,他们始终葆有探索的兴趣和意愿,能用表情、动作、语言等方式表达自己的理解。从孩子感兴趣的场景入手,我们尝试分节欣赏《清明上河图》,这从一定程度上也映衬了这幅古画的宏大。孩子们从《清明上河图》自然链接到家乡如东,这是经验的链接,亦是情感的迁移。宏大的古画真实反映了当时的生活,当孩子们认识到这一点,"想创造性地用自己的方式表达"这一愿望便喷薄而出。艺术源于生活,艺术高于生活,孩子们在其间真切地感受到这一点。

家长：感受课程的力量。怀海特曾说："教育是什么？教育就是当我们所学到的那些东西都忘记之后，所剩下来的那个就是教育的成果。"我们希望，家长在参与课程的过程中感知幼儿园教育的理念，理解儿童成长急需的丰富给养。文化是人类不可或缺的存在，我们因文化的滋养而幸福生活，我们也因为文化的传播和传承奉献力量。

【骨干教师点评】

艺术，作为不同时代美的载体，承载着美的启蒙。罗曼·罗兰曾说过，艺术的伟大意义，在于它能显示人的真正感情、内心生活的奥秘和热情的世界。其实美育的核心早已不再是画得"像不像""美不美"。这样的评价太过于狭隘了，美育的最终目的是培养完整的人。解读世界的方法千千万，美育也是其中重要的一个方法。

正如很多艺术大师经常称赞说每个孩子都是真正的艺术家。在探究《清明上河图》的过程中，大三班的每一个孩子都沉浸在画中，感悟在画中。以千年古画为起点，老师们也与孩子们一起在美育的道路上开拓、学习，获得感受美、表现美、创造美的力量，当孩子们从画中走入画外时，自然而然地发现了在我们的生活中有许多幅《清明上河图》，还有许多不一样的艺术作品等着我们去发现、去探索。

就像艺术大师毕加索说的："我花了一辈子的时间学像儿童一样去画画。"这便是美育的意义，希望在这个美育课程中徜徉的每一个孩子都能成为热爱生活、享受生活的懂美之人。

（点评人：江苏省特级教师、正高级教师、如东县县级机关幼儿园　周云凤）

附录

园本课程叙事研究的实践与思考

江苏省如东县教师发展中心　唐海燕

如东于 2014 年启动针对一线教师的园本课程叙事研究,已连续开展 20 届,至今整 10 年。通过研究,初步形成了课程叙事的内容框架、基本步骤、评价标准以及区域推进的相关策略,广大幼儿教师的课程意识、儿童意识、资源意识等得以增强,并追随孩子的兴趣和需要创生出了丰富多样的班本课程,在促进孩子富有个性成长方面做出了些许的努力。现将课程叙事的内涵、区域推进课程叙事研究的策略以及研究成效做简要介绍。

一、明晰课程叙事的基本内涵,不断转变幼儿教师的课程理念

1. 课程叙事的概念解读。

园本课程的提出源于校本课程,是指以园为本的课程。它包括两个方面的内容:一是指教师根据本地区、本班孩子的实际情况对地方课程进行园本化实施后所形成的课程;二是指以国家的法律法规、相关政策及理论为指导,立足于幼儿园以及幼儿园所处地区的实际情况,以幼儿现实的需要为出发点,由幼儿、幼儿园教职员工、家长和社区为主体所构建的课程。

课程叙事就是指幼儿教师以讲故事的方式对园本课程的开发、组织实施中的事件进行描述、分析,进而发现园本课程事件背后所蕴含的教育理念,以及对幼儿教育、幼儿园课程的理解,从而让读者、听者从故事中体验课程是什么或应该怎么做。课程叙事具有真实性、及时性、反思性、情节性等特点,它旨在唤醒幼儿教师的内在自觉,要求教师跳出学科教学的单一视野,从课程的视角来省察自己的教育理念与教育行为。

2. 课程叙事的价值定位。

一是促进儿童更好地发展。课程叙事的过程是教师理性支持幼儿发展的过程。广大一线教师通过记录故事呈现幼儿的经验生长样态，折射幼儿成长轨迹，鼓励并支持幼儿成为课程的主动建构者与探究者。如在大班《自主散步》的课程中，班级教师打破了午餐后儿童一个个跟在教师后面散步的传统做法，尝试让他们自主设计散步路线，主动记录、发现散步中的问题，如散步时乱跑、吵闹等问题，教师则观察记录孩子们在自主散步过程发生的故事，并采取相应的策略支持。在一对一倾听的过程中，班级教师发现槺槺小朋友出镜率有些高，"槺槺追我了，还撞了我；槺槺散步时一直在说话；槺槺散步时还玩大型玩具了呢……"于是老师决定让槺槺做小老师，午餐后请他带领小朋友们根据设计的散步路线散步。通过采用让其担任小老师的方式，促使他在组织同伴散步的过程中自发地理解规则、内化规则，从而主动遵守规则。

二是提升教师的专业素养。课程叙事是教师反思、调整课程实施的过程。教师在开展课程叙事研究的过程中，会不断审视和反思自己的教育行为，调整、优化课程计划与实施过程，从而提升自己的专业素养。而教师思维方式的转变，在课程叙事研究之初是最为凸显的。如茶杯架，幼儿园每个班级都有。以往，在教师眼里，茶杯架仅仅就是幼儿放置茶杯的一个生活设施而已。现在，从课程的角度来看待茶杯架的话，其实可以赋予它更多的教育价值，它不仅可以成为孩子们感知数量、体验序数的有用资源，还能培养孩子的空间思维能力以及关心他人的良好情感。在这个不断创生课程的过程中，教师对儿童的观察更为主动，对儿童的解读更为精准，对资源的认识更为深刻。

三是推动园本课程的建设。课程叙事是园本课程的有效表达方式，是实践层面的园本课程开发。课程叙事研究促使各园能充分挖掘本区域以及本园所在地的教育资源，并根据本园不同年龄段幼儿的身心发展特点创生相应的课程，它让课程更接地气，更具体化、可操作。如通过10多年的课程叙事研究，如东县爱民路幼儿园充分挖掘劳动资源的教育价值，建构了园本的"七巧板游戏化劳动课程"，形成了七巧板游戏化劳动清单（幼儿园、家庭劳动清单）。该课程以劳动引领，融合五育，将劳动融入幼儿一日生活及游戏之中，坚持儿童立场，让儿童站在游戏和课程的中央，支持让儿童拥有自信话语权、自由劳作权、自主生长权，从而逐步让儿童养成热爱美好生活、敢于探究尝试、乐于想象创造等优秀品质，最终达到促进儿童全面发展的目的。

3. 课程叙事的研究框架。

在课程叙事研究之初，如东遵循以点带面、优质园引领薄弱园的原则，充分发挥县城示范园的带头作用，鼓励市县学科带头人、骨干教师率先开展课程叙事研究，并从他们叙述的园本（或班本）课程中提炼出幼儿园课程叙事的基本框架和基本步骤。让广大农村幼儿园教师以及县城幼儿园的年轻教师以此框架为范例，以此步骤为蓝本，从模仿起步，并在模仿中不断超越与创新。以下是为老师们提供的课程叙事基本框架，以中班生活课程"小小井盖研究员"为例：

《中班生活课程：小小井盖研究员》实施框架

课程来源	开学初，散步时，孩子们发现了幼儿园后操场地面上的一幅幅画，并对井盖上的画产生了浓厚的兴趣。
课程目标	1. 喜欢和欣赏井盖画，并用绘画、手工制作等表现自己观察到或想象的井盖画。 2. 喜欢阅读有关井盖绘本书籍，能根据连续画面提供的信息，大致说出故事的情节。用绘画、戏剧的形式表现自己创编的井盖故事，并积极主动地与别人分享。 3. 在生活和游戏中，多通道感知井盖上的标志和井盖的用途。以根据观察结果提出问题，用图画或其他符号进行记录，通过简单的方法收集有关井盖的信息，以及与人们生活的关系。能感知井盖的形状，画出或拼搭出井盖的造型。能根据井盖的不同用途进行分类与匹配、排序。 4. 愿意并主动参加群体活动，自觉遵守公共规则，提高保护自己和他人的安全意识。在生活和游戏中，感知与体验市政工作人员的工作以及他们的辛苦，懂得尊重工作人员的劳动，珍惜他人的劳动成果。 5. 在活动中主动亲近自然，关爱社会，萌发热爱大自然、热爱生活的情感。
实施周期	根据幼儿的兴趣，断断续续实施了 5 周

续表

集体 活动菜单	综合：写生"井盖" 综合：我的发现，我的问题 科学："水"井盖 科学："污"井盖 综合：污水变净水	语言：绘本"不踩井盖的小蛇" 语言：绘本"下水道历险记" 戏剧游戏：不踩井盖的小蛇 美术：创意"井盖画" 体育游戏：拉线人
区域 活动菜单	美工区——创意井盖画 美工区——水管去哪里 阅读区——阅读有关井盖绘本 语言区——创编"井盖下的故事" 结构区——水管去哪里	结构区——我们的家园 表演——不踩井盖的小蛇 科学区——水管实验 益智区——井盖匹配 益智区——井盖排序
社区活动 （亲子活动） 菜单	公园捡树叶 马路上看工人工作 去锦绣小区 参观污水处理厂	去邮局 去规划馆 去小学 亲子找井盖
延伸活动 菜单	系列活动：井盖的秘密 1. 邀请井盖工程师进课堂 2. 没有井盖会怎样 3. 先进的井盖王国	
关键经验	对照指南，梳理在本课程中幼儿所获得的关键经验。（略）	
课程反思	阐述教师在课程建设过程中的所思所想以及进一步研究的举措。（略）	

教师就以此框架为范例，开始了课程叙事的研究之旅。在实施了一段时间之后，广大教师的课程研究能力得以不断提升，课程叙事研究经验也得以不断丰富。在此基础上，鼓励全县幼儿教师根据自己所创生的班本课程的需要，研究出不同的课程实施方式，也即跳出此框架的束缚，展示出不同课程叙事的研究之美。实践证明，只要给予老师们空间和时间，只要充分地相信他们，课程叙事一定能呈现出各美其美的景象。如，如东县实验幼儿园石玲玲老师在大班童话剧课程"犟龟"中采用工作坊的形式，让儿童参与班本剧的改编、道具的制作、角色的选择等，充分体现了以儿童为主体的理念，等

等。从 2014 年启动园本课程叙事研究以来，老师们创生了丰富多彩的班本或年级课程，呈现出和而不同、美美与共的美好状态。

4. **课程叙事的关键要素**。

明晰课程叙事概念、掌握课程叙事框架是确保课程叙事活动有效开展的前提和基础，而只有领悟了课程叙事的要素之后，才能更科学、有序地开展课程实践活动。通过 10 多年的实践研究，笔者认为，一个完整的课程叙事案例应该包括真实的活动背景、完整的实践过程、事件的及时反思、揭示隐含的思想这四个基本构成要素。

一是要叙述真实的活动背景。即要说清楚开发这项课程的真实原因和理由。幼儿园的园本、年级或班本课程一般可能来自于幼儿园的教育传统和办园特色，可能来自于地域性的文化或自然资源，也可能来自于幼儿园教职员工的特长和孩子们的需要。如，如东实验幼儿园的"戏剧课程"、新苗幼儿园的"礼仪课程"、掘港镇幼儿园的"节日课程"分别源于"十二五"市级戏剧课题、礼仪课题、节日课题研究；海滨幼儿园的"乡土课程：亲亲家乡的贝壳"、袁庄幼儿园的"编织课程"分别基于幼儿园地处南黄海以及当地农村的编织特色而研发出来；而葵花班的"种子课程"、海星班的"土豆课程"等是班级老师和孩子们在一起种植、饲养过程中生发出来的课程等等。在叙述案例时教师要能够清楚地说明课程事件的产生背景，包括时间、地点、人物和前因后果等，将具体的课程事件置于特定的时空框架之中。

二是要展示完整的实践过程。即要说清楚课程实施的整个过程，包括课程开发的程序和采取的策略。无论是基于幼儿园办园特色、地域文化资源还是从孩子们的需要中产生出来的课程，都必然要先进行顶层设计，画好课程建设思维导图，制定详实的活动方案，然后按照既定的实施方案开展活动，并在实施过程中根据实际情况不断调整、完善课程方案，最后还要对课程的实施过程进行总结评价。在叙述案例时，对具体课程事件的描述要努力做到完整、清晰，让大家对该课程的来龙去脉有比较清楚的了解。

如在大班"纸艺课程：小小纸、大学问"建设过程中，老师们通过查阅资料、沙龙研讨并结合已有的教育经验，架构出以下的课程思维导图，旨在以直观形象的图示，建立起各个知识概念、各种关于纸的活动之间的联系，让老师们对即将开展的课程有了一个非常清楚的了解，然后在此基础之上，开展丰富多彩的课程实践活动，从而让幼儿在与纸的互动中建构起关于纸的初步经验。

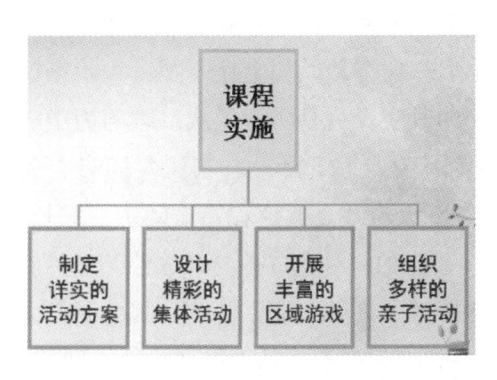

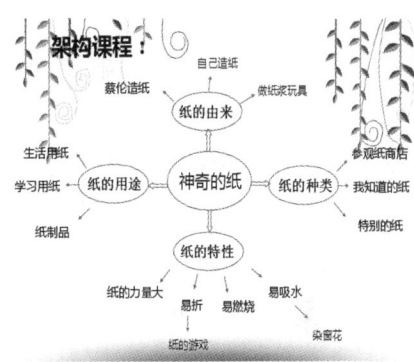

三是要阐述对事件的及时反思。课程叙事的过程其实就是课程叙事研究的过程。在课程创生过程中，研究者必然要对自己的课程生活实践进行仔细的回顾与认真的审视，及时发现问题，并做出调整，使得课程实践活动能够顺利、高效地进行。所以，在课程叙事的过程中，重要的是要凸显在"问题"与"冲突"中潜藏着的教育教学困境，而在"解决"中则要努力反思教育者对"问题"的理解与教育策略。课程叙事由此便会生发出"教育学"的意义。

如甜果果班在实施班本戏剧课程《犟龟》时，一开始按照传统的戏剧活动模式，教师自己改编剧本、给幼儿分配角色、让幼儿背台词、模仿动作表演等，班级家长则配合购置表演服装，实施了一段时间后，班级石老师发现，幼儿排练倦怠、表演机械，教师也感到身心疲惫。基于此，她组织班级教师对课程方案进行了及时的审议，围绕课程实践过程中出现的问题进行了深入的讨论。最后她们决定把戏剧与孩子的游戏结合起来，让幼儿在玩中自由表现、自主创作、分享快乐。孩子真正成为了《犟龟》课程的主角，他们和教师、家长一起参与剧情的改编、动作的设计、道具的制作、剧场的布置、演出海报的绘制等等，在其中体验到了无比的快乐与幸福。案例叙述时要能够把对课程的及时审议及反思情况描述出来，让大家体会到研究所带来的变化。

四是要揭示隐含的思想理念。即要说清楚所叙述的课程事件带给大家的启发与思考，也就是要揭示事件背后的主题价值，在马克斯·范梅南先生看来，主题的价值在于："主题是对意义的需求或渴望""是我们可以获取事物意义的意识""是对事物保持一种开放性，是创造、发现和揭示意义的过程"。一个园本或年级、班本课程的研发过程，也是产生新思想、形成新理念的过程。当然这个新，是对叙述者本人而言的，即通过研发课程、叙述课程，使得教师固有的教学理念、课程思想发生了新的变化，如上述《犟龟》戏剧课程实施中，教师的教学理念发生了较大的改变，一是实现了从以教师为中心到以儿童为中心的真正转变（从教师发起的课程到师幼、家长共同参与其中），二是建立了学习共同体，形成了以班级为基点的课程建设团队（家长、幼儿、社区人员等）；同时还体现了课程建构的一种生成性与开放性。当然叙述者的这些所思所想和所作所为，他们自身也许并不能察觉到，需要我们大家一起来发现和提炼，并组织大家一起来品味和分享，从而得到共同的提高。

5. 课程叙事的基本步骤。

一是认真谋课程。万事预则立、不预则废。每个学期初，围绕本学期的课程叙事活动，幼儿园要组织多个层面的研讨活动，通过全园教师、年级教师、班级教师之间的头脑风暴以及相关的理论学习，明晰课程及课程叙事的概念和操作要求，初步确定本园、本年级以及本班的课程叙事主题（主题来源于教材、幼儿感兴趣的活动，以及幼儿园所具有的各类教育资源等等），并纳入学期教学计划之中。如开发区港城幼儿园根据江苏省教研室编制的"综合活动"教材中关于视力保护的内容创生出"一闪一闪亮晶晶"的幼小衔接课程；栟茶镇浒澪幼儿园根据如东特有的海边资源，创生出"浮泡"特色资源课程；掘港镇群力幼儿园根据幼儿园的一棵古老的香樟树开展了"香樟树的四季"植物课程等等。

二是踏实做课程。只有做得精彩，才能叙得精彩。课程是做出来的，是教师、幼儿以及家长等人员共同经历的一段美妙的旅程。因此，当主题确定后，我们首先要制定详实的方案，内容包括：课程所要达成的预期目标是什么，课程目标很重要，它是一个方向标，每个教师要做到心中有数；其次要思考，应该组织哪些活动才能实现这些目标，教学、游戏、材料的准备有哪些，如何与家长、社区联系与合作，需要搜集哪些资料，最后的展示形式是怎样的等等，比如瓣玉米这个活动，事先要论证与商讨活动的可行性与意义，还要与附近的农家联系，要去踩点进行实地查勘等。这样，课程实施才能更有序，更有效。

三是真实记课程。好记性不如烂笔头，随时记录课程经历过程中的点点滴滴，是叙好课程的关键。根据课程叙事的需要，我们可采用文字、表格、拍照、录像等多种方式，记录课程中所发生的关键事件，孩子们在其中的所思所想以及所表现出来的一些典型的语言、行为，记录教师实施课程中的一些思考、困惑等等，通过记录，使得教师能够对课程开展情况，对孩子们的发展情况等有个系统的了解，并能够及时调整课程方案，使得课程更适合每一个幼儿。同时还要注意收集课程开展过程中的各项资料，如幼儿绘画或手工作品、亲子制作的作品，所运用的调查表、记录表、倡议书或问卷等，并进行适当的分类，以便能有效反映课程进程、幼儿发展的轨迹。

四是用心说课程。把课程建设过程中散落的一颗颗珍珠串成美丽的项链。这根项链要串得好，不仅需要我们对所做的课程进行回顾、梳理、总结、归纳与提升，还需要采用描写、抒情、议论等多种手法，以讲故事的方式说出自己所经历过的课程事件，并诠释其中的意义，努力做到融故事性与思辨性、文学性与学理性相结合，让听者在身临其境的同时又能有所感悟，有所思考。

6. 课程叙事的评价标准。

课程叙事评价是课程建设活动中的重要环节，它是指依据一定的评价标准，通过系统收集有关信息，采用各种定性、定量的方法，对课程的计划、实施、结果以及文字、叙事表达等有关问题作出价值判断并寻求改进途径的一种活动。课程叙事评价涉及对教师课程叙事过程及其效果的综合评估，使得教师可以更全面地了解课程叙事的实际情况并作出相应的改进和优化。在课程叙事研究过程中，如东集全县幼儿教师智慧制定了如东县幼儿园课程叙事评价标准，分成4个板块、12个项目、36条指标，从课程理念、课程目标、课程内容、师幼表现、环境支持、课程审议、叙事表达等方面全面评价一个课程的实施情况，对教师创生的课程进行评价与引领。

如东县幼儿园园本课程叙事评价标准（修订版）

评价项目		评分细则	等次		
			优秀	良好	一般
课程建设（55）	课程理念（10分）	1. 生活为源、儿童至上，满足多元学习需要。 2. 崇真尚趣、凸显过程，促进儿童主动发展。 3. 育人为本、文化为根，培养身心健康儿童。	理念先进，以幼儿发展为本，发挥育人功能，彰显课程实施过程。	理念比较先进，关注幼儿发展，体现育人功能，有实施过程。	理念落后，注重结果，育人功能不强，幼儿参与度不高。
	课程目标（5分）	1. 符合儿童年龄特点和需要。 2. 聚焦多领域核心经验获得。 3. 关注整体的同时兼顾差异。	目标与幼儿身心特点相适应，全面提升幼儿经验，面向全体，尊重差异。	目标比较适宜，注重提升幼儿各方面经验，体现教育公平。	目标与幼儿身心特点不匹配，关注幼儿经验提升。
	课程内容（5分）	1. 来源多元，正确价值引领。 2. 年龄适宜，符合儿童需要。 3. 特色鲜明，弘扬优秀文化。	内容丰富、适宜、有意义，特色鲜明，蕴含文化。	内容比较丰富，有价值，有特色。	内容单一、陈旧，与幼儿身心特点不符，特色不显。

续表

评价项目	评分细则	等次 优秀	等次 良好	等次 一般
教师表现（10分）	1. 尊重儿童、保教结合，科学安排一日生活。 2. 认真倾听、科学观察，有力支持儿童发展。 3. 精心预设、动态生成，不断提升课程智慧。	一日生活安排合理，耐心倾听、科学观察，支持策略适宜有效。预设与生成相结合，具有课程智慧。	一日生活安排比较合理，能认真倾听、观察、记录与支持幼儿发展，课程生成意识比较强。	一日生活安排还需调整与优化，有倾听、观察、记录与支持幼儿发展的资料，有课程生成意识。
儿童表现（10分）	1. 积极参与、踊跃表达，多种方式展现自我。 2. 同伴合作、人境互动，经验能力不断增强。 3. 认真专注、敢于探究，学习品质逐步养成。	参与性强，积极表达与展现自我，会合作，能力强，经验丰富，具有良好的学习品质。	愿意表达与展示自己，乐意与同伴进行合作，经验比较丰富，各方面能力较强，学习品质不断提升。	参与课程实施，有探究和合作意识，经验能力和学习品质逐步增强。
环境支持（5分）	1. 主题材料丰富，引发儿童自主性探究。 2. 活动形式多样，满足儿童个性化需求。 3. 四墙建设有效，可视化环境营造到位。	材料丰富、有层次，活动丰富多样，环境可视化，有效果、有特色。	材料与活动比较丰富多样，能引发探究；环境创设有效，助推发展。	材料无层次，活动不够多元，环境与课程、游戏的匹配度不高。

329

续表

评价项目		评分细则	等次		
			优秀	良好	一般
课程叙述(30分)	课程审议(5分)	1. 园长、教师的课程领导力发挥充分，效果显著。 2. 注重实施前、实施中和实施后审议，进阶明显。 3. 课程审议内容真实、审议方式多样，资料详实。	彰显园长、教师的课程领导力，课程审议的过程性资料真实、丰富、有效。	园长、教师的课程领导力较强，有体现课程审议的过程性、成效性资料。	园长、教师的课程领导力不强，课程审议的内容和形式比较单一，效果不显。
	资料呈现(5分)	1. 真实记录课程的实践过程，结构清晰。 2. 多维展示课程的研究成果，资料齐全。 3. 规范呈现课程的各项资料，注重原创。	多样呈现课程实践过程和研究成果，资料详实，原创性强。	课程实践过程和脉络清晰，记录真实有效，研究成果较多，原创程度较高。	资料齐全，能体现课程实践过程和研究成果，借鉴的材料较多。
	文字表达(15分)	1. 教育理念前瞻，具有先进的课程观、儿童观。 2. 文字生动活泼，注重叙事的故事性、学理性。 3. 思路严谨清晰，凸显故事的逻辑性、新颖性。	理念先进，叙事性强，能生动地再现课程实施过程，新颖活泼。	理念比较先进，思路比较清晰，表达比较严谨，真实有序。	有框架和线索，能认真回顾与复盘课程的实施过程，缺少新意。
	叙事表达(15分)	1. 讲述教师形象得体，语速恰当，普通话标准。 2. 讲述过程自然流畅，张弛有度，感染力强。 3. 媒体应用娴熟得当，时机适宜，融合度高。	讲述准确，自然流畅，感染力强，操作熟，形象佳。	讲述比较准确，操作比较熟练，整体感觉较好。	讲述不太自然流畅，感染力不强，操作不熟练。

续表

评价项目	评分细则	等次 优秀	等次 良好	等次 一般
成果影响（5分）	1. 在园所有一定的影响力，同行认可度高。2. 在不同场合进行过交流，社会影响力大。3. 成果在杂志发表或获奖，示范引领性强。	层层选拔，本园同行认可度高；交流面广，影响力大，相关成果多。	本园同行认可度较高，多次进行交流及成果推广，发挥示范引领作用。	得到本园同行认可，交流与成果推广力度还需加强。
总体评价（10分）	1. 课程特色鲜明，体现先进教育理念。2. 叙述风格明显，展现教师个人素质。3. 课程模式显著，彰显园所文化追求。	理念先进，特色鲜明，叙述新颖，模式显著。	理念比较先进，特色比较鲜明，叙述适宜，模式初步形成。	理念不够先进，叙述比较生硬，模式未成型，特色不明显。

二、探索区域推进的叙事策略，形成具有地域特点的课程样态

1. 专题问卷调查，分析影响课程叙事因素。为进一步推动课程叙事活动的开展，促进全县幼儿园课程质量的有效提升，2017年4月，在开展了3年课程叙事研究的基础上，对全县近300名幼儿教师进行了问卷调查。调查旨在了解广大一线幼儿教师对园本课程叙事的认知情况，分析影响幼儿园园本课程叙事活动有效开展的相关因素，从而为下一步如何科学有效地开展园本课程叙事活动提供参考和依据，为园本课程叙事活动的开展创设相应的条件和氛围，让幼儿教师真正在叙说课程故事的过程中得到发展，让幼儿在一个个课程故事中获得经验，体验快乐。

2. 典型案例示范，构建课程叙事基本框架。课程叙事研究作为一个新生事物，一开始并不能为广大幼儿教师，尤其是农村幼儿教师所理解与接受。针对当时如东大部分乡镇幼儿园刚刚回购为公办，乡镇幼儿园教师基本还是以代课教师为主的现状，采用示范园骨干教师带头的方式，鼓励县城示范幼儿园的市县学科带头人、骨干教师先带头示范，形成课程叙事框架，农村幼儿园学习模仿。2015年1月，如东县第一届园本课程叙事现场展示活动正式启动，全县300多名幼儿教师参与。如东县教师发展中心从全县选送的50多个课程叙事资料中，评选出6位县城示范园的骨干教师进行现场展示，他们从课程来源、资源利用、集体活动、区域游戏、亲子活动等方面现场叙述一个个课程故事，为广大农村教师提供了范例，提高了全县一线教师对课程叙事的认识，为全县课程叙事研究活动的开展奠定了良好基础。

3. 实行"1＋1"课程申报方式，个个成为课程叙事"动力源"。众所周知，"动车组"火车跑得快，是因为"动车组"每节车厢都有动力，每节车厢都会自己"跑"。如果每位教师都主动"跑"，都投入到课程叙事研究的队伍中来，如东县幼儿园课程改革的列车就能跑得更快。为促使全县幼儿教师深度卷入课程叙事研究活动中，从而有效提升全县幼儿教师的专业素养，如东县教师发展中心采取了"1＋1"课程申报方式，并在实施过程中调整了前面一个"1"的要求。2014—2015年实施的1＋1为：前面1，每个县城幼儿园、每个乡镇送一个课程（一个乡镇有多个幼儿园，每个乡镇要采用现场叙述的方式推选一个好的课程送县参评）；后面1，县教师发展中心任意点击县城幼儿园、乡镇幼儿园一个班级的课程，如实验幼儿园大二班、岔河镇岔南幼儿园小二班等，被点击的班级要报送一个以班级为本实施的课程参与县评审。实施两个学期之后，对"1＋1"进行重新规定，拓宽了前面一个1的范畴，每个幼儿园送一个课程；后面1，依然是县教师发展中心任意点击县城幼儿园、乡镇幼儿园一个班级课程。从"1＋1"到"1＋1"，课程叙事研究真正飞入寻常百姓家，真正深入到全县每个幼儿园以及每一个教师。

4. 专家现场诊断，助推课程叙事活动有效开展。个人反思、同伴互助、专家引领是教师专业发展的重要途径。在课程叙事研究过程中，为了不断更新教师的教育观念，拓宽全县幼儿教师的教育视野，每学期的课程叙事现场展示活动，如东县教师发展中心都会邀请全省各地的专家前来对老师们展示的课程叙事进行现场点评，做专题分享，并和老师们就课程叙事中遇到的问题与困惑进行研讨。课程叙事活动开展十九届以来，如东相继邀请了南师大虞永平博士、南京市太平巷幼儿园园长汪丽等等，从理论和实践层面，丰富了老师们对什么是课程、如何开展课程叙事的认识与思考。如在第七届园本课程叙事研究现场,南师大虞永平博士曾亲临课程叙事研究现场,在充分肯定老师们的同时也提出了很多指导性的建议,如课程叙事研究中要采用关系思维,选择了一种课程就是选择了一种关系,让儿童来叙事课程故事等等,对老师们的启发很大。南通市教育科学研究院副院长冯卫东认为,课程叙事贴近幼儿教师的生活,关注幼儿园一日生活中课程实践与经验的意义,使教育科研回归到生活本身,是最适合幼儿教师做的研究,也是促进幼儿教师专业发展的有效途径。专家的肯定和鼓舞,是老师们不断前行的力量;专家提出的问题和建议,为老师们更好地研究指明了方向。

5. 专项课题引领,不断提升一线教师理性自觉。在区域推进课程叙事研究活动中,如东坚持以科研引领教研,积极申报省市级课程叙事研究课题,通过教育科研为区域教研提供新理论、新方法,优化课程实践,同时又将科研成果,如老师们在课程叙事研究中利用在地化资源、优秀传统文化资源以及追随儿童兴趣创生的课程转化为课程资源,从而不断丰富县域教育教学内容,以及区域课程资源库,为老师们更好地创生课程提供了可资借鉴的范例。十三五期间,如东申报立项南通市教育科学规划课题"园本课程叙事的微教学论研究",在此基础上,如东又成功立项江苏省中小学教学研究室第十三期教研课题"区域推进园本课程叙事的实践研究",在省市科研专家的指导与帮助下,如东区域推进课程叙事研究取得了较为丰富的研究成果,老师们的课题研究能力逐步提升,课程研究的自觉性增强。

6. 搭建多维平台,为广大教师提供展示的机会。依托专题网站,展示研究成果。每学期课程叙事展示结束,把遴选出的优秀园本(或班本)课程叙事文稿及时上传到如东县教师发展中心学前教育网页,供全县老师们下载、学习;每学期如东县教师发展中心都要组织相关的专家对老师们所提交的园本或班本(年级)课程叙事资料进行评审,评选出一、二等奖,对他们的研究给予充分肯定与嘉奖;同时请最优秀的老师上台与全县老师们分享他们和孩子们一起经历的课程故事;发展中心主动向各个幼教杂志推荐如东教师的课程叙事文稿,目前如东教师有 200 多篇课程叙事在省级以上刊物发表;争取多种机会,让老师们到省市乃至全国舞台上讲述他们的课程叙事,如,如东实验幼儿园王桂云、陈锦霞,机关幼儿园魏培培,栟茶幼儿园张琴等都相继在中国人民大学书报复印资料《幼儿教育导读》杂志组织的面向全国的教研活动中展示如东课程叙事研究成果。如今，如东的幼儿教师一个个都成为了能讲课程故事、创造课程故事的人，班级活动室成为了他们课程的研究场、实践地，班级儿童、家长也成为课程的参与者、建设者。课程叙事研究，让每个幼儿教师都重新体验到了自己生命的价值，重新找回了那个丰富的自我，他们的专业自觉、自我效能感也不断增强。

7. 共读课程书目，用先进的理念指导课程实践。以阅读引领课程叙事研究，是一种将阅读活动深度融入课程创生与教学实施中的方法。课程叙事研究之初，全县教师对课程的认识还比较模糊，对如何开展课程叙事研究更是充满担心和忧虑。如东县教师发展中心及时向全县幼儿教师推荐《小小探索家——幼儿教育中的项目课程教学》一书，用书中"消防车"的项目课程实施案例和如东教师创生的消防车课程案例进行对比研究，让老师们直接感知一个好的课程应该如何去创生与实施，如何更好地挖掘利用资源，如何真正关注儿童的兴趣和需要等。相继推荐了《关注儿童的生活：以儿童为中心的反思性课程设计》《学前课程与幸福童年》《幼儿园课程图景》《课程的力量》以及高瞻课程等等方面的书籍，同时在全县开展读书比赛、读书交流、读书沙龙等活动，不断拓宽教师的教育视野，不断提升教师的理性素养，让老师们在先进课程理念的引领下开展园本课程叙事研究。

8. 教育共同体引领，促进全县教师素质整体提升。如东县成立了以县城幼儿园领衔园、乡镇幼儿园的九个教育共同体，每个共同体由5—6所幼儿园组成。自幼儿园教育共同体成立以来，如东县教师发展中心建章立制，制定了幼儿园教育共同体章程，明确规定领衔园和成员园的工作职责，明确要求各个教育共同体每学期围绕课程游戏化项目建设、课程叙事研究、园所环境变革、数学资源库建设、优秀传统文化的运用等方面，开展形式多样的研究活动，其中领衔园要充分发挥示范带头作用，对共同体内每次开展活动的内容、质量以及呈现方式都要做好指导与审议工作，确保一次活动就是一次进阶，有效促进全县幼儿教师素质的提升。

三、总结课程叙事的实施成效，促进教师课程素养的整体提升

1. 课程叙事活动促进了儿童身心的健康发展。课程叙事的内容来自于儿

童的生活以及儿童感兴趣的事物与现象等,是孩子们熟悉的,有些课程甚至是由儿童主导的,因而孩子更愿意参与其中;课程叙事的开展方式是多元的,直接感知、亲自体验和实际操作相结合,符合孩子们的学习方式与特点,他们更易获得丰富的经验与体会;课程叙事的评价方式是多维的,有班级教师的评价,有儿童自我的评价,有班级同伴的评价,也有家长的评价等等,能促进不同水平幼儿的发展。

2. 课程叙事活动促进了幼儿教师的专业成长。在课程叙事研究过程中,教师角色发生了根本性的改变,已经从传统的"唯教材是瞻"的课程执行者逐渐向课程研究者转变,他们开始研究儿童、关注经验、研究资源、关注生活、研究需要、关注发展等等;教师思维方式发生了革命性转变,他们从学科思维走向了课程思维,能以课程来统领幼儿园的各项活动;教师的儿童意识、课程意识、资源意识等进一步增强,能根据儿童的兴趣和需要,以及各种教育资源生成适宜的课程;教师的研究和成果意识也得到增强,先后有200多篇课程叙事在省级及以上期刊发表。

3. 课程叙事活动促进了幼儿园办园特色形成。课程是幼儿园特色形成的有效载体。在课程叙事研究活动中,全县各个幼儿园都充分挖掘本园的各种教育资源,创造了适宜本园、本班孩子发展的丰富多彩的课程,形成了鲜明特色。如实验幼儿园的戏剧教育课程、机关幼儿园的生态课程、少年宫幼儿园的混龄课程、爱民路幼儿园的劳动课程、海韵幼儿园的博物课程、新苗幼儿园的礼仪课程、群力幼儿园的阅读课程、掘港幼儿园的生命课程、栟茶幼儿园的奔优课程等等,呈现出各美其美的美好样态,从而有效提升了县域内幼儿园的课程质量。

4. 课程叙事活动在省市县内产生了广泛影响。课程叙事研究经验在全县幼儿园推广,并辐射至省市其他地区。临近的如皋、通州、海门等地也学习如东县的幼儿园课程叙事研究,全省多个幼儿园和区域学习使用我们的研究成果。《福建教育》《山东教育》《幼教金刊》等省级幼教杂志还专题推介了如东课程叙事研究经验,《在课程叙事中提升幼儿教师的理性自觉》《课程叙事:幼儿教师专业成长的"星光大道"》两篇课程叙事研究经验被中国人民大学报刊复印资料《幼儿教育导读》全文转载。2017年,"区域推进园本课程叙事的实践与探索"获江苏省教育教学成果二等奖;2020年,"园本课程叙事促进幼儿教师专业成长的实践研究"获江苏省优秀教育科学成果二等奖;2021年7月,《基于儿童立场的园本课程叙事》由福建教育出版社正式出版。